Punto
Y APARTE

Punto
Y APARTE

SPANISH IN REVIEW • MOVING TOWARD FLUENCY

Sharon W. Foerster
University of Texas at Austin

Anne Lambright
Bucknell University

Fátima Alfonso-Pinto
University of Texas at Austin

 **McGraw-Hill
College**

Boston   Burr Ridge, IL   Dubuque, IA   Madison, WI   New York   San Francisco   St. Louis
Bangkok   Bogotá   Caracas   Lisbon   London   Madrid
Mexico City   Milan   New Delhi   Seoul   Singapore   Sydney   Taipei   Toronto

McGraw-Hill College

A Division of The **McGraw·Hill** Companies

This is an  book.

Punto y aparte

This book is printed on acid-free paper.

1 2 3 4 5 6 7 8 9 0 DOW DOW 9 3 2 1 0 9 8

ISBN 0-07-021661-4

Editorial director: Thalia Dorwick
Sponsoring editor: William R. Glass
Development editor: Scott Tinetti
Marketing manager: Cristene Burr
Project manager: Sharla Volkersz
Production supervisor: Richard DeVitto
Designer: Vargas/Williams Design
Cover designer: Vargas/Williams Design
Cover art by Gonzalo Endara Crow, *Nuestro,* Acrylic, 80 x 90 cm, 1988.
Illustrations by Rémy Simard and maps by Lori Heckelman.
Art editor: Nicole Widmyer
Editorial assistant: Beatrice Wikander
Compositor: York Graphic Services, Inc.
Typeface: Palatino
Printer: R. R. Donnelley & Sons

Because this page cannot legibly accommodate all acknowledgments for copyrighted material, credits appear at the end of the book and constitute an extension of this page.

Library of Congress Cataloging-in-Publication Data
Foerster, Sharon W.
    Punto y aparte : Spanish in review, moving towards
fluency / Sharon W. Foerster, Anne Lambright, Fátima
Alfonso-Pinto.
      p. cm.
    Includes index.
    ISBN 0-07-021661-4
    1. Spanish language--Textbooks for foreign speakers-
-English.   I. Lambright, Anne.   II. Alfonso–Pinto,
Fátima.   III. Title.
PC4129.E5F64 1998
468.2'421--dc21   98-35765
                       CIP

http://www.mhhe.com

Dedication

This book is dedicated to our bilingual children:
Shaanti, Jonathan, Corazón, Isis, Paloma, and Guillermo Bey III.

Contents

Referencia de gramática:
Otros puntos gramaticales

To the Instructor

Welcome to *Punto y aparte*, a unique and exciting intermediate-level Spanish program! The idea for *Punto y aparte* came after a long period of trial and error, in which we attempted to find the best way to teach Spanish to students who had completed first-year or beginning Spanish at the college level. This course presents a unique challenge in that it is often the end point for those who are fulfilling a foreign language requirement and the beginning of the bridge between lower division and upper division course work for those who want to major or minor in Spanish. In general, we found our students frustrated with conventional textbooks, which either reviewed all of the grammar points covered in the first two or three semesters of Spanish or required students to complete communicative tasks at a proficiency level that they had not yet reached. We know that students can progress relatively quickly from the novice level to the intermediate levels of proficiency, but it is rare for them to attain proficiency at the advanced level without a total immersion type experience or sustained contact with a native speaker. The first challenge, then, was to identify learning strategies that would motivate students and help them progress toward this next level of proficiency, characterized by an expanded vocabulary, increased grammatical accuracy, and paragraph-level discourse. (In fact, the title of the program comes from the Spanish expression used to indicate the beginning of a new paragraph: "**punto y aparte**"!) Thus, drawing on extensive work with oral proficiency testing and training, the idea of *Punto y aparte* was born.

A New Concept of Language Learning

The philosophy behind this text is based on the concept of *task repetition* and its positive effects on language learning. *Punto y aparte* focuses on and recycles seven major communicative functions: describing, comparing, reacting and recommending, narrating in the past, expressing likes and dislikes, hypothesizing, and talking about the future. What is unique about this approach and the *Punto y aparte* materials is the idea of narrowing the focus of instruction to seven communicative functions, all of which appear in every chapter from the very first day of the course. The functions are moved to the forefront of the course so that students begin to look at grammar in a different way. *Punto y aparte* helps students focus primarily on communicative functions because these functions are continuously repeated throughout the text as the content and themes change with each new chapter.

To help facilitate awareness of the seven communicative functions, the text contains icons that serve to remind students with which function they are working. For example, when the students see the "D" icon next to an activity, they know that they will be working with description tasks and that, in order to perform these tasks well, they must keep in mind the rules for noun/adjective agreement, as well as the appropriate uses of **ser** and **estar.**

The seven communicative functions and their accompanying icons are listed in the chart on page xii. Also identified are the grammatical structures (**los puntos clave**) that serve as the linguistic tools needed to accomplish each of the functions successfully. An eighth icon, **Síntesis,** is used throughout the textbook to identify tasks in which multiple communicative functions are combined.

Task repetition is also a central focus of the text's reading strategies. It is important to remember that even when reading in their first language, students may have problems comprehending a text. So, although there are many reading strategies to aid students as they approach second-language texts, *Punto y aparte* concentrates on three: verification, visualization, and using vocabulary in context. We want students to monitor their comprehension as they read. Interjected throughout many of the reading texts in *Punto y aparte*, students will find the verification section (**A verificar**) with questions that encourage students to monitor their comprehension up to that point of the reading. Visualization icons (**Visualizar**) remind students to visualize images of the people, places, things, and situations described or narrated at that point in the reading. Vocabulary icons (**Vocabulario**) encourage students to practice making wise strategy decisions about vocabulary, such as relating a term to similar words they *do* know, determining the term's definition in context, looking it up in a dictionary, or ignoring it altogether. The goal is to have students gain an overall sense of what's happening in the reading.

Moving Toward Fluency

One of the main goals of *Punto y aparte* is to give students a tangible feeling of accomplishment by providing ample communicative activities so that they begin to acquire the ability to use what they have learned in a variety of contexts. By choosing seven communicative functions, we intend not to intimidate students, but rather to give them a feeling that they can successfully accomplish these goals. To ensure that students move forward in their understanding of the forms that make their messages more accurate, consciousness-raising activities serve as an indirect way of helping them see how all of these functions work together in the target language. These activities require students to identify statements that exemplify the seven communicative functions and explain their use or purpose. To this end, consciousness-raising activities are integrated throughout the text and workbook.

Increased fluency in a second language is also characterized by a more extensive vocabulary. Thus, *Punto y aparte* stresses vocabulary acquisition as one of its main goals. The vocabulary presented throughout *Punto y aparte* is arranged in semantically-associated groups. Learning vocabulary in this way helps students remember words thematically, not as single isolated words. In this manner, the words will be more readily available to the students when they need them in the future. Besides learning vocabulary in associated groups, students learn to prepare for oral and written work by creating their own index cards, or **fichas** (see Chapter Organi-

Icon	Communicative Function	Grammatical Structures
D	**Descripción**	• agreement • **ser/estar** • participles as adjectives
C	**Comparación**	• agreement • **tan... como, más/menos... que**
R	**Reacciones y recomendaciones**	• subjunctive in noun clauses • commands
P	**Narración en el pasado**	• preterite • imperfect • present and past perfect
G	**Hablar de los gustos**	• **gustar**-type constructions • indirect object pronouns
H	**Hacer hipótesis**	• conditional tense • imperfect subjunctive
F	**Hablar del futuro**	• future tense • subjunctive for pending or future actions
✳	**Síntesis**	

zation: **Hablando del tema,** in this To the Instructor preface).

Although the vocabulary presentation lists in **Vocabulario del tema** sections of each chapter may seem to be long at first glance, some of the vocabulary will be a review for many students who have studied it in their first-year courses, while the rest will be new. Many of the vocabulary items in *Punto y aparte* are also geared toward a more intermediate-level vocabulary system, rather than a strict review of first-year terms. The vocabulary is also constantly recycled throughout the book, offering the chance for students to continually use the new vocabulary they have acquired in order to talk about different topics as they relate to each chapter's theme. Other vocabulary items, such as words and phrases found in **Para conversar mejor** and **Expresiones útiles** boxes, are not considered active terms but are often repeated throughout the text. An expanded vocabulary is one of the first and most tangible indicators to students that they are moving forward in the language acquisition process.

It is also very important that students understand from the outset how this course differs from previous courses they may have taken. As they move toward fluency, they should progress from being list-makers to being paragraph-makers, from memorizing isolated words to learning and using groups of thematically-related words, from studying grammar structures in a vacuum to studying grammar as a support for expressing language functions. Finally, students should also attain a deeper understanding and appreciation of Hispanic cultures through the text's rich and diverse cultural features (see Chapter Organization: **Rincón cultural**) and through the lives of the five characters who appear throughout *Punto y aparte* and in the integrated video to accompany the text.

Above all, we hope that your students begin to see *themselves* moving toward fluency as they progress through the course.

Chapter Organization

Each of the six main chapters in *Punto y aparte* focuses on a region of the Spanish-speaking world and centers around a specific theme that is woven into the various components of the chapter. The chapters are connected by the adventures of five main characters, friends that represent different regions of the Spanish-speaking world. The Ruta Maya Café, a real-life café in Austin, Texas, serves as the backdrop for their interactions. The introductory chapter, **Para empezar**, introduces students to these five friends and to the **puntos clave** concept. It also provides a preliminary review of the grammatical structures integrated throughout all of the chapters. Each of the six main chapters is divided into the following sections:

Situaciones   The chapter theme is presented through an introductory dialogue held among the friends. New thematic vocabulary, as well as several **puntos clave,** are introduced in the context of this dialogue. Comprehension questions, reactions, and student-generated dialogues follow.

While the dialogue that appears in the **Situaciones** section of the text is thematically related to the corresponding video episode, it presents slightly different information than what students will see in the video. Thus, the video is not a mandatory component of the text, but rather an enhancement to the overall communicative goals of the program.

Vocabulario del tema   The vocabulary found in these sections is thematic and is presented in semantic groups. Several words from the new vocabulary lists are then expanded in the **Ampliación léxica** section by showing how they are related to similar words with different parts of speech, such as **la apariencia, parecer,** and **parecido/a.** To allow the student ample opportunity to work with and acquire the new vocabulary before moving on to the rest of the chapter, there are a variety of communicative activities that follow each vocabulary presentation.

Rincón cultural   This unique cultural section contains three parts. **Lugares fascinantes** presents points of interest in the chapter's region of focus. Colorful visuals, maps, and interesting information are included in this section, as well as interactive activities that focus on the information presented. The second feature, **Un**

artista hispano, profiles a Hispanic artist from the region of focus. Finally, **Lo hispano en los Estados Unidos** presents information about interesting Hispanic people, cultural events, and/or community services found in the United States.

Puntos clave   Although each chapter highlights at least one of the seven communicative functions in turn, all seven are integrated into each chapter's oral and written work. The **puntos clave** are the grammar points needed to accurately realize these functions. Complete grammar explanations for the **puntos clave,** as well as other grammatical structures, appear in the **Explicación gramatical** section or "green pages" at the end of the text. In the **Puntos clave** section of every chapter, students are reminded to review the grammar explanations in the "green pages" and to complete the accompanying **¡A practicar!** exercises before continuing on.

In this section of the chapter, there is a short review of the featured **punto clave** and a brief exercise called **¿Cómo le va con este punto clave?,** which students can use to check their command of the grammar point pertinent to the communicative function featured in that chapter. The remaining exercises in this section provide ample interactive opportunities to use the **puntos clave** and new vocabulary in conversation and in writing. **Expresiones útiles,** necessary to enhance fluid speech and writing, are also presented according to the communicative function of the chapter.

Lectura   Each chapter contains an authentic reading that addresses the chapter theme. Pre-reading activities and follow-up exercises emphasize reading strategies, comprehension, and expansion of ideas presented in the readings. All readings have post-reading exercises that provide the opportunity for sustained group and class discussion. The reading strategies icons and features (**A verificar, Visualizar,** and **Vocabulario**) are found in these **Lectura** sections.

¡A escribir!   There are two types of writing activities found throughout the text, all of which are indicated by a writing icon: (1) brief composition themes, usually included as one step of a multilayered activity and (2) a final composition based on the chapter theme presented toward the end of each chapter. The main composition in **¡A escribir!** is divided into three sections: a brainstorming activity, a peer-reviewed preliminary writing assignment, and a final composition based on the information gathered from the first writing assignment.

Hablando del tema   At the end of every chapter are additional speaking activities that require students to use higher-level speaking skills to support an opinion, discuss advantages and disadvantages, hypothesize, and so on. Students are asked to prepare a vocabulary index card (**ficha**) that will aid them in this speaking activity. We suggest that students create **fichas** with three nouns, three verbs, and three adjectives related to the topic at hand. This exercise builds on the strategy of learning vocabulary in associated groups and further enhances the student's vocabulary acquisition.

The discussion themes presented in this section are related to questions asked of heritage Spanish speakers at the end of every video episode. The interviews found on the video may serve as a model for students' **ficha** activities.

Supplements

The supplements listed here may accompany *Punto y aparte.* Please contact your local McGraw-Hill representative for details concerning policies, prices, and availability, as some restrictions may apply.

Workbook/Laboratory Manual   Each chapter of the combined Workbook/Laboratory Manual includes a **Práctica escrita** and a **Práctica oral** section. The **Práctica escrita** section provides practice with the chapter's new vocabulary and the **puntos clave** through a variety of controlled and open-ended exercises. In every other chapter, a diagnostic test enables students to self-check their control of the grammar needed to accurately express the seven communicative functions. A section entitled **Reciclaje del vocabulario y los puntos clave** also reviews vocabulary and grammar from previous chapters. The **Práctica oral** section contains pronunciation and listening comprehension exercises. The last of the listening activities in every chapter is a notetaking exercise on an academic topic based on an element of the chapter theme, designed to help students prepare for advanced-level courses.

Audio Program   The audio program to accompany *Punto y aparte* corresponds to the **Práctica oral** section found in every chapter of the Workbook/Laboratory Manual.

Instructor's Manual   The Instructor's Manual includes the following:

- suggestions for teaching each of the sections found in each chapter of the main text
- additional activities to expand upon the featured themes
- sample quizzes and tests
- suggestions for oral interviews and vocabulary acquisition
- video activities and videoscripts
- tapescripts for the **Práctica oral** sections of the Workbook/Laboratory Manual

The *Punto y aparte* Video

Shot on location at the Ruta Maya café in Austin, Texas, the integrated video to accompany *Punto y aparte* brings to life the interactions between the "five friends" and other characters that students will get to know throughout the program. The five main characters in the video are:

Sara Carillo Jiménez, a Spanish graduate student
Javier Mercado Quevedo, a Puerto Rican journalist who also works at Ruta Maya
Laura Taylor, an American graduate student of Spanish and Sara's roommate
Diego Ponce Flores, a Mexican shop owner
Sergio Wilson Flores, a Mexican-American concert promoter and Diego's cousin

The video features brief situational dialogues between some or all of the recurring cast of characters. These dialogues are continued or further expanded in the **Situaciones** section found in every chapter of the text. Video-specific activities and complete scripts may be found in the Instructor's Manual.

Following every situational dialogue, a native speaker of Spanish responds to a question posed

to him or her. These interviews are related to the themes discussed in the **Hablando del tema** section of each chapter. The interviews may also serve as a model to help guide students in their interactions with others in the **Hablando del tema** activities.

Acknowledgments

We would like to thank all of the graduate students from the Department of Spanish and Portuguese at the University of Texas at Austin who were so generous with their time and support on this project: Liz Wright and Rafael Hoyle, who piloted the course in the Fall of 1996; Matthew Borden, Deyanira Castillo, Elena Castro, Rita Corticelli, Sara Cooper, James Courtad, Carolyn Dunlap, Patrick Duffey, Rebecca Gámez, Hoffy Gardarsdottir, Cynthia Fraser-

González, Beatriz Gómez Acuña, Amy Gregory, Damian Hinajosa, Han Soo Jung, João Lourenço, Jackie Loss, Alex McNair, Michael Regan, Gloria Díaz-Rinks, Georgia Seminet, Beth Simpson, Elizabeth Sisson-Guerrero, and Wendell Smith, all of whom offered invaluable feedback along the way; Ruth Westfall, who carefully reviewed the grammar explanations in the "green pages"; Rosa María Graziani, Oscar Guerrero, Guillermo Irizarry, Roberto Herrera, Talía Loaiza, Ivonne Mercado, Ramiro Muñoz, Adela Pineda, Carolina Rocha, Gina Springer, Juan Tejeda, and Ramón Téllez, who helped with the **Rincón cultural** sections and **Hablando del tema** interviews.

We owe special thanks to the "friends": Fátima Alfonso-Pinto, Cristina Fernández, Luis Guerrero, Rafael Hoyle, Guillermo Irizarry, Anne Lambright, and Gina Springer, who put in long hours under hot lights to complete the video, and to Melvis and Tim Sheehan, the owners of Ruta Maya Café. We also thank Alex Avila, James Borrego, and the wonderful crew of Adelante Films. Thanks too to Christhian Fernández and Ta Mère for the music that accompanies the video.

Within the Department of Spanish and Portuguese at the University of Texas at Austin, we owe a special debt of gratitude to Donette Moss for her solid moral and professional support and to Madeline Sutherland-Meier for allowing us to test our work in progress in the classroom and for believing in the pedagogical value of our course.

We also owe thanks to Sanford Shane, Patricia Zuker, and Alicia Muñoz from the University of California, San Diego, who have used our materials since they came out in the early custom publication form. Their enthusiasm and support for this text was especially encouraging.

We would like to thank the following instructors and friends who participated in reviews of early drafts of the manuscript. We hope that they are pleased with the final product, but the appearance of their names does not constitute an endorsement.

María J. Amores, *West Virginia University;* Patricia Corcoran Thomas, *University of Wisconsin-Superior;* Concepción B. Godev, *College of Charleston;* Manuela González-Bueno, *University of Southwestern Louisiana;* Jonita Stepp, *Florida State University;* Anita Vogely, *Binghamton University.*

There is no better feeling than to have Thalia Dorwick say yes to a project. Her vast experience in the field and her fine-tuned instincts about language teaching inspire confidence in her authors. Bill Glass, who gently guided us through the whole editing and production process, was the most pleasant and helpful sponsoring editor an author team could hope for. Scott Tinetti, our development editor, was patient and kind and made sure that we knew that he really loved the text. His encouraging words along the way were a great help. We also appreciate the fine editing on the *Workbook/Laboratory Manual* by our former colleague, Pennie Nichols-Alem.

It was a pleasure to work with an organization that values teamwork above all. The fact that Cristene Burr, the marketing manager, took the time to learn so much about our book and to be so genuinely interested in understanding the methodology is another indication of how the McGraw-Hill staff works closely together in order to make a project a true success. We sincerely appreciate their commitment to new ideas in foreign language teaching.

We also recognize many additional people at McGraw-Hill who contributed greatly to this project. Special thanks go to Francis Owens and Juan Vargas, for the beautiful interior and cover designs. Sharla Volkersz, the project manager, wonderfully coordinated the production process and made sure the project was kept on schedule. Nicole Widmyer enthusiastically coordinated the art program and was paramount in the decisions to try new art and artists. Finally, a very special thanks goes to Rémy Simard, whose wonderful and unique caricatures of the "friends" and whose drawings found in the **Lugares fascinantes** sections bring additional life and visual "spark" to the text.

A very special thanks goes to Frank for being a source of unending support and encouragement on every level, to Guillermo for believing in us and for putting in many hours of overtime, to Yolanda, for serving as our resource person in Spain, and to our parents, who taught us the value of hard work.

TO THE STUDENT

Welcome to *Punto y aparte*, a unique and exciting intermediate Spanish program! As second-year students of college Spanish, you have already studied verb tenses, the subjunctive mood, pronouns, a lot of basic vocabulary, common idioms, and so on. The goal of this course is to help you acquire the ability to use what you have learned by focusing on seven communicative functions in Spanish: describing, comparing, reacting and recommending, narrating in the past, talking about likes and dislikes, hypothesizing, and talking about the future. Examples that represent each of these functions, along with the icon that symbolizes each function throughout the text, can be found on the inside front cover of this book. You may refer to the chart and the icons at any time. All of your written and oral practice will be centered around topics that require you to demonstrate an ability to communicate these functions.

Furthermore, it is the goal of this course that you become a paragraph maker in Spanish. (In fact, the Spanish expression "**punto y aparte**" is used to indicate the beginning of a new paragraph!) You will also achieve greater cohesion in your speaking and writing abilities by including transition words and sentence connectors as you move toward fluency in Spanish. You will find a list of common connectors and transition words on the inside back cover of the text.

Another goal of this course is to increase your vocabulary by adding new words to your active vocabulary and by acquiring strategies that will help you understand the meaning of unfamiliar terms. You will also notice that all of the vocabulary is presented in groups of words that are thematically related. We suggest that you study the vocabulary in these semantic groups rather than as single isolated words. You will find a consistent recycling of vocabulary throughout the text, so that you will not forget vocabulary studied in **Capítulo 1** by the time you arrive at **Capítulo 5**.

What is unique about *Punto y aparte* and its approach is the idea of narrowing the focus of instruction to seven communicative functions, all of which appear in every chapter from the beginning of the text. This focus on the communicative functions is aided by the constant recycling of grammar, or **puntos clave**, needed to accurately and successfully perform these functions. In other words, the content or themes will change with each new chapter, but the seven functions will be repeated throughout the text. To help facilitate your growing abilities to communicate effectively in Spanish, icons are used throughout the text to remind you with which function you are working. For example, when you see the "D" icon next to an activity, you know that you are working with description and that, in order to describe well, you must keep in mind the rules for noun/adjective agreement, as well as the appropriate uses of **ser** and **estar**. (Please see the inside front cover for a full display of the icons, the communicative functions, and the grammatical structures that accompany the functions.)

In order to accomplish each of these communicative functions, certain grammar points must be mastered. Therefore, *Punto y aparte* offers a wide variety of interactive tasks so that you can practice the communicative functions repeatedly throughout the text. By practicing the same functions from chapter to chapter, you will strengthen your ability to effectively express yourself in Spanish.

Besides concentrating on seven communicative functions and increasing your vocabulary, we want to help you enjoy reading in Spanish as well. Although there are many reading strategies that can help guide you as you approach texts written in Spanish, *Punto y aparte* concentrates on three. We refer to these as the three "V's": Verification (**A verificar**), Visualization (**Visualizar**), and Vocabulary (**Vocabulario**). We want you to get into the habit of consciously monitoring your comprehension as you read. Within many of the reading texts in *Punto y aparte*, **A verificar** sections offer questions that will help you monitor your comprehension up to that point in the reading. **Visualizar** icons will remind you to visualize images of the people, places, things, and situations described or narrated at that point in the reading. **Vocabulario** icons will encourage you to practice making wise strategy decisions about vocabulary, such as relating unfamiliar words to other words you *do* know, using context to guess meaning, looking up unfamiliar words in a dictionary, or ignoring unfamiliar words altogether in order to get the overall gist of the passage.

It is also very important to understand from the outset how this course differs from previous courses you may have taken. As you move to-ward fluency in Spanish, you should progress from a list-maker to a paragraph-maker, from memorizing isolated words to learning and using groups of thematically-related words, and from studying grammar structures in a vacuum to studying grammar as a support for expressing the seven language functions that serve as the core of the *Punto y aparte* methodology. Finally, you should also attain a deeper understanding and appreciation of Hispanic cultures through the text's rich and diverse **Rincón cultural** sections and through the lives of the five characters who appear throughout *Punto y aparte* and in the accompanying video.

Above all, we hope that you enjoy this course and that you find yourself moving toward fluency in Spanish!

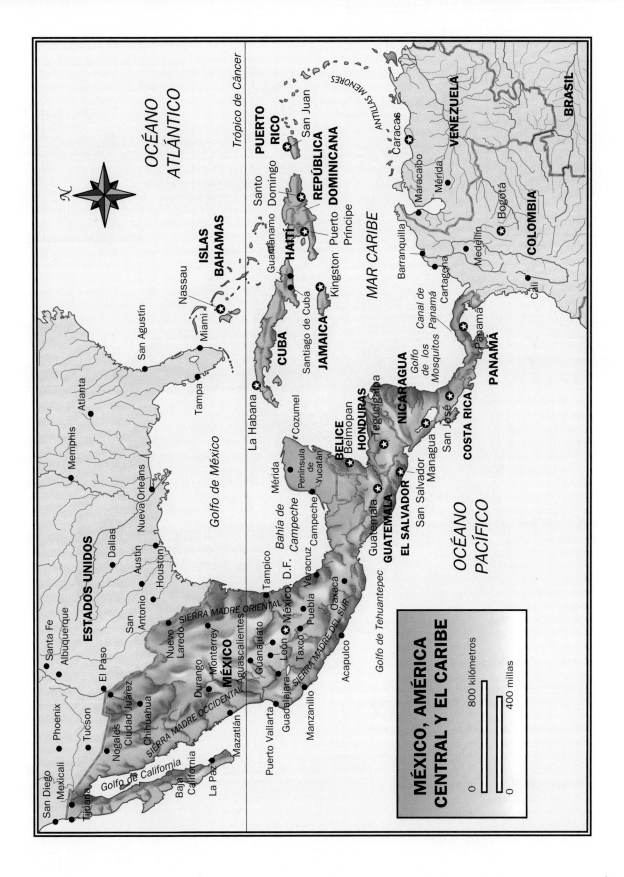

MÉXICO, AMÉRICA CENTRAL Y EL CARIBE

OCÉANO ATLÁNTICO

Trópico de Cáncer

OCÉANO PACÍFICO

MAR CARIBE

Golfo de México

Golfo de California

Bahía de Campeche

Golfo de Tehuantepec

Golfo de los Mosquitos

Canal de Panamá

Península de Yucatán

ANTILLAS MENORES

SIERRA MADRE ORIENTAL
SIERRA MADRE OCCIDENTAL
SIERRA MADRE DEL SUR

Baja California

N

ESTADOS UNIDOS

San Diego
Mexicali
Tijuana
Phoenix
Tucson
Nogales
Santa Fe
Albuquerque
El Paso
Ciudad Juárez
Chihuahua
Memphis
Atlanta
Dallas
Austin
San Antonio
Nueva Orleans
Houston
Nuevo Laredo
Monterrey
Durango
Mazatlán
La Paz
Puerto Vallarta
Guadalajara
Manzanillo
León
Aguascalientes
Guanajuato
Taxco
MÉXICO
México, D.F.
Acapulco
Oaxaca
Puebla
Veracruz
Tampico
Mérida
Cozumel
San Agustín
Miami
Tampa
Nassau

ISLAS BAHAMAS

La Habana
CUBA
Santiago de Cuba
Guantánamo

HAITÍ
Puerto Príncipe
JAMAICA
Kingston

Santo Domingo
REPÚBLICA DOMINICANA

San Juan
PUERTO RICO

BELICE
Belmopan
GUATEMALA
Guatemala
EL SALVADOR
San Salvador
HONDURAS
Tegucigalpa
NICARAGUA
Managua
COSTA RICA
San José
PANAMÁ
Panamá

Barranquilla
Cartagena
Maracaibo
VENEZUELA
Caracas
Mérida
COLOMBIA
Medellín
Bogotá
Cali
BRASIL

0   800 kilómetros

0   400 millas

xix

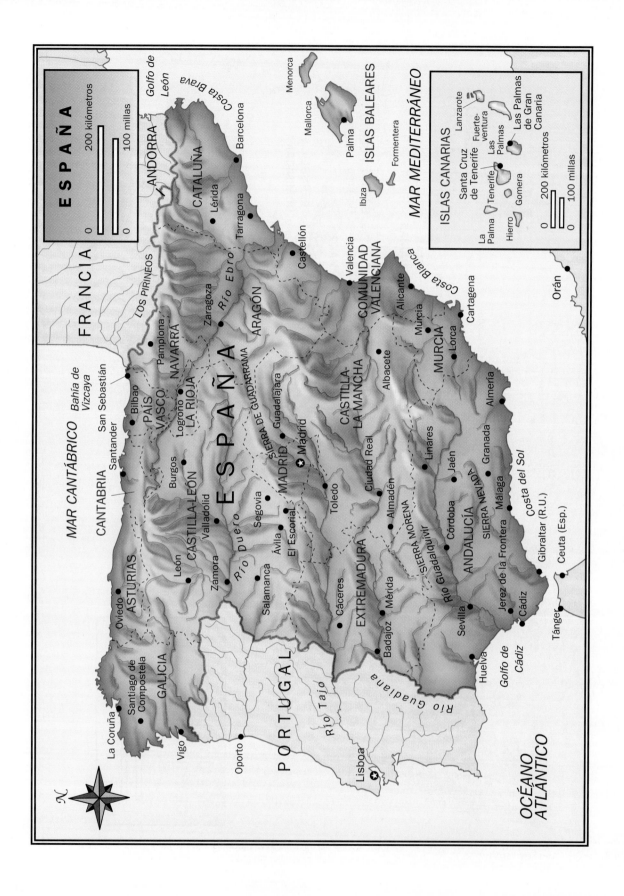

ESPAÑA

200 kilómetros

100 millas

0
0

Golfo de León

Costa Brava

Menorca

ISLAS BALEARES

Palma

Mallorca

Formentera

Ibiza

ANDORRA

Barcelona

Lérida

CATALUÑA

Tarragona

Castellón

Valencia

COMUNIDAD VALENCIANA

Costa Blanca

Alicante

FRANCIA

LOS PIRINEOS

Zaragoza

Río Ebro

ARAGÓN

Pamplona

NAVARRA

Logroño

LA RIOJA

Bahía de Vizcaya

San Sebastián

Bilbao

PAÍS VASCO

Santander

MAR CANTÁBRICO

CANTABRIA

Oviedo

ASTURIAS

GALICIA

Santiago de Compostela

La Coruña

Vigo

Oporto

P O R T U G A L

Río Tajo

Lisboa

Río Guadiana

OCÉANO ATLÁNTICO

Burgos

CASTILLA-LEÓN

Valladolid

León

Zamora

Río Duero

Salamanca

Segovia

Ávila

El Escorial

SIERRA DE GUADARRAMA

Guadalajara

MADRID

Madrid

Toledo

CASTILLA-LA MANCHA

Ciudad Real

Albacete

MURCIA

Murcia

Lorca

Linares

Jaén

Almadén

SIERRA MORENA

Córdoba

ANDALUCÍA

Granada

SIERRA NEVADA

Málaga

Costa del Sol

Almería

Cartagena

MAR MEDITERRÁNEO

Orán

E S P A Ñ A

CÁCERES

EXTREMADURA

Mérida

Badajoz

Río Guadalquivir

Sevilla

Jerez de la Frontera

Cádiz

Golfo de Cádiz

Huelva

Tánger

Ceuta (Esp.)

Gibraltar (R.U.)

ISLAS CANARIAS

Lanzarote

Fuerteventura

Las Palmas

Las Palmas de Gran Canaria

Santa Cruz de Tenerife

Tenerife

La Palma

Gomera

Hierro

200 kilómetros

100 millas

0
0

N

MAR CARIBE

OCÉANO
ATLÁNTICO

Barranquilla
Maracaibo
Caracas
PANAMÁ
GUAYANA
VENEZUELA
Georgetown
Medellín
Paramaribo
Panamá
Cayena
Bogotá
Río Orinoco
SURINAM
GUAYANA FRANCESA
COLOMBIA
Cáli
Quito
Ecuador
ECUADOR
Río Amazonas
Guayaquil
Belém
Manaus
PERÚ
BRASIL
Recife
Cuzco
Lima
La Paz
Brasília
Arequipa
BOLIVIA
Sucre
PARAGUAY
Antofagasta
Rio de Janeiro
CHILE
Asunción
Trópico de Capricornio
San Miguel
São Paulo
de Tucumán
La Serena
OCÉANO
PACÍFICO
Córdoba
OCÉANO
ATLÁNTICO
Rosario
Valparaíso
URUGUAY
Santiago
ARGENTINA
Concepción
Buenos Aires
Montevideo
Río de la Plata
Bahía Blanca
Puerto Montt
Bariloche
Chiloé

Islas Malvinas

Estrecho de Magallanes
Punta Arenas
Tierra del Fuego

Cabo de Hornos

AMÉRICA DEL SUR

| 0 | 1500 kilómetros |
| 0 | 1000 millas |

CORDILLERA DE LOS ANDES

N

Para empezar:
Los cinco amigos

¡Bienvenido/a a *Punto y aparte*! A lo largo de este texto, Ud. va a trabajar con siete metas comunicativas en conversaciones orales, en com-
posiciones y en ejercicios gramaticales. La información en el vídeo, en
los diálogos orales y escritos y en las actividades se centrará en la vida
de los cinco amigos que Ud. irá conociendo poco a poco.

Puntos clave
- introducción a los puntos
  clave

Tema central
- los cinco amigos

Zona de enfoque
- el café Ruta Maya en Austin,
  Texas

CARA A CARA

Lea la pequeña biografía de cada uno de los cinco amigos y un perfil (*profile*) personal. Luego conteste las preguntas que aparecen a continuación.

ojo

Estos perfiles biográficos contienen algunos nombres de personas, películas o lugares que Ud. no conoce. Pero no se preocupe (*don't worry*), porque a través de las lecturas y actividades de este libro, Ud. va a aprender mucho sobre esas figuras y lugares.

Sara Carrillo Jiménez

Sara nació en un pueblo cerca de Salamanca, España. Hizo periodismo en la Universidad Pontificia de Salamanca y trabajó en una emisora[1] de radio local, pero sólo ofrecían programas musicales. Como quería aprender otras cosas relacionadas con el mundo de las comunicaciones, cuando a Sara le hablaron de la posibilidad de estudiar en los Estados Unidos decidió «cruzar el charco».[2] Actualmente está acabando su maestría en Radio, Televisión y Cine y trabaja en la emisora universitaria, donde hace un programa dirigido a los hispanohablantes.

Habla Sara:

Rasgo[3] principal de mi carácter: *la extroversión y la franqueza*
Mi defecto principal: *la obsesión por la perfección*
Cualidad que busco en un amigo / una amiga: *un buen sentido del humor*
Lo que prefiero hacer en mis ratos libres: *jugar con la computadora y hablar por teléfono*
Mi sueño dorado:[4] *entrevistar a Paul McCartney*
Mis músicos favoritos: *Mozart, The Beatles, Mecano, Miguel Bosé*
Mis películas favoritas: *Butch Cassidy and the Sundance Kid, Mujeres al borde de un ataque de nervios, Belle Epoque*
Comida y bebida que prefiero: *la paella, las galletas y el café*
Lo que más me molesta: *la comida picante*
Si pudiera veranear[5] en cualquier lugar, sería: *la isla de La Palma, en las Islas Canarias*

[1] station [2] «cruzar… *"to cross the pond"* (fig. *the Atlantic Ocean*) [3] *Trait* [4] *golden* [5] Si… *If I could take a summer vacation*

Preguntas:

1. ¿Por qué decidió Sara estudiar en los Estados Unidos?
2. ¿Es tímida Sara? ¿Cómo lo sabe?
3. ¿A Sara le gustaría la comida mexicana? ¿Por qué sí o por qué no?

Javier Mercado Quevedo

Javier nació en Mayagüez, Puerto Rico. Tiene un hermano gemelo.[1] Trabaja como mesero en el café Ruta Maya, uno de los cafés de moda del centro de la ciudad. Hace dos años que Javier sacó su licenciatura en periodismo. Ahora hace trabajos sueltos[2] para varios periódicos hispanos de los Estados Unidos, pero su sueño es conseguir un puesto de corresponsal en Latinoamérica y pasarse la vida viajando. Es soltero y no piensa casarse nunca, aunque es muy romántico.

Habla Javier:

Rasgo principal de mi carácter: *la honestidad*
Mi defecto principal: *hablo demasiado*
Cualidad que busco en un amigo / una amiga: *la franqueza*
Lo que prefiero hacer en mis ratos libres: *explorar sitios nuevos y bailar*
Mi sueño dorado: *dar cursos de periodismo en Caracas, Venezuela*
Mis músicos favoritos: *Pablo Casals, Silvio Rodríguez, Bob Dylan*
Mis películas favoritas: *The Mambo Kings, El Mariachi, Don Juan DeMarco*
Comida y bebida que prefiero: *el arroz con pollo y el agua de coco*[3]
Lo que más me molesta: *las personas manipuladoras y la hipocresía*
Si pudiera veranear en cualquier lugar, sería: *Cabarete, la República Dominicana*

[1] *twin*   [2] *hace… he freelances*   [3] *agua… coconut milk*

Preguntas:

1. ¿Por qué cree Ud. que Javier trabaja en el café Ruta Maya?
2. ¿Qué característica tiene Javier que le servirá en su carrera de periodismo?
3. ¿A Javier le gusta pasar mucho tiempo en casa? ¿Cómo lo sabe?

Laura Taylor

Laura nació en Sacramento, California. Al estudiar español en la universidad se interesó mucho por la cultura hispana, así que cuando se graduó decidió ingresar en el Cuerpo de Paz.[1] Terminó[2] en Otavalo, cerca de Quito, Ecuador, donde trabajó para mejorar la educación rural. Después de dos años, regresó a los Estados Unidos para seguir un curso posgraduado en estudios latinoamericanos y administración pública. Después de graduarse, le gustaría trabajar en Latinoamérica.

Habla Laura:

Rasgo principal de mi carácter: *el perfeccionismo y el amor a la aventura*
Mi defecto principal: *la impaciencia*
Cualidad que busco en un amigo / una amiga: *la integridad y la inteligencia*
Lo que prefiero hacer en mis ratos libres: *dormir la siesta y por la noche salir a bailar salsa*
Mi sueño dorado: *cantar con Mercedes Sosa*
Mis músicos favoritos: *Mercedes Sosa, Sting, Nanci Griffith*
Mis películas favoritas: *Mi familia, La historia oficial*
Comida y bebida que prefiero: *el pastel de chocolate con café*
Lo que más me molesta: *la intolerancia y los prejuicios*
Si pudiera veranear en cualquier lugar, sería: *en las Islas Galápagos del Ecuador*

[1] Cuerpo... *Peace Corps*   [2] *She ended up*

Preguntas:

1. ¿Cree Ud. que Laura sacó buenas notas en sus cursos universitarios? ¿Cómo lo sabe?
2. ¿Por qué se fue al Ecuador cuando terminó sus estudios?
3. ¿Piensa quedarse en los Estados Unidos cuando termine sus estudios posgraduados?

Diego Ponce Flores

Diego nació en San Julián, un pueblo de México, pero se fue a Monterrey a vivir con su hermano mientras estudiaba en la Universidad Tecnológica. Hace tres años se mudó a los Estados Unidos y poco después, con la ayuda de su primo, Sergio, abrió una tienda que se llama «Tesoros»,[1] dedicada a la artesanía[2] de Latinoamérica. Aunque se especializó en administración de empresas,[3] siempre se ha interesado por las bellas artes. Así que su tienda resulta ser una perfecta combinación de sus dos pasiones.

Habla Diego:

Rasgo principal de mi carácter: *la integridad*
Mi defecto principal: *a veces soy un poco inflexible*
Cualidad que busco en un amigo / una amiga: *la cortesía*
Lo que prefiero hacer en mis ratos libres: *ir a museos y al teatro, cocinar*
Mi sueño dorado: *abrir un museo de arte latinoamericano*
Mis músicos favoritos: *Agustín Lara, Garth Brooks, los mariachis de la Plaza Garibaldi en México, D.F.*[4]
Mis películas favoritas: *Como agua para chocolate, Il postino*
Comida y bebida que prefiero: *la sopa de flor de calabaza*[5] *y el café fuerte*
Lo que más me molesta: *la falta de cortesía*
Si pudiera veranear en cualquier lugar, sería: *Buenos Aires, Argentina*

[1] *"Treasures"*   [2] *arts and crafts*   [3] administración... *business administration*   [4] D.F.: Distrito Federal (la Ciudad de México)   [5] flor... *pumpkin flower*

Preguntas:

1. ¿Cree Ud. que Diego nació en una ciudad industrial? ¿Por qué sí o por qué no?
2. Parece que ser dueño de «Tesoros» es un puesto ideal para Diego. ¿Por qué?
3. A veces Diego les parece un poco formal a sus amigos. ¿Por qué será eso?

Sergio Wilson Flores

Sergio nació en El Paso, Texas, pero pasó su infancia en Chihuahua, México, el estado de origen de su madre. Después, se mudó a Boston, Massachusetts, la ciudad natal de su padre. Actualmente vive en Austin con su primo, Diego, y trabaja como agente de negocios-promotor de conjuntos musicales. De los cuatro grupos que están bajo su dirección, dos son conjuntos tex-mex y dos son grupos de rock. Se graduó de la universidad hace dos años, especializándose en administración de empresas.

Habla Sergio:

Rasgo principal de mi carácter: *la flexibilidad*
Mi defecto principal: *el amor a la diversión*
Cualidad que busco en un amigo / una amiga: *el optimismo*
Lo que prefiero hacer en mis ratos libres: *pasar tiempo con mis amigos, jugar al basquetbol, ir al cine y a conciertos*
Mi sueño dorado: *vivir cerca de mi familia y mis más íntimas amistades*
Mis músicos favoritos: *Dr. Loco and his Rockin' Jalapeño Band, Flaco Jiménez, Carlos Gardel, Jimi Hendrix*
Mis películas favoritas: *Tango Bar, Zorro, Evita*
Comida y bebida que prefiero: *las fajitas tex-mex, las tortillas de harina[1] frescas, el pastel de chocolate y la limonada bien helada[2]*
Lo que más me molesta: *la falta de conciencia social*
Si pudiera veranear en cualquier lugar, sería: *el Parque Nacional Tortuguero, Costa Rica*

[1] *flour* [2] bien... *ice-cold*

Preguntas:

1. Se puede describir a Sergio como una persona bicultural. ¿Por qué?
2. ¿Piensa Ud. que Sergio es activo políticamente en su comunidad? ¿Cómo lo sabe?
3. ¿Es una persona solitaria Sergio?

Actividades

A. Las preferencias de los cinco amigos

Paso 1 Complete una tabla como la siguiente con la información que averiguó sobre los cinco amigos.

	SARA	JAVIER	LAURA	DIEGO	SERGIO
Actividades en sus ratos libres					
Comida y bebida preferidas					
Su viaje ideal					
Músicos que le gustan					

Paso 2 Ahora utilice la información del Paso 1 para contestar las siguientes preguntas.

1. Sergio quiere comer un postre. ¿A quién(es) va a invitar?
2. Diego quiere ir a un concierto de música clásica. ¿A quién va a invitar?
3. ¿Quiénes son los más activos en su tiempo libre?
4. Los padres de Javier vienen a visitarlo. ¿A quién va a pedir ayuda Javier para preparar la comida?
5. Si Ud. pensara asistir a un concierto de música, ¿con quién(es) le gustaría ir?
6. Si Ud. estuviera planeando un viaje, ¿con qué amigo/a le gustaría ir?

B. Perfiles de sus compañeros

Entreviste a un compañero / una compañera de clase para hacerle un perfil personal como el siguiente. Luego escoja los dos o tres datos más interesantes sobre su compañero/a y compártalos con la clase.

- Rasgo principal de su carácter
- Su defecto principal
- Cualidad que busca en un amigo / una amiga
- Lo que prefiere hacer en sus ratos libres
- Su sueño dorado

- Sus músicos favoritos
- Sus películas favoritas
- Comida y bebida que prefiere
- Lo que más le molesta
- Si pudiera veranear en cualquier lugar, sería…

C. Los cinco amigos y los míos

Paso 1 Complete una tabla como la siguiente con la información requerida sobre los amigos que Ud. acaba de conocer. Debe incluir información sobre sus propios amigos también.

	LOS CINCO AMIGOS	MIS MEJORES AMIGOS
1. ¿De dónde son?	Sara: Javier: Laura: Diego: Sergio:	
2. ¿Qué hacen o qué estudian?	Sara: Javier: Laura: Diego: Sergio:	
3. ¿Cuáles son algunas de sus cualidades personales?	Sara: Javier: Laura: Diego: Sergio:	

Paso 2 En grupos de tres, comenten las semejanzas y diferencias que hay entre sus respectivos grupos de amigos.

Paso 3 Ahora escriba una pequeña composición describiendo a su propio grupo de amigos. Incluya cómo son, qué hacen y las semejanzas y diferencias que hay entre los miembros del grupo.

D. Preguntas personales   Si Ud. pudiera hacerle una pregunta a cada uno de los cinco amigos, ¿qué preguntas le haría? A continuación hay una lista de palabras interrogativas que puede usar.

¿a quién?, ¿adónde?, ¿cómo?, ¿cuál(es)?, ¿cuándo?, ¿cuánto/a/os/as?, ¿de dónde?, ¿dónde?, ¿por qué?, ¿qué?, ¿quién?

1. A Sara: _____
2. A Javier: _____
3. A Laura: _____
4. A Diego: _____
5. A Sergio: _____

PUNTOS CLAVE:

Introducción

Lea los siguientes párrafos sobre diferentes aspectos de la vida de los cinco amigos. Cada párrafo contiene varios ejemplos de las siete metas comunicativas o puntos clave que son el enfoque de este libro. Preste atención a los símbolos que representan cada punto clave (vea la siguiente tabla).

LOS SIETE PUNTOS CLAVE DE LA COMUNICACION	
Descripción • **ser/estar** • la concordancia de los adjetivos • los participios como adjetivos	**Narración en el pasado** • pretérito/imperfecto • los tiempos perfectos
Comparación • **más/menos... que** • **tan/tanto... como**	**Hablar de los gustos** • las construcciones semejantes a la de **gustar** • los pronombres de complemento indirecto
Reacciones y recomendaciones • el subjuntivo en cláusulas nominales • los mandatos	**Hacer hipótesis** • el condicional • el imperfecto de subjuntivo
	Hablar del futuro • el futuro • el subjuntivo en cláusulas adverbiales

 ## Descripción: El café Ruta Maya

OJO

Antes de hacer esta sección, vea las páginas verdes, al final del libro, para repasar cómo hacer descripciones en español.

Paso 1 Lea la siguiente descripción del café Ruta Maya.

El café Ruta Maya **es** una bodega[1] **renovada** que **está** en el distrito teatral de Austin. Las paredes **están decoradas** con pósters de varios países **hispanos**. Cada mes se exponen obras de **diferentes** artistas **locales**. Allí se celebran las culturas **hispanas**, con su café estilo **cubano**, sus empanadas[2]

[1] *warehouse*   [2] *turnovers*

Javier trabajando en el café Ruta Maya

y flanes[3] **sabrosos** y su **gran** muralla estilo **azteca**. Su clientela **es** muy **ecléctica** y los fines de semana por la noche siempre **está lleno**. Allí la gente se reúne después de ir al teatro o a cenar, para comer uno de sus **deliciosos** postres y para disfrutar de música en vivo.[4] **¡Es un lugar maravilloso!**

[3] *custard desserts*   [4] *en... live*

Paso 2 Ahora complete las siguientes oraciones con adjetivos de la siguiente lista u otros. Preste atención a la concordancia entre adjetivo y sustantivo. **¡OJO!** Hay más de una respuesta posible en muchos casos.

> barato, bueno, divertido, exclusivo, generoso, hispano, limpio, lleno, ocupado (*busy*), rico (*rich; delicious*), ruidoso (*noisy*), sofisticado, sucio

1. La librería favorita de Sara y Laura siempre está ____ de estudiantes de Latinoamérica porque tiene muchos libros ____ y sirven cafés y postres ____.
2. La discoteca donde se reúnen los cinco amigos para bailar los viernes por la noche es ____ pero muy ____.
3. El restaurante donde trabaja la prima de Laura es ____. A su prima le gustan los clientes porque son muy ____ con las propinas (*tips*) que le dan.

Paso 3 Con un compañero / una compañera, describan su lugar favorito para estar con sus amigos. ¿Dónde está ese lugar? ¿Cómo es? ¿Qué tipo de personas suele (*usually*) reunirse allí? ¿Por qué les gusta tanto ese lugar?

 COMPARAR

Comparación: Dos compañeras de cuarto

OJO

Antes de hacer esta sección, vea las páginas verdes, al final del libro, para repasar cómo hacer comparaciones en español.

Paso 1 Lea la siguiente comparación entre las dos compañeras de cuarto, Laura y Sara.

Sara y Laura: dos amigas bastante distintas

Aunque Laura y Sara son íntimas amigas, son muy diferentes —no sólo en el carácter, sino también en el aspecto físico. Por ejemplo, Sara es **más morena** y un poquito **más baja que** Laura. Nuestra amiga española tiene **menos interés** en hacer ejercicio **que** su compañera, pero su metabolismo debe de ser muy rápido porque es **tan delgada como** Laura. Las dos son perfeccionistas, pero de las dos Laura es **la más impaciente.** Esto a veces le causa problemas con Sara, porque si tiene que esperar **más de cinco** minutos, Laura empieza a quejarse. A pesar de todo,[1] ésta es una de **las amistades más importantes** que tienen las dos.

[1] A... *In spite of it all*

Paso 2 Ahora haga comparaciones entre los cinco amigos, utilizando los adjetivos que aparecen a continuación. (Si es necesario, repase las descripciones de los cinco amigos que aparecen al principio de este capítulo.)

1. Sergio/Diego: flexible
2. Laura/Sara: comer dulces
3. Laura/Javier: bailar
4. Diego/Sergio: ambicioso

Paso 3 Ahora haga cuatro comparaciones entre Ud. y su mejor amigo/a.

mi mejor amigo/a / yo: organizado, serio, comer pizza, créditos universitarios

Reacciones y recomendaciones: ¡Qué talento tiene Diego!

OJO

Antes de hacer esta sección, vea las páginas verdes, al final del libro, para repasar cómo hacer reacciones y recomendaciones en español.

Paso 1 Lea el siguiente párrafo sobre Diego y su familia.

Diego es un buen hombre de negocios.[1] **Es increíble que** en dos años su tienda «Tesoros» **haya tenido** tanto éxito.[2] Ahora él está pensando abrir más tiendas en Nueva York y Miami, pero sus padres **no creen que sea** buena idea meterse[3] en tantos asuntos,[4] porque si lo hace, nunca tendrá tiempo para visitar a su familia en México. A ellos **no les gusta que** su hijo **lleve** una vida tan «americana». **Tienen miedo de que** él **se acostumbre** a vivir en los Estados Unidos y de que no **quiera** regresar a su país.

[1]hombre... *businessman* [2]*success* [3]*to get involved* [4]*matters*

Paso 2 Ahora complete las siguientes oraciones, utilizando el subjuntivo cuando sea necesario.

1. Es bueno que «Tesoros»...
2. Los padres de Diego no quieren que...
3. Es evidente que Diego...
4. Recomiendo que Diego...

Diego, un hombre con suerte en los negocios

Paso 3 Nuestros padres (hijos, abuelos, amigos…) comparten algunas de nuestras opiniones, pero no están de acuerdo con todas nuestras ideas, ¿verdad? Complete las siguientes oraciones.

1. Mis padres (hijos, abuelos, amigos…) quieren que yo…
2. A mi mejor amigo/a le gusta que yo…
3. Me molesta que mis padres (hijos, abuelos, amigos…)…
4. Espero que mis padres (hijos, abuelos, amigos…)…

Narración en el pasado: Sara y el día inolvidable

Paso 1 Lea la siguiente narración sobre un día que Sara recordará para siempre.

OJO

Antes de hacer esta sección, vea las páginas verdes, al final del libro, para repasar cómo narrar en el pasado en español.

Cuando Sara **era** niña, siempre **visitaba** la emisora de radio donde **trabajaba** su tío. Le **fascinaba** ver cómo su tío **entrevistaba** a personas famosas. Cuando Sara **tenía** quince años **había** un cantante que **era** muy popular entre los jóvenes. Sus canciones **eran** muy divertidas y **tenían** mucho ritmo, así que todo el mundo **bailaba** en las discotecas al compás de[1] su música. Un día Sara **fue** a la emisora y **se encontró** con él en el estudio de grabación.[2] ¡**Estaba** tan sorprendida que **se quedó** sin habla![3] Cuando por fin **recuperó** la voz, **se acercó** a[4] él y le **dijo** con mucha timidez: «Tú eres Miguel Bosé, ¿verdad?» El chico la **miró** y **respondió**: «Sí, y tú, ¿quién eres?» Entonces Sara **se presentó** y él le **dio** un par de besos. Ese **fue** uno de los días más inolvidables de su vida.

[1] l… *to the beat of* [2] de… *recording* [3] sin… *speechless*
[4] se… *she approached*

Paso 2 Conteste las siguientes preguntas sobre la experiencia de Sara.

1. ¿Por qué a Sara le gustaba visitar la emisora de radio?
2. ¿Por qué era muy popular Miguel Bosé?
3. ¿Qué pasó aquel día en el estudio de grabación?

Paso 3 Ahora complete las siguientes oraciones para hablar de su propio pasado.

1. Cuando era niño/a, una vez yo…
2. El año pasado mi mejor amigo/a y yo…
3. Al final del semestre pasado, mis profesores…
4. Cuando tenía dieciséis años, siempre…

Sara ha trabajado en varias emisoras de radio.

Hablar de los gustos: ¡Qué extrovertido es Javier!

Paso 1 Lea el siguiente párrafo sobre Javier y lo que más le interesa.

Si a Ud. **le interesa** saber quién es quién y quién hace qué, debe hablar con Javier. Es que a Javier **le fascina** la clientela tan variada que visita Ruta Maya. Su formación[1] de periodista puede ser la causa de su gran interés en conocer a la gente. Desde niño **le interesaban** los chismes[2] que oía sobre los profesores de la universidad. Es curioso porque a su hermano no **le interesaba** para nada esa información. La verdad es que **le encanta** enterarse de[3] lo que pasa en la vida privada de las personas. Lo único que **le fastidia**[4] es que los clientes le interrumpan las conversaciones que tiene con sus amigos. Pero, de todas maneras, uno tiene que ganarse la vida,[5] ¿no?

[1] *training, education*   [2] *gossip*   [3] enterarse... *to find out about*   [4] le... *bugs him*   [5] ganarse... *earn a living*

Paso 2 En parejas, escojan de cada columna la información que les parece apropiada para formar siete oraciones sobre los gustos y las preferencias de los cinco amigos. Siga el modelo.

MODELO: A Laura le encanta el Ecuador.

Diego	encantar	los Beatles	el Ecuador
Laura	fascinar	el café americano	las fajitas tex-mex
Sara	fastidiar	el café Ruta Maya	las Islas Galápagos
Javier	gustar	la comida picante	los lunes
Sergio	interesar	la desorganización	la música clásica
	molestar	dormir	las rebajas
		los dulces	la tranquilidad

A Javier le encanta trabajar en Ruta Maya.

Paso 3 Ahora indique los gustos, las preferencias, las molestias, etcétera, de las siguientes personas.

1. yo
2. mi mejor amigo/a
3. mis profesores
4. nosotros, los estudiantes de la clase

Hacer hipótesis: Los sueños de Sergio

Paso 1 Lea el siguiente párrafo sobre Sergio y lo que le gustaría hacer.

Aunque Sergio se siente feliz por lo general, a veces se pone a soñar con[1] las cosas que **haría** algún día si **pudiera.** Por ejemplo, **le gustaría** mudarse a Los Angeles, California. Allí **podría** conocer una comunidad y cultura mexicanoamericanas muy importantes. Además, quizás **tendría** más oportunidades profesionales, puesto que[2] Los Angeles es ahora la capital del mundo de los espectáculos.[3] Si Sergio **llegara** a tener mucho éxito en su trabajo, **compraría** una casa al lado del mar. El único inconve-

[1] se... *he starts to dream about*   [2] puesto... *since*   [3] mundo... *entertainment industry*

Sergio llevaría a sus amigos a Los Angeles si pudiera.

niente de vivir en Los Angeles **sería** que su familia le **quedaría** muy lejos. ¡Pero no importa! Si **tuviera** tanto éxito, **dispondría** de[4] su propio avión para viajar entre Los Angeles, Boston y México sin problema alguno.

[4] dispondría... *he would have at his disposal*

Paso 2 Complete el siguiente párrafo en el que Ud. exprese la fantasía de ser alguien famoso, como un actor / una actriz, un político / una mujer político, etcétera. Va a tener que añadir algunos verbos en su párrafo.

Si yo fuera ____ (nombre), tendría ____. Para las vacaciones, iría a ____ con ____, donde nosotros ____. Si tuviéramos ganas de hacer algo fascinante, ____. Pero si estuviéramos cansados, ____. Seguramente lo pasaríamos muy bien.

Paso 3 Ahora, pensando en sus propios sueños, complete las siguientes oraciones con la forma apropiada de los verbos y su propia opinión para hacer hipótesis. Luego, comparta sus respuestas con un compañero / una compañera.

1. Si yo pudiera trabajar en cualquier profesión, ____ (escoger) ser ____.
2. Si quisiera tener éxito en esa profesión, ____ (tener) que ____ porque ____.
3. Si ganara mucho dinero en esa profesión, yo ____ (viajar) a ____, donde ____.

OJO

Antes de hacer esta sección, vea las páginas verdes, al final del libro, para repasar cómo hablar del futuro en español.

Hablar del futuro: Las aventuras de Laura

Paso 1 Lea la siguiente narración sobre las aventuras posibles de Laura en el futuro.

Cuando Laura **termine** sus estudios posgraduados **irá** de nuevo al Ecuador a vivir allí. **Vivirá** en Quito donde tal vez **trabaje** con una organización internacional. Cuando **llegue** a Quito seguramente su novio Manuel la **recogerá** y la **llevará** a cenar. **Tendrán** mucho que decirse, ya que **habrán** pasado casi dos años sin verse. Laura no sabe cómo **irán** sus relaciones con Manuel. Siendo de dos culturas distintas, los dos **tendrán** que adaptarse mucho a las actitudes, creencias y acciones del otro.

Paso 2 Complete las siguientes oraciones, diciendo lo que Ud. cree que pasará en las circunstancias descritas.

1. Cuando los padres de Laura se enteren de su decisión de mudarse al Ecuador...
2. Cuando Laura y Manuel estén juntos de nuevo...
3. Tan pronto como Laura encuentre trabajo en el Ecuador...
4. Cuando Manuel vea que Laura es muy independiente...

¿Cómo serán las relaciones entre Manuel y Laura?

Paso 3 Ahora complete estas oraciones, diciendo lo que Ud. hará en las siguientes circunstancias.

1. Cuando termine mis estudios…
2. Cuando tenga cuarenta (cincuenta, sesenta,…) años…
3. Cuando hable mejor el español…
4. Cuando lleguen las vacaciones…
5. Tan pronto como pueda, yo…

¡A ESCRIBIR!

A. Lluvia de ideas (*Brainstorming*)   Ahora que Ud. sabe mucha información biográfica de los cinco amigos, le toca (*it's your turn*) escribir su propia redacción autobiográfica. Primero, con un compañero / una compañera, comenten lo siguiente y apunten (*jot down*) sus ideas.

1. Cuando un(a) periodista entrevista a alguien, ¿qué datos personales pide, por lo general?
2. ¿Qué aspectos íntimos de la persona entrevistada trata de descubrir el/la periodista?
3. ¿Qué preguntas hace sobre los planes para el futuro que tiene la persona entrevistada?

B. Composición preliminar

Paso 1 Ahora Ud. va a escribir tres párrafos sobre su vida «fantástica» en el futuro. Imagínese que ya es el año 2010 y Ud. es una persona famosa. ¿Quién será? ¿Qué hará? En el primer párrafo de su composición, describa su vida en el año 2010, incluyendo los datos personales importantes. En el segundo, hable de sus gustos y preferencias. En el tercero, debe revelar los planes que tiene para el futuro.

Paso 2 Antes de seguir con la Actividad C, revise todos los verbos de su composición para averiguar que están bien escritos y que los acentos ortográficos (*written*) están bien colocados (*placed*). También revísela para comprobar que hay concordancia entre los sustantivos y adjetivos que Ud. utilizó.

C. Composición final

Muchos periodistas que escriben para las revistas de chismes cambian la información sacada de una entrevista para hacerla más interesante.

Paso 1 Lea el siguiente artículo sobre Luis Miguel, el famoso cantante mexicano de música popular, que salió en una revista hispana. Preste atención particular al titular (*headline*) del artículo.

LOS RUMORES NO DEJAN DE PERSEGUIRLE

Las tribulaciones familiares, difíciles para Luis Miguel, pueden haberlo llevado a refugiarse, como a otros muchos adolescentes, en la droga. El rumor más persistente en México es que Luis Miguel tuvo problemas con la cocaína. Aunque el cantante siempre ha negado[1] esta acusación, cuando salió su disco *Luis Miguel: 20 años*, los bromistas[2] mexicanos insistieron en llamarle 'Luis Miguel: 20 gramos'.

Un conocido del cantante también lo niega. «Micky es tan vanidoso[3] que no tomaría drogas por temor a[4] no verse bien. Se levanta a las siete, hace ejercicios y casi nunca sale.» Pero después el amigo admite: «OK, tuvo un problema con la coca. Hace como tres años. Pero no puedo hablar de eso.»

A principios de 1992, circularon por todo México rumores verdaderamente increíbles: que Luis Miguel había desaparecido o había muerto y que un doble era el que realmente se presentaba en sus conciertos. La prensa sensacionalista se dio gusto informando que el cantante se había muerto de SIDA[5] y, alternativamente, que lo habían encarcelado[6] en Venezuela bajo una acusación de posesión de droga.

Una ex novia del cantante, Mariana Yazbek, indica que dichos reportajes hieren[7] a Luis Miguel. «A veces parecería que no le importa lo que dicen de él, pero le importa muchísimo.»

[1] ha... *has denied* [2] *jokers* [3] *vain* [4] por... *for fear of* [5] síndrome de inmunodeficiencia adquirida (*AIDS*) [6] lo... *they had thrown him in jail* [7] *hurt*

Paso 2 Ahora imagínese que Ud. es un(a) periodista que escribe para una revista de chismes. Lea la redacción que un compañero / una compañera escribió en la Actividad B. Luego, escriba un artículo exagerado y no totalmente verdadero sobre la persona «famosa» de la composición de su compañero/a. Debe ponerle a su artículo un titular llamativo (*catchy*) como, por ejemplo: «Sara Carrillo y Paul McCartney en una villa privada de Palma de Mallorca» o «Nuevas tiendas de Diego Ponce conectadas con la mafia».

Perspectivas:
Percepciones e impresiones

Hace unos años, Sara visitó un monasterio en Santander, España.

En este capítulo Ud. va a explorar el tema de las percepciones. ¿Cómo somos? ¿Cómo nos perciben los demás y por qué? ¿Cuáles son los factores que influyen en las primeras impresiones que Ud. tiene de alguien? ¿Cómo influyen en nuestras percepciones los rasgos físicos que tenemos? También va a leer sobre las impresiones que tiene un escritor español acerca de los estudiantes norteamericanos y va a examinar cómo la exportación de películas y programas de televisión afecta la percepción que otros países tienen de los norteamericanos.

Puntos clave
- descripción
- comparación

Temas centrales
- percepciones
- estereotipos

Zona de enfoque
- España

SITUACIONES

Las primeras impresiones

Situación: Javier y Sara están hablando en Ruta Maya sobre la diversa clientela que frecuenta el café y sobre las primeras impresiones que se produjeron al conocerse los dos. Lea el diálogo y conteste las preguntas que lo siguen. Preste atención particular al vocabulario nuevo.

SARA: Las personas que hay en Ruta Maya me **parecen** más fascinantes cada vez que vengo aquí.

JAVIER: Sí, me encanta trabajar aquí porque tengo muchos clientes diferentes. Nunca me aburro.[1]

SARA: Siempre me ha gustado observar a la gente e inventar su historia personal.

JAVIER: Con esa imaginación tuya… no quiero ni pensarlo…

SARA: Pues, mira. ¿Ves a esa muchacha del pelo verde, con **un pendiente** en la nariz y **un tatuaje** en **el cuello**? Tiene que ser artista o algo parecido, y seguramente es **extrovertida** y poco **seria**.

JAVIER: ¡Ja! Esa «muchacha» es una mujer de cuarenta años y es la dueña del negocio de al lado.[2] Es **encantadora**. **Te va a caer muy bien** cuando te la presente.

SARA: ¿De verdad? Pues sí que **las apariencias engañan**. Por ejemplo, cuando yo te conocí me **pareció** que eras menos **agradable**. ¿Recuerdas esas **patillas** y **el bigote** que llevabas?

[1]Nunca… *I never get bored.*   [2]de… *next door*

JAVIER: Sí. ¡Qué guapo estaba!

SARA: Bueno, a mí me **parecías** un bandido o algo así, aunque no me asustaste lo más mínimo.[3] Lo que sí me dio miedo fue tu aire[4] de conquistador.

JAVIER: Ja, ja, ja…

SARA: No te rías. Pensé que eras una especie de don Juan…

JAVIER: ¡Qué barbaridad! Bueno, no lo vas a creer, pero yo **a primera vista** pensé que tú eras…

[3]no… *you didn't scare me a bit*   [4]*appearance*

Actividades

A. Comprensión   Conteste las siguientes preguntas, según el diálogo.

1. ¿Cómo son los clientes de Ruta Maya?
2. ¿Por qué piensa Sara que la mujer que está en Ruta Maya es artista?
3. ¿Por qué es chistosa (*funny*) su observación?
4. ¿Qué impresión tuvo Sara cuando conoció a Javier?
5. En su opinión, ¿cuál fue la primera impresión que Javier tuvo de Sara? ¿Cuál fue la primera impresión que Ud. tuvo de Sara?
6. ¿Cuál es la primera impresión que Ud. causa en otras personas? ¿Por qué cree que causa esa impresión?

B. Reacciones   Complete las siguientes oraciones, basándose en la conversación de Javier y Sara. Debe utilizar uno de los conectores de la lista con cada oración.

MODELO: A Javier le gusta que su clientela sea diversa porque le encanta conocer a gente diferente.

1. A Javier le gusta que su trabajo…
2. Es sorprendente que la dueña de un negocio…
3. Es evidente que Sara…
4. Es chistoso que Sara y Javier…

C. Diálogo   En parejas, preparen un diálogo que represente una de las siguientes situaciones y preséntenlo a la clase.

1. Vuelvan a crear el diálogo entre Sara y Javier con sus propias palabras y utilizando sólo su memoria.
2. Inventen la continuación del diálogo desde la parte final, en la que Javier hable de lo que él pensó de Sara cuando los dos se conocieron.

Conectores:	
en cambio	*on the other hand*
por eso	*therefore*
porque	*because*
puesto que	*since*
sin embargo	*nevertheless*
ya que	*since*

VOCABULARIO DEL TEMA

Para describir cualidades positivas o neutras

agradable	pleasant
atrevido/a	daring
callado/a	quiet
chistoso/a	funny
chulo/a	cool
culto/a	well-educated
educado/a*	polite
encantador(a)	charming
hablador(a)	talkative
llamativo/a	showy, flashy
sencillo/a	simple, unaffected
sensato/a	sensible
sensible*	sensitive

Para describir cualidades negativas

bruto/a	stupid, brutish
cursi	tasteless, pretentious
despistado/a	absent-minded
grosero/a	rude
pesado/a	tedious, annoying
presumido/a	conceited
raro/a*	strange
tacaño/a	stingy
testarudo/a	stubborn

Para hablar del cuerpo

el arete / el pendiente	earring
la arruga	wrinkle
la barba	beard
el bigote	moustache
la ceja	eyebrow
la cicatriz	scar
el codo	elbow
el cuello	neck

—Piensa que soy su mamá.

¿Cómo son estas personas? Descríbalos hasta el más mínimo detalle.

el lunar	beauty mark, mole
la oreja	ear
la patilla	sideburn
el pelo	hair
canoso	gray
liso	straight
rizado	curly
teñido	dyed
la peluca	wig
el rasgo	trait, characteristic
el rostro	face
el tatuaje	tattoo
calvo/a	bald
pelirrojo/a	red-headed

Para hablar de las perspectivas

caerle (*irreg.*) bien/ mal (a alguien)†	to like/dislike (someone)

---

*¡OJO! Tenga cuidado (*Be careful*) con el uso de estas palabras porque son cognados falsos.
†En esta frase verbal se conjuga **caer** como el verbo **gustar:** Mi nueva compañera de cuarto **me cae super bien,** pero su novio **me cae mal.**

darse (*irreg.*) cuenta de	to realize	
estar (*irreg.*) de moda	to be in style	
ir (*irreg.*) a la moda*	to dress fashionably	
llevarse bien/ mal con	to get along well/ poorly with	
parecer (parezco)	to seem, appear	
parecerse a	to look like	
rechazar	to reject	
suavizar	to soften	

Para describir las impresiones

alucinante	incredible, impressive
degradante	degrading
deprimente	depressing
emocionante	exciting
preocupante	worrisome
repugnante	disgusting

Otras expresiones útiles

a primera vista	at first sight
las apariencias engañan	looks deceive
hablar por los codos	to talk a lot
meter la pata	to put one's foot in one's mouth
no tener (*irreg.*) pelos en la lengua	to speak one's mind
ser (*irreg.*) buena/mala gente	to be a good/ bad person
ser un(a) caradura	to have a lot of nerve
tener buena/ mala pinta	to have a good/ bad appearance
tener (mucha) cara	to have (a lot of) nerve
tomárselo a pecho	to take it to heart

---

*Una cosa **está de moda** y *una persona* **va a la moda:** Mi **compañera de cuarto** siempre **va a la moda.** Ayer se hizo cuatro **tatuajes** simplemente porque **están de moda** ahora.

Es importante observar cómo algunas palabras se forman a partir de otras. De la misma raíz se pueden formar sustantivos, verbos y adjetivos al añadir o cambiar los sufijos o prefijos. En cada capítulo de este libro, Ud. aprenderá a ampliar su vocabulario utilizando palabras de la lista que se pueden transformar en sustantivos, verbos o adjetivos.

Ampliación léxica

Paso 1 Estudie las siguientes palabras y vea cómo se puede ampliar el vocabulario conociendo el significado de una sola palabra.

SUSTANTIVOS	VERBOS	ADJETIVOS
la apariencia	**parecer**	parecido/a
la arruga	arrugarse	arrugado/a
el encanto	encantar	**encantador(a)**
el rechazo	**rechazar**	rechazado/a
la suavidad	**suavizar**	suave

Paso 2 Lea el siguiente párrafo sobre el nuevo jefe del departamento de Estudios Latinoamericanos donde estudia Laura. Luego, con un compañero / una compañera, traduzcan las palabras indicadas según el contexto de cada oración e indique si cada palabra es un verbo, un adjetivo o un sustantivo.

Laura está muy contenta porque el nuevo jefe del departamento de Estudios Latinoamericanos es un **encanto.** Sin embargo, la primera impresión que ella tuvo de él no fue del todo positiva. Cuando Laura lo conoció él llevaba pantalones cortos y una camisa **arrugada.** Pero Laura sabe que las **apariencias** engañan y que no se puede **rechazar** a alguien por algo tan superficial. La verdad es que el jefe es muy buena gente. Su manera de dirigirse a los ayudantes de la oficina y ese tono de voz muy **suave** que utiliza demuestran que es una persona sensible y abierta.

Vocabulario del tema **21**

Paso 3 Formen grupos pequeños. Una tercera parte de la clase va a crear preguntas originales con todos los sustantivos de la lista del Paso 1. Otra tercera parte va a escribir preguntas originales con los verbos de esa lista, mientras que la otra tercera parte va a hacer preguntas con todos los adjetivos. Luego, háganles sus preguntas a otro grupo de estudiantes.

Actividades

A. Vocabulario en contexto En parejas, indiquen si las siguientes oraciones son ciertas o falsas. Modifiquen las oraciones falsas para que sean ciertas.

1. Una persona bien educada debe tener una educación universitaria.
2. A la gente tacaña no le gusta gastar mucho dinero.
3. Ir en canoa por el Río Amazonas es algo característico de una persona atrevida.
4. A los estudiantes les gustan los profesores despistados porque son muy organizados.
5. Es probable que una persona que no tiene pelos en la lengua meta la pata con frecuencia.
6. A la gente mayor le encanta ver los tatuajes que lleva la gente joven hoy en día.
7. Las películas de Jim Carrey son deprimentes.
8. Una persona que usa la ropa de su compañero/a de cuarto sin pedir permiso es un(a) caradura.
9. Una persona sensata se toma a pecho todo lo que le dice la gente.
10. Para mucha gente mayor, la moda de hoy es algo preocupante.

B. Preguntas personales En parejas, háganse y contesten las siguientes preguntas, utilizando palabras o frases del Vocabulario del tema. Mientras Ud. escuche a su compañero/a, indique sus reacciones. Puede usar las expresiones de Para conversar mejor que aparecen a continuación. Luego, compartan con la clase lo que cada uno/a de Uds. averiguó sobre su compañero/a.

OJO

Puesto que a lo largo del libro Ud. tendrá que usar todos los puntos clave, verá en las actividades y los ejercicios del libro unos símbolos (página 23) que lo/la ayudarán a acordarse de los puntos gramaticales que debe usar en cierta situación. Estos símbolos corresponden con los que están en la lista de los puntos clave que aparece al principio del libro. Si tiene algún problema o alguna duda, puede consultar rápidamente esa lista de los puntos clave o las páginas verdes que aparecen al final del libro.

Para conversar mejor

¡Qué barbaridad!	*How awful!*
¡Qué lío!	*What a mess!*
¡Qué mala onda! (*Méx.*)	*What a bummer!*
¡Qué mala pata!	*What bad luck!*
¡Qué vergüenza!	*How embarrassing!*
¡Qué guay (*Sp.*)/padre (*Méx.*)/ chévere (*Carib.*)!	*(How) Awesome!*
¡Qué suerte!	*What (good) luck!*
¿De veras? ¿En serio?	*Really?*

1. ¿Cómo es Ud.? Describa su aspecto físico y su personalidad.
   ¿A quién se parece Ud., a su padre, a su madre o a otro miembro de su familia? ¿En qué aspectos?
   Haga una comparación entre Ud. mismo/a y algún familiar (pariente) de su edad.
   ¿En qué se parecen? ¿En qué se diferencian?

2. Describa a alguien que Ud. conozca que tenga una apariencia rara.
   ¿Cómo es esa persona?
   ¿Qué le gusta a Ud. de la moda de hoy? ¿Qué le molesta?
   ¿Qué recomienda que haga una persona que siempre quiere ir a la moda?

3. Describa una situación en la que Ud. metió la pata. ¿Qué pasó?
   Si pudiera cambiar algo que hizo, ¿qué cambiaría?
   ¿Qué recomienda que haga una persona que habla por los codos para que no meta la pata?

NOTA CULTURAL • ¿Somos tan sensibles?

La manera de hablar de los demás varía mucho de cultura a cultura. En los Estados Unidos, la gente tiende a[1] evitar expresiones que describen de manera directa y cruda la apariencia física de una persona. Por ejemplo, en vez de decir que una persona es *fat*, tal vez se diga que es *large*. O en vez de llamarle *old* o *elderly* a alguien, se diría que es *a bit older*.

Por lo general, en la cultura española la gente no considera ofensivo el uso de descripciones muy directas, nada eufemísticas. Al contrario, suelen hablar de manera muy directa —hasta muchas veces se refieren a una característica física sobresaliente,[2] positiva o negativa, para describir a alguien.

Esta diferencia cultural puede causar problemas. Los norteamericanos pueden sentirse ofendidos hablando con un español. Por otro lado, los españoles pueden pensar que los norteamericanos usan demasiados eufemismos o incluso que son falsos. Esas diferencias hacen que a veces un español meta la pata cuando habla con un norteamericano. Eso es precisamente lo que le pasaba a Sara cuando recién llegó a los Estados Unidos. Hablaba de manera directa, natural para ella, y la gente la miraba extrañada[3] por lo que decía. Al principio no entendía lo que pasaba, hasta que Laura le explicó que en este país el uso de algunas descripciones físicas directas de aspectos poco apreciados socialmente, como la gordura[4] o la vejez,[5] se considera ofensivo.

[1]tiende... *tends to*   [2]*distinguishing*   [3]*surprised, amazed*   [4]*obesity*   [5]*old age*

Cuando uno no sabe cómo decir una palabra en español, es importante poder describirla para hacerse entender con los demás. Esto se llama *circunlocución*. La circunlocución es una de las destrezas (*skills*) más importantes para una persona que aprende un idioma extranjero.

Para realizar una circunlocución efectiva, a menudo (*often*) se tiene que usar los pronombres relativos: **que, quien, lo que, cuando, donde, el/la cual, el/la que** o **cuyo**. (Para una explicación más amplia de los pronombres relativos, vea las páginas verdes, al final del libro.)

Discusión en parejas

1. ¿Qué le parece la idea de hablarle francamente a otra persona? ¿Lo hace Ud. con frecuencia o es algo fuera de lo común según su parecer (*opinion*)?
2. ¿Qué le diría a alguien que mencionara algún defecto físico que Ud. tiene? ¿Se pondría enojado/a o hablaría con esa persona acerca del tema? ¿Por qué?

C. ¿Qué quiere decir… ? Con un compañero / una compañera, hagan turnos, explicándole a Sara lo que significan las siguientes palabras. No deben usar las manos, pero aquí hay algunas estrategias y expresiones que pueden usar.

> **Expresiones útiles:** Es algo que… , Es una parte del cuerpo que… , Es lo que pasa cuando… , Es lo que…

1. a pimple   2. freckles   3. a pony tail   4. braces   5. a sunburn

D. Las personalidades Lea esta descripción de una persona cursi. Luego, utilice la descripción como modelo para describir cómo son las personas de la siguiente lista.

Una persona cursi habla de manera muy formal y nada natural. Se viste de manera impecable, pero nunca muy a la moda. Quiere impresionar a los demás, pero siempre acaba haciendo el ridículo.

1. una persona grosera
2. una persona educada
3. una persona tacaña
4. una persona cursi que Ud. conoce

RINCON CULTURAL

Lugares fascinantes: Fiestas y celebraciones de España

1. **Las fiestas de Santiago.** Se celebran las fiestas de Santiago, el santo patrón[1] de España, en la comunidad de Galicia, en el noroeste de la Península Ibérica. Cada año miles de personas de todo el mundo van a Santiago de Compostela para visitar la tumba del apóstol.[2] La ruta de los peregrinos[3] es conocida como el «Camino de Santiago» y va desde la frontera[4] francesa, cruzando el norte de España, hasta llegar a la ciudad gallega.[5] Muchos de los peregrinos recorren[6] cientos y hasta miles de mi-

[1]santo… *patron saint*   [2]*apostle (Santiago refers to St. James, one of Jesus' twelve disciples)*   [3]*pilgrims*   [4]*border*   [5]*de Galicia*   [6]*cover*

llas a pie, en bicicleta o en coche. A lo largo del camino, la gente puede alojarse[7] en lugares especialmente dedicados a los peregrinos de Santiago, éstos reconocidos por una concha,[8] símbolo del apóstol, que llevan en alguna parte de la ropa. El día principal de la fiesta es el 25 de julio.

2. **Las fiestas de San Isidro, Madrid.** Alrededor del 15 de mayo de cada año se celebran las fiestas de San Isidro en Madrid. Entre los acontecimientos característicos de esta celebración se encuentran las verbenas —bailes al aire libre— a donde acuden[9] muchas personas vestidas con los trajes tradicionales de la zona. Pero el interés en estas fiestas se centra en las corridas[10] que tienen lugar en la Plaza de Toros de las Ventas, ya que San Isidro marca el comienzo de la temporada taurina,[11] en la que participan los toreros[12] más importantes de todo el mundo.

3. **Los Sanfermines, Pamplona.** Tal vez la fiesta española más conocida en el mundo sea la de los Sanfermines de Pamplona. La fiesta tiene lugar durante una semana, a partir del 7 de julio. Cada día a las ocho de la mañana, cientos de personas se reúnen en las calles para correr delante de los toros que van a torear en la corrida de la tarde. Después de esta actividad tan peligrosa, la gente pasa el resto del día bebiendo y bailando por las calles. Sin embargo, algunas personas prefieren dormir durante el día y divertirse sin parar[13] durante la noche.

4. **Las fiestas de Carnaval, Santa Cruz de Tenerife.** En las Islas Canarias se celebran en el mes de febrero las fiestas de Carnaval en la isla de Tenerife. Las personas se disfrazan[14] y salen a la calle para divertirse y bailar al ritmo de la música que tocan los diferentes grupos y «charangas», un tipo de grupo musical. Durante varios días, todo el mundo participa en actividades relacionadas con el carnaval como, por ejemplo, los desfiles[15] de carrozas,[16] los Gigantes y Cabezudos,[17] los concursos de disfraces,[18] etcétera.

5. **La Semana Santa,[19] Sevilla.** En el sur de España, en la ciudad andaluza[20] de Sevilla, se celebra durante la primavera la Semana Santa. Es una fiesta religiosa a la que asisten miles de personas, especialmente las que son católicas. Durante la semana anterior al Domingo de Resurrección,[21] la gente se junta[22] en las calles para ver pasar las procesiones realizadas por diversas cofradías.[23] Estas asociaciones religiosas son fácilmente identificables entre la muchedumbre,[24] ya que sus miembros van vestidos con túnicas, por lo general de color morado. Durante las procesiones, es común escuchar las «saetas» que cantan algunas personas en honor a la Virgen y a Jesucristo.

6. **La Tomatina, Buñol.** En Buñol, una ciudad pequeña que se encuentra a unas treinta millas al oeste de Valencia, la gente puede disfrutar de un acontecimiento tan divertido como sorprendente. El último miércoles de agosto, entre las once de la mañana y la una de la tarde, miles de personas se dedican a tirarse con[25] unas 130 toneladas de tomates. Se trata de La Tomatina, una fiesta que nació en los años cincuenta del siglo XX y que se ha ido haciendo cada vez más popular.

---

[7]*stay* [8]*shell* [9]se reúnen [10]*bullfights* [11]temporada... *bullfighting season* [12]*matadors, bullfighters* [13]sin... *without stopping* [14]se... *disguise themselves* [15]*parades* [16]*floats* [17]Gigantes... *large caricatures of famous people, usually with enormous, oversized heads* [18]concursos... *costume contests* [19]Semana... *Holy Week* [20]de Andalucía, una región en el sur de España [21]Domingo... *Easter Sunday* [22]se... se reúne [23]*religious brotherhood orders* [24]*crowds* [25]tirarse... *throwing at one another*

Actividades

A. Primero, localice en el mapa de España las seis ciudades donde tienen lugar esas fiestas fascinantes. Luego, indique el interés que tienen para Ud. esas fiestas. Indique su preferencia del 1 (la fiesta más interesante) al 6 (la menos interesante).

	ESPAÑA
Gobierno	monarquía constitucional
Ciudades principales	Madrid, Barcelona, Sevilla, Bilbao
Lenguas	español o castellano (oficial), vasco, catalán, gallego
Moneda	la peseta

B. Imagínese que Ud. y su compañero/a son hermanos/as que no se llevan bien para nada, pero sus padres les han dado dinero para hacer un viaje por España. El único requisito es que tienen que quedarse juntos todo el tiempo; es decir, no pueden separarse. Pónganse de acuerdo para elegir dos fiestas que quieren ver durante su estancia en España. Expliquen su selección.

La Semana Santa en Sevilla

La Tomatina de Buñol

Un artista hispano: Salvador Dalí

El pintor catalán Salvador Dalí (1904–1989) es conocido universalmente como uno de los líderes del surrealismo.* Estudió en la Academia de Bellas Artes de Madrid, donde conoció al poeta Federico García Lorca y al cineasta Luis Buñuel. A partir de 1927, después de entrar en contacto con un grupo de surrealistas franceses en París, Dalí realizó numerosas actividades artísticas: pinturas, esculturas, ilustraciones de libros, escenarios y vestuario[1] de ballet, publicidad, diseños de joyas,[2] etcétera. En 1949 inició su etapa «mística», pintando varios cuadros de temas religiosos. En 1964 empezó a experimentar con hologramas y el «arte tridimensional».

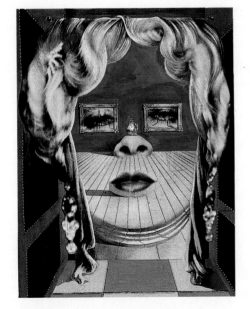

Mae West, por Salvador Dalí

Dalí escribió numerosos libros en los que explica sus ideas sobre el arte. En una entrevista declaró lo siguiente: «El surrealismo soy yo. Soy el único surrealista perfecto y trabajo dentro de la gran tradición española… tuve la certeza[3] de que yo era el salvador[4] del arte moderno, el único capaz de[5] sublimar,[6] integrar y racionalizar todas las experiencias revolucionarias de los tiempos modernos, dentro de la gran tradición clásica del realismo y el misticismo, que es la misión suprema y gloriosa de España… »

Además de su extensa producción artística, otros factores tales como[7] su llamativo aspecto físico, la excentricidad provocadora de sus apariciones en público y el aura de genio[8] que siempre lo acompañaba contribuyeron a la creación de un Dalí famoso en el mundo entero por ser la personificación del surrealismo.

[1]escenarios… *stage and costume design* [2]*jewelry* [3]*certainty* [4]*savior* [5]capaz… *capable of* [6]*transforming* [7]tales… *such as* [8]*genius*

*Movimiento artístico y literario que emplea imágenes mentales basadas en el subconsciente y en los sueños, olvidando la realidad cotidiana (*daily*) y objetiva.

En el Museo Dalí en Figueras, España, hay una reproducción del cuadro *Mae West*, pero en forma de un salón de verdad. Uno entra y ve un sofá en forma de labios, una chimenea en forma de nariz, dos cuadros que sirven de ojos y cortinas largas representando el pelo. Después, uno sube a una sala especial, desde donde se puede apreciar toda la escena. Hasta ese punto, los visitantes no se han dado cuenta de que el salón es una representación de la cara de la famosa actriz norteamericana.

Actividad

Muchas de las obras de Dalí representan más de una imagen al mismo tiempo y perspectivas múltiples, como puede verse en el cuadro *Mae West*. Fíjese en la fotografía del cuadro para hacer la siguiente actividad.

1. ¿Cómo era Mae West? ¿Qué imagen popular tenía?
2. ¿Cuáles son las imágenes que Ud. percibe en este cuadro?
3. Utilizando el Vocabulario del tema de este capítulo, haga una descripción completa de Mae West, incluyendo aspectos de su personalidad que, en su opinión, están reflejados en su aspecto físico.
4. Compare su descripción con la de sus compañeros y propongan posibles motivos por los que Dalí habrá escogido estas imágenes para representar la cara de la famosa actriz.

Lo hispano en los Estados Unidos:

El flamenco

Unas bailarinas de la compañía de ballet de María Benítez

El estilo de música y baile apasionado que empezó hace mucho tiempo entre los gitanos de Andalucía ha llegado con fuerza a los Estados Unidos. Ha habido compañías de danza española en los Estados Unidos desde 1920, pero en los años cincuenta, José Greco llevó su compañía de flamenco a los Estados Unidos e inició la popularidad del género en ese país. Hoy en día las entradas[1] para los espectáculos de compañías españolas de baile y para conciertos de músicos como Paco de Lucía, Ottmar Liebert o los Gipsy Kings se acaban rápidamente.

Tal vez la mayor evidencia del interés por el flamenco es el hecho de que ahora en los Estados Unidos el flamenco no sólo se ve, sino que se crea. Hay compañías de baile y guitarristas profesionales que se están estableciendo en lugares como Albuquerque, Chicago, Nueva York, Dallas y San Francisco. Muchas personas, niños y adultos, también asisten a

[1]*tickets*

clases para aprender a bailar variantes del flamenco, tocar las notas intrincadas de la guitarra clásica española o cantar el «cante jondo», el gemido[2] distintivo que caracteriza la música andaluza. Cada año se celebra en Albuquerque el popular Festival de Flamenco, a donde acuden artistas famosos de todas partes del mundo para participar en espectáculos y clases de flamenco. María Benítez, una extraordinaria «bailaora»* de flamenco, ha bailado en el Kennedy Center en Washington, D.C., y ha creado coreografías para las óperas de Santa Fe y Boston. Sea por[3] la energía de sus movimientos, la intensidad de su canto o la pasión de sus notas musicales, el flamenco ha cautivado la imaginación de los norteamericanos.

[2]*wail*   [3]Sea… *Whether because of*

~~~~~~~~~~~~~~~~~~~~~~~~~~~~

PUNTOS CLAVE:

DESCRIPCION Y COMPARACION

Antes de empezar esta parte del capítulo, estudie la explicación y los ejemplos de concordancia, **ser** y **estar,** el uso de participios como adjetivos y las comparaciones en las páginas verdes, al final del libro, para repasar estos puntos clave.

¿Cómo le va con estos puntos clave?

Paso 1 Descripción   Mire los siguientes párrafos y escriba la forma apropiada de los verbos y adjetivos entre paréntesis, según el contexto. **¡OJO!** En el segundo párrafo tendrá que usar el imperfecto de los verbos.

La gente que trabaja con Sara en la emisora de radio _____[1] (ser/estar) _____[2] (encantador). Sin embargo, su jefa, Mona, _____[3] (ser/estar) un poco _____[4] (pesado), especialmente cuando _____[5] (ser/estar) _____[6] (preocupado) por las entrevistas que tiene con gente muy _____[7] (famoso). Pero en general existe en la emisora un ambiente muy _____[8] (agradable) y Sara recibe un sueldo tan bueno como el que tenía en España.

En cambio, en 1993 cuando Sara _____[9] (ser/estar) trabajando en la emisora de radio en Salamanca, las relaciones entre los empleados _____[10] (ser/estar) muy _____[11] (raro). Su jefa, Lola, _____[12] (ser/estar) tan _____[13]

---

*Cuando se habla del flamenco, se dice **bailaor/bailaora** y **cantaor/cantaora,** en imitación del acento andaluz.

(presumido) que _____[14] (ser/estar) difícil llevarse bien con ella. Las paredes de su oficina _____[15] (ser/estar) _____[16] (cubierto) de fotos _____[17] (gigantesco) de Lola con cantantes y estrellas de cine _____[18] (famoso) que ella había entrevistado.

La verdad es que ahora Sara _____[19] (ser/estar) mucho más _____[20] (contento) con sus compañeros de trabajo que antes. Y aunque Mona _____[21] (ser/estar) un poco _____[22] (testarudo) de vez en cuando, Sara _____[23] (ser/estar) aprendiendo mucho de ella.

Paso 2 Comparación Ahora complete las siguientes comparaciones según la información de los párrafos anteriores.

1. La situación laboral que tiene Sara en los Estados Unidos es _____ (mejor/peor) que la que tenía en España.
2. Lola, la jefa anterior de Sara, debe de tener _____ (más/menos) _____ (de/que) cinco fotos en las paredes.
3. Sara gana _____ (tan/tanto) dinero en los Estados Unidos _____ (como/de/que) ganaba en España.
4. Mona es la _____ (más/menos) simpática _____ (de/que) las jefas de Sara.

Actividades

A. Más fiestas fascinantes: las Fallas de Valencia

Paso 1 Lea el siguiente párrafo y escriba una lista de los adjetivos. Luego, ponga un círculo alrededor de los sustantivos que los adjetivos describen.

La ciudad de Valencia, en la costa este de España, es muy famosa por sus Fallas. Cada año del 12 al 19 de marzo se celebran unas fiestas tradicionales de origen muy antiguo. Durante esos días, tanto los valencianos como los turistas recorren[1] las calles de Valencia para admirar esculturas gigantescas hechas de materiales combustibles y pintadas con colores vivos. Por lo general, esas esculturas, que se llaman **ninots,** representan de manera caricaturesca personajes populares —políticos, actores, cantantes, etcétera— que han llamado la atención de los españoles. A las doce de la noche del último día de esta celebración, día de San José y también Día del Padre, comienza «la cremà».: se queman[2] todas las figuras, con excepción del ninot que ha sido premiado.[3] Ese ninot pasa a formar parte de la colección permanente del Museo del Artista Fallero.

[1]*walk through* [2]*se... are burned* [3]*ha... has won first prize*

Paso 2 Observe el ninot representado en la foto a la izquierda y complete lo siguiente.

1. Describa el ninot con mucho detalle. ¿Qué se representa?
2. ¿Cuál es la percepción del tema representado que tienen los creadores del ninot?
3. ¿Cuál es la perspectiva que Ud. tiene sobre lo que se representa? Compare las dos perspectivas.

Paso 3 En grupos de tres, desempeñen el papel de tres personas distintas: dos norteamericanos y Sara. Sara va a hacerles preguntas sobre las siguientes fiestas populares en los Estados Unidos y los dos norteamericanos van a describirlas. Estos deben explicar el propósito y las tradiciones de cada fiesta y las experiencias personales que han tenido en esas fiestas cuando sea apropiado.

Palabras útiles: el campeonato (*championship*), los caramelos (*candy*), el desfile (*parade*), el disfraz (*costume*), los fuegos artificiales (*fireworks*), el trébol de cuatro hojas (*shamrock, four-leaf clover*)

1. Mardi Gras en Nueva Orleáns
2. El Día de las Brujas (Halloween)
3. El Día de los Enamorados (Valentine's Day)
4. El domingo del Super Bowl
5. El Cuatro de Julio
6. El Día de San Patricio

B. El período azul de Pablo Picasso   Pablo Picasso pintó el siguiente cuadro durante la Primera Guerra Mundial (*World War I*). Las obras que realizó durante esa época forman parte de lo que se llama su período azul.

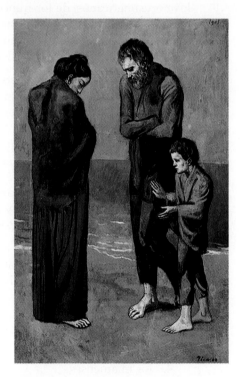

La tragedia, por Pablo Picasso

Paso 1 En grupos de tres, describan el cuadro de Picasso. Incluyan una descripción física de la familia, una comparación entre la mujer, el hombre y el muchacho y una descripción de las impresiones que causa la pintura.

Paso 2 Ahora preparen un diálogo entre las tres personas del cuadro en el que hablen de la situación en que se encuentran.

C. Un personaje fascinante

Paso 1 Entre todos los libros que Ud. ha leído y todas las películas que ha visto en su vida, ¿hay algún personaje que le haya causado una gran impresión? En una hoja de papel aparte, haga una descripción de ese personaje.

Paso 2 Ahora descríbale ese personaje a un compañero / una compañera *sin mencionar su nombre*. ¿Puede él/ella adivinar quién es ese personaje? ¿Puede Ud. adivinar a quién describe su compañero/a?

D. Los estereotipos

Paso 1 Con un compañero / una compañera, comenten las siguientes preguntas.

1. ¿Qué es un estereotipo? ¿Es siempre falso el estereotipo? ¿Es siempre verdadero?
2. ¿Cómo y por qué creen que se origina el estereotipo?
3. ¿Qué estereotipos se utilizan para hablar de los norteamericanos? ¿Y de los hispanos?

Paso 2 Es bastante común usar estereotipos para hablar de los españoles, de los norteamericanos, de los franceses, etcétera. Lo interesante es que dentro de cada país existen también estereotipos para hablar de los habitantes de las varias regiones. Lea lo que dicen los españoles de la gente de varias regiones o comunidades autónomas de España.

1. «Los gallegos son supersticiosos e introvertidos».
2. «Los catalanes se consideran a sí mismos más europeos que el resto de sus campatriotas. Además de ser "afrancesados", los catalanes son esencialmente tacaños.»
3. «Los andaluces son los que cargan con mayor número de adjetivos: graciosos (*funny*), vagos, religiosos, juerguistas (*partiers*), simpáticos y alegres.»
4. «Los canarios son "aplatanados", adjetivo con que se alude a su lentitud para hacer las cosas y a su excesiva tranquilidad.»
5. «Los aragoneses son brutos y testarudos.»

Paso 3 Piense en los diferentes estereotipos que se usan para describir a los diferentes habitantes de los Estados Unidos. Con un compañero / una compañera, escojan dos o tres adjetivos que describan a los siguientes grupos de personas, según los estereotipos que Uds. conozcan.

1. los neoyorquinos
2. los tejanos
3. los sureños
4. los miamenses
5. los californianos
6. los del medio-oeste
7. los hawaianos
8. los del noroeste

Paso 4 En grupos de cuatro, comparen sus estereotipos. Luego, contesten las siguientes preguntas.

1. ¿Son Uds. de alguna de esas zonas o conocen a personas de esos lugares? ¿Corresponden a los estereotipos?

2. ¿Pueden nombrar a gente famosa de cada región (políticos, actores, deportistas, activistas, etcétera)? ¿Corresponden esas personas a los estereotipos?
3. ¿Hay ciertas características que compartan todos los norteamericanos? ¿Es posible hablar de un norteamericano «típico»?
4. Siguiendo la misma línea, ¿creen que es posible hablar de un hispano típico? ¿Por qué sí o por qué no?
5. ¿En qué se diferencian los hispanos de los norteamericanos? ¿Creen Uds. que las diferencias que acaban de mencionar se basan en estereotipos o en la realidad?
6. ¿Qué factores contribuyen a que la gente de una región sea diferente de la de otra región del mismo país? ¿Qué factores contribuyen a que la gente de un país sea diferente de la de otro país?
7. ¿Qué aspectos de la vida moderna hacen que las diferencias disminuyan o desaparezcan?

LECTURA

Sobre la lectura

Fernando Díaz-Plaja es un intelectual español que trabajó como profesor invitado en varias universidades norteamericanas. En su libro *Los siete pecados* (sins) *capitales en USA*, él relata la impresión que tiene sobre el consumo del alcohol de los norteamericanos, según su propia experiencia y su estancia en los Estados Unidos.

Antes de leer

Para conversar   En grupos pequeños, comenten las siguientes preguntas.

1. ¿Cuáles son algunas de las percepciones que tienen las personas mayores sobre los estudiantes universitarios jóvenes? ¿Qué dirían sobre la ropa que esos estudiantes llevan, sus hábitos, su música, etcétera?
2. ¿Existe algún estereotipo principal del estudiante universitario norteamericano? ¿Está Ud. de acuerdo con ese estereotipo?
3. ¿Qué importancia tienen las bebidas alcohólicas en la vida de los estudiantes norteamericanos? ¿Y en la vida de los norteamericanos en general?
4. Cuando Ud. da una fiesta, ¿sirve comida o sólo sirve bebidas? ¿Qué tipo de bebidas sirve?
5. ¿Les molesta a sus padres (hijos, compañeros/as de cuarto,...) que Ud. tome bebidas alcohólicas o les parece algo normal?
6. De acuerdo con su propia experiencia, ¿es común que los estudiantes menores de 21 años tengan un documento de identidad falso?

Los siete pecados capitales en USA

ecuerdo una fiesta a la que me invitó uno de mis estudiantes. Empezó a circular la bebida y la conversación se animó.* Noté a un muchacho yendo[1] de un lado para otro con dos latas[2] de cerveza, una en cada mano ambas abiertas y de las que tomaba alternativamente sorbos.[3v]* Resulta evidente que nadie necesita beber dos cañas[4] al mismo tiempo y que la mayor sed del mundo puede esperar a terminar una botella antes de empezar otra. Pero en el caso americano[5] no se trataba de beber sino de impresionar. Y lo conseguía. Las chicas lo miraban con un aire entre asustado[6] y admirado. ¡Qué tío![7] ¡Cómo era!

Imaginé la misma escena en Francia, en Italia, en España. La mirada iría hacia él igualmente, pero el comentario sería de sincera pena.[8] ¿Qué pasa? ¿Está mal de la cabeza?

Porque el beber constituye en el Mediterráneo un acto natural que acompaña a la comida, es el compañero de la alimentación.[9] Mientras que aquí[10] la relación entre beber y comer es mínima. Obsérvese que incluso en el caso de la cerveza, que tantos europeos usan en el almuerzo cuando el verano no hace apetecible[11] el vino, se toma aquí muchas veces aparte y con el puro y evidente propósito de embriagarse.[12]

Esta es la clave de la actitud americana causante de las estadísticas antes aludidas. El alcohol no se considera como un suavizante de la digestión, como un amenizador[13] de la conversación, como un apoyo[14] de la sociedad. El alcohol es aquí una evasión, la búsqueda de la nada, la huida[15] del convencionalismo que ahoga[16] a las consciencias de los habitantes en este país de la libertad…

¿Llegará un día en que el americano beba vino en la misma proporción y la misma calma con la que lo hacen los europeos? ¿Llegará un día en que beber será parte de la vida normal y no la excepción y ya no será necesario embriagarse? Quizás, pero todavía está lejano.[17] Un profesor de una Escuela Superior americana proclamó hace poco la necesidad de enseñar a los chicos a beber y el escándalo fue mayúsculo. Todavía no está el terreno preparado[18] para tal cambio en la vida americana y mientras llegue, el acto de beber seguirá apoyado en dos absurdos objetivos: la embriaguez y el ansia de ser elegante.

[1]presente del progresivo del verbo **ir** [2]cans [3]sips [4]cervezas (*Sp.*) [5]norteamericano [6]*frightened*
[7]¡Qué… *What a guy!* [8]*pity* [9]comida [10]en los Estados Unidos [11]*desirable* [12]*getting drunk* [13]compañero [14]*support* [15]*flight* [16]*drowns* [17]lejos [18]Todavía… *The way is not yet paved*

*Las palabras subrayadas son las que se identifican con el símbolo de vocabulario. La pequeña *v* se refiere al símbolo de visualizar.

OJO

A lo largo de las lecturas de este libro, Ud. verá los siguientes símbolos.

V = Para comprender el significado de una palabra, piense en sus palabras relacionadas, búsquelo en un diccionario u olvídalo por completo.

V = Al ver este símbolo, Ud. debe dejar de leer e imaginarse lo que pasa en esa parte del relato. ¿Cómo son los personajes físicamente? ¿Qué acciones suceden en esta sección? ¿Cómo es el ambiente donde tiene lugar la acción?

verificar

1. ¿Cuál es el punto o cuáles son los dos puntos principales de esta selección?
2. ¿Hay mucha acción en esta selección o es su función principal la de dar descripción e informa-

ción de fondo? ¿Qué información de fondo nos da?
3. ¿Qué emociones se expresan?
4. ¿Cómo puede Ud. expresar lo que pasa en esta selección con sus propias palabras?

Después de leer

A. Comprensión Conteste las siguientes preguntas, según la lectura.

1. ¿Por qué bebía el estudiante norteamericano dos cervezas a la vez (*at the same time*)?
2. ¿Cuál fue la reacción del profesor Díaz-Plaja ante esa situación?
3. ¿Cómo le hicieron sentir a Ud. los comentarios del profesor Díaz-Plaja? ¿Cuál fue su primera reacción al leer este texto? ¿Fue una de disgusto? ¿indignación? ¿vergüenza? ¿alegría? ¿comprensión? ¿ ?
4. ¿Cómo son las relaciones entre la comida y la bebida en el Mediterráneo en comparación con el mismo tema en los Estados Unidos?
5. En la opinión del autor, ¿para qué sirve el alcohol en la sociedad norteamericana?
6. ¿Por qué cree el profesor Díaz-Plaja que la actitud de los norteamericanos ante las bebidas alcohólicas seguirá igual durante algún tiempo?
7. *Los siete pecados capitales en USA* fue escrito en 1967. Teniendo en cuenta (*Keeping in mind*) que han pasado muchos años desde que se escribió, ¿todavía le parecen a Ud. válidas las observaciones del profesor Díaz-Plaja?
8. El autor escribe sobre la ironía de tal actitud en «este país de libertad». Puesto que (*Given that*) una persona de 18 años puede luchar (*fight*) y morir en una guerra y votar en las elecciones, ¿debe tener también el derecho a tomar bebidas alcohólicas? ¿Por qué sí o por qué no?

B. Para comentar En grupos pequeños, comenten lo siguiente.

1. Un grupo de estudiantes de primer año les pregunta acerca de las fiestas que se hacen en su universidad los fines de semana. Describan cómo son.
   Haga una comparación entre las fiestas de la secundaria (*high school*) y las de la universidad.
   ¿Les interesan o les molestan las fiestas que dan las «fraternities»? ¿Por qué?

2. Histórica o culturalmente hablando, ¿por qué creen Uds. que existe esa actitud ante el alcohol de la que habla el profesor Díaz-Plaja? En su opinión, ¿es necesario que las universidades norteamericanas ofrezcan seminarios para enseñarles a los estudiantes a tomar decisiones responsables con respecto a las bebidas alcohólicas? ¿Por qué sí o por qué no?

Si no se prohibiera el uso del alcohol para los menores de edad, ¿habría más o menos problemas relacionados con las bebidas alcohólicas? ¿Por qué?

¿Creen que la próxima generación tendrá una actitud diferente ante el alcohol? ¿Por qué?

C. Composición Escríbale una breve carta al profesor Díaz-Plaja en la que Ud. responda a sus observaciones sobre el papel de las bebidas alcohólicas en la sociedad norteamericana. ¿Cuál es su propio punto de vista? ¿Cómo quiere expresarlo?

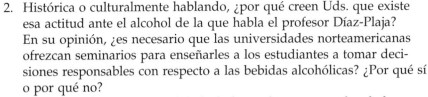

¡A ESCRIBIR!

A. Lluvia de ideas Apunte sus ideas sobre los siguientes temas.

1. ¿Qué adjetivos utilizarían los extranjeros para describir a las familias norteamericanas? ¿Y para describir a la gente joven? ¿Y para describir a las mujeres norteamericanas?
2. ¿De dónde cree que viene la información que se utiliza para crear la imagen de la vida en los Estados Unidos?
3. ¿Cuáles son algunos de los programas de televisión más populares que también se ven en el extranjero, probablemente?

B. Composición preliminar Imagínese que Ud. es un español / una española que sólo conoce los Estados Unidos a través de las películas y los programas de televisión norteamericanos que ha visto. Escriba un breve artículo sobre las imágenes que Ud. tiene de los siguientes grupos: (1) las familias norteamericanas, (2) la gente joven y (3) las mujeres norteamericanas. Incluya ejemplos de películas o programas específicos para apoyar su punto de vista.

C. Composición final Lea el artículo de un compañero / una compañera. Ahora imagínese que Ud. es un periodista norteamericano / una periodista norteamericana que tiene que escribir un editorial a favor o en contra de la exportación de películas y programas de televisión de los Estados Unidos. Su editorial debe responder directamente a algunas de las opiniones expresadas en el artículo de su compañero/a.

HABLANDO DEL TEMA

En cada capítulo de este libro, Ud. va a preparar fichas (*cards*) de vocabulario que servirán como punto de partida (*point of departure*) para hablar sobre una gran variedad de temas. En cada ficha se deben incluir tres sustantivos, tres verbos y tres adjetivos que le ayudarán a elaborar el tema escogido. Al final del curso, Ud. tendrá veinticuatro fichas, cada una con nueve palabras. El valor de este sistema es que Ud. aprenderá el vocabulario por asociación, lo que le permitirá recordarlo con más facilidad.

Paso 1 Prepare una ficha sobre los siguientes temas para luego poder hacer comentarios sobre cada una de las preguntas o situaciones a continuación. Al lado de cada pregunta hay una lista de puntos clave que le pueden servir para contestarla. Vea el ejemplo para el número uno.

MODELO:

Los *talk shows*		
el presentador / la presentadora	el invitado / la invitada	la humillación
ridiculizar	aprovecharse de	explotar
degradante	deprimente	cómico/a

Los *talk shows*

- Describa un *talk show* que Ud. ha visto.
- ¿Qué recomienda que haga el presentador / la presentadora de ese programa para mejorarlo?
- Dé su propia opinión sobre los *talk shows* en los Estados Unidos. ¿Qué imágenes presentan del país y de los norteamericanos?

El orgullo regional

- ¿Qué aspectos de su estado o país le hacen sentirse orgulloso/a?
- ¿Qué le gustaría cambiar?
- En su opinión, ¿es su estado el mejor del país? Explique su respuesta.

La edad legal para tomar bebidas alcohólicas

- ¿Qué pasaría si se estableciera la edad de los 18 años como edad legal para tomar bebidas alcohólicas?
- ¿Cree que es una buena idea que los padres enseñen a sus hijos menores de 21 años a tomar bebidas alcohólicas en casa?

La apariencia física

- ¿Qué aspectos de la apariencia física nota Ud. cuando conoce a una persona por primera vez?
- ¿Alguna vez conoció Ud. a alguien que, por su aspecto físico, parecía ser de una manera, pero luego Ud. descubrió que él/ella era una persona totalmente distinta? Describa esa situación.
- ¿Qué opina Ud. de la gente que siempre va a la moda o de la gente que nunca se viste según la ocasión?

Paso 2 Prepare una pregunta para cada ficha utilizando diferentes puntos clave. Luego, hágale las preguntas a un compañero / una compañera de clase.

MODELO: Si tú fueras la presentadora de un *talk show*, ¿te aprovecharías de la poca inteligencia de algunos invitados?

Conexiones: ¿Qué importancia tienen nuestras raíces?

Javier y sus padres

En este capítulo Ud. va a explorar el tema de las conexiones que tiene con la familia y con el lugar donde nació o se crió (*you were raised*). ¿Qué importancia tienen nuestras raíces? ¿Cómo es Ud. en comparación con sus padres? ¿Cómo deben ser las relaciones entre los padres y sus hijos adultos? ¿Cómo podemos mantener las conexiones con la familia y nuestras raíces en este mundo moderno? También va a leer sobre los conflictos que puede haber entre padres recientemente inmigrados a los Estados Unidos y sus hijos. ¿Qué pasa cuando los hijos tratan de dejar a un lado las tradiciones culturales de los padres?

Puntos clave
- reacciones y recomendaciones

Temas centrales
- conexiones
- relaciones entre generaciones

Zona de enfoque
- el Caribe

SITUACIONES

Mami viene a visitarme. ¡Válgame Dios!¹

Situación: Javier le habla a Laura de una tarjeta postal que acaba de recibir de su madre. Lea el diálogo y conteste las preguntas a continuación. Preste especial atención al uso del vocabulario nuevo.

Bahía de la Parguera, Puerto Rico

Querido hijo:
Una fotito para que recuerdes lo
que te espera aquí en tu país.
Tengo muchas ganas de verte y
hablar contigo. ¡Te extraño un
montón! Nos veremos la semana
que viene...
              Un beso fuerte,
              Mami

Javier Mercado Quevedo
1453 West 20th St
Austin, TX 78705
USA

¹¡Válgame... *God help me!*

Ahora Javier habla con Laura sobre la próxima visita de su madre.

JAVIER: Pues, llega en tres días y sé que me va a presionar para que regrese a Puerto Rico.

LAURA: No te preocupes, Javi. Es obvio que te **extraña** un montón.[2] Es natural que los padres quieran que sus hijos estén cerca de ellos. Tú sabes bien que mi padre es tan **entrometido** como tu mamá.

JAVIER: Sí, pero temo[3] que ahora sea de verdad. ¿No te dije que mi hermano tiene que **mudarse** a Seattle?

LAURA: No puedo creerlo. Siempre dices que él es el más **mimado** de los dos y que nunca saldrá de la Isla. ¿No quiere Jacobo pasar **la vejez** en la finca[4] donde Uds. **se criaron**?

JAVIER: La verdad es que yo estoy tan sorprendido como tú. Lo peor de todo es que ahora que se va mi hermano, mi mamá me **ruega** que vaya a Puerto Rico para trabajar en la finca y encontrar una buena muchacha puertorriqueña con quien casarme. Tú sabes cuánto insiste en que me case con un «producto nacional».

LAURA: Oh, sí. Ya te veo allí en la finca, casado y con ocho Javiercitos. ¿Qué pasó con el hijo **rebelde** que era mi gran amigo, el muy romántico que nunca se iba a casar?

JAVIER: Déjame en paz. Bueno… tienes razón. Siempre **han contado conmigo** para ser el aventurero. A lo mejor puedo hablar francamente con ella. Pero voy a necesitar que tú, Diego, Sergio y Sara me ayuden a entretenerla mientras está aquí. Ojalá podamos distraerla para que no me **regañe** tanto.

LAURA: Tranquilízate.[5] Hagamos un horario de actividades que le encantarán. Vamos.

[2]un… *a lot*   [3]*I'm afraid*   [4]*farm*   [5]*Calm down.*

Actividades

A. Comprensión   Conteste las siguientes preguntas, según el diálogo.

1. ¿Por qué no quiere Javier que su madre lo visite?
2. ¿Por qué le sorprende a Javier que su hermano Jacobo se mude a Seattle?
3. ¿Por qué quiere la Sra. de Mercado que su hijo se case con una mujer puertorriqueña?
4. ¿Por qué entiende Laura la situación de Javier?
5. ¿Cómo quiere Javier que sus amigos lo ayuden?

Conectores:

además	*besides*
para que + subjuntivo	*so that*
por eso	*therefore*
por otro lado	*on the other hand*
puesto que	*since*
sin embargo	*nevertheless*

B. Reacciones y recomendaciones   Complete las siguientes oraciones, basándose en la situación de Javier y utilizando un conector en cada oración.

MODELO: A la Sra. de Mercado no le gusta que Javier se quede en los Estados Unidos puesto que su otro hijo Jacobo se va muy pronto a Seattle.

1. A la Sra. de Mercado no le gusta que Javier…
2. Yo recomiendo que Javier…
3. Es una lástima que Jacobo…
4. Sugiero que los amigos de Javier…

C. Diálogo   En parejas, preparen un diálogo que represente una de las siguientes situaciones y preséntenlo a la clase.

1. Vuelvan a crear el diálogo entre Javier y Laura, utilizando sólo su memoria y sus propias palabras.
2. Inventen una continuación del diálogo en la que Laura le ofrezca a Javier soluciones al problema con su madre. La conversación puede incluir sugerencias de actividades que Javier o cualquiera de los amigos puede hacer con la Sra. de Mercado, maneras de conversar mejor con su madre, etcétera.
3. Preparen una conversación telefónica en la que Jacobo, el hermano gemelo de Javier, trate de convencerlo de que sería fantástico volver a Puerto Rico y vivir otra vez con su familia.

VOCABULARIO DEL TEMA

Para describir a las personas

cariñoso/a	loving
comprensivo/a	understanding
conservador(a)	conservative
decepcionado/a	disappointed
egoísta	selfish
entrometido/a	meddlesome
envidioso/a	jealous
estricto/a	strict
exigente	demanding
ingenuo/a	naive
involucrado/a	involved
mandón / mandona	bossy
mimado/a	spoiled
molesto/a	bothersome, annoying

—Esta es la señora que ocupaba la cama contigua a la mía en maternidad.

COSPER

¿Por qué es chistosa esta tira cómica?

orgulloso/a	proud
rebelde	rebellious
sumiso/a	submissive
travieso/a	mischievous

Para hablar de las relaciones familiares

agradecer (agradezco)	to thank
ajustarse	to adjust
alabar	to praise
apoyar	to support (emotion-ally)
castigar	to punish
compartir	to share
contar (ue) con	to count on
criar(se) (me crío)	to bring up; to be raised
enriquecer (enriquezco)	to enrich
esconder	to hide
extrañar	to miss (someone / something)*
hacer (*irreg.*) caso a	to pay attention to
heredar	to inherit
lamentar	to regret
mudarse	to move (*residence*)
obedecer (obedezco)	to obey
pelearse	to fight
quejarse (de)	to complain (about)
regañar	to scold

Para describir las relaciones familiares

estable	stable
estrecho/a	close (*relationship*)
insoportable	unbearable
íntimo/a	close-knit
pésimo/a	awful, terrible
protector(a)	protective
sano/a	healthy
unido/a	close-knit

Más sobre las relaciones familiares

los antepasados	ancestors
el benjamín / la benjamina	baby of the family
el/la gemelo/a	twin
el/la hermanastro/a	stepbrother, stepsister
el/la hijo/a adoptivo/a	adopted child
el/la hijo/a único/a	only child
la madrastra	stepmother
el/la medio/a hermano/a	half brother, half sister
el padrastro	stepfather

Para hablar de la vida familiar

el apodo	nickname
la brecha generacional	generation gap
el comportamiento	behavior
la comprensión	understanding
el logro	accomplishment
la raíz	root
la travesura	mischief

COGNADOS: **la armonía, la estabilidad, la protección, la unidad**

Las épocas de la vida

el nacimiento	birth
la niñez	childhood
la juventud	youth
la adolescencia	adolescence
la madurez	maturity
la vejez	old age
la muerte	death

Verbos para influir

aconsejar	to advise
recomendar (ie)	to recommend
rogar (ue)	to beg
sugerir (ie, i)	to suggest

---

*Este verbo expresa la emoción que uno siente cuando está lejos de algo o alguien que quiere mucho. Para expresar el mismo concepto en España se dice **echar de menos.**

Ampliación léxica

Paso 1 Mire las siguientes palabras y escriba el sustantivo y el verbo relacionados con la última palabra de la lista.

SUSTANTIVOS	VERBOS	ADJETIVOS
la exigencia	exigir	**exigente**
la vejez	envejecer	viejo/a
la riqueza	**enriquecer**	rico/a
el castigo	**castigar**	castigado/a
el apoyo	**apoyar**	apoyado/a
la queja	**quejarse**	quejón/quejona
¿ ?	¿ ?	comprensivo/a

Paso 2 Lea el siguiente párrafo sobre los sueños de Javier. Luego, con un compañero / una compañera, traduzcan las palabras indicadas, fijándose en el contexto. También deben indicar si cada palabra es un verbo, un adjetivo o un sustantivo.

Cuando yo **envejezca,** espero poder decir que he vivido una vida plena. Mis **riquezas** no serán materiales, sino los recuerdos de muchos momentos alegres compartidos con mis amigos y mi familia. Aunque ellos **exigen** mucho de mí en cuanto a mi tiempo, mi amistad y mi amor, siempre puedo contar con su **apoyo** y **comprensión.** Para mí, el mayor **castigo** sería perder estas relaciones tan especiales.

Paso 3 Formen grupos pequeños. La mitad (*Half*) de los grupos va a escribir preguntas utilizando las palabras de la columna A y la otra mitad va a escribir preguntas utilizando las palabras de la columna B. Después, un grupo «A» y un grupo «B» deben juntarse y hacerse las preguntas que escribieron.

A	B
castigado/a	apoyado/a
envejecer	enriquecer
quejón	exigente

Actividades

A. **Vocabulario en contexto**   Complete las siguientes oraciones con la palabra más apropiada, según el contexto. Haga los cambios necesarios para que haya concordancia.

1. Es posible que un hijo único sea _____ (ingenuo, envidioso) cuando llegue un nuevo hermanito.
2. Es probable que la benjamina de una familia sea _____ (entrometido, mimado).
3. Es normal que los adolescentes sean un poco _____ (rebelde, sumiso).
4. A los niños no les gusta que los padres los _____ (regañar, esconder) en público.

5. Una persona que se cría en un ambiente estricto durante su _____ (niñez, vejez) puede ser rebelde durante la adolescencia.

6. Los padres tacaños no quieren que sus propios hijos _____ (heredar, esconder) su dinero.

7. Los psicólogos sugieren que los padres _____ (rogar, apoyar) a sus hijos cuando tengan problemas morales.

B. Preguntas personales En parejas, hagan y contesten las siguientes preguntas. Reaccione ante las respuestas de su compañero/a con las frases de Para conversar mejor. Después, compartan sus respuestas con el resto de la clase.

Para conversar mejor

¡Qué barbaridad!   ¿De veras?
¡Qué bien!   (No) Estoy de acuerdo.
¡Qué chulo/padre/guay!   No lo puedo creer.
¡Qué horror!   Tiene(s) razón.

---

1. ¿Cuáles son las características positivas que Ud. heredó de su madre o de su padre?
   ¿Cómo era Ud. cuando tenía cinco años? ¿Y cuando tenía quince años? ¿Cómo es Ud. ahora?
   ¿Qué alaban sus padres (hijos, amigos) de Ud.? ¿De qué se quejan respecto a Ud.?
   ¿Qué travesuras hacía Ud. en su niñez?

2. ¿Se tratan a los miembros de un sexo de manera diferente que a los miembros del otro sexo en su familia?
   ¿Qué recomienda que hagan los padres para tratar igual a todos sus hijos?

3. ¿Qué recomienda que hagan los padres divorciados para enriquecer sus relaciones con sus hijos?
   ¿Qué problemas puede haber entre hermanastros?

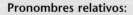

4. ¿Se mudaba su familia a menudo cuando Ud. era joven?
   ¿Le gustaba mudarse o quedarse en el mismo sitio?
   ¿Cuáles son las diferencias entre los hijos de familias que siempre han vivido en el mismo lugar y los hijos de familias que se mudan constantemente?

C. ¿Qué quiere decir? Con un compañero / una compañera de clase, expliquen con sus propias palabras lo que significan los siguientes términos. Utilicen los pronombres relativos apropiados.

Pronombres relativos:

cuando
cuyo
lo que
que
quien

1. la vejez
2. el benjamín / la benjamina de la familia
3. el apodo
4. sumiso/a
5. el hijo adoptivo

D. Los nombres

Paso 1 Lea estos consejos sobre cómo ponerle nombre a un hijo / una hija y luego conteste las preguntas a continuación.

• Evite los nombres con connotaciones feas o sexuales. Los niños son a veces crueles y burlones.[1]

• Trate de no escoger nombres que rimen.[2] La gente no los toma en serio.

• Tenga cuidado con los nombres raros y difíciles de deletrear.[3] A la gente le gusta lo fácil y familiar, hasta en un resumé o para una reservación en el restaurante.

• Pruebe[4] el nombre escogido diciéndolo en voz alta y en formas diferentes para asegurarse de que no es problemático.

• Si no tiene más remedio que ponerle un nombre raro, prepare a su hijo a enfrentarse con la reacción de la gente.

• Dígale que explique que se trata de un nombre étnico o de una tradición familiar, y que tome cualquier comentario con sentido del humor.

• En el caso anterior, puede ponerle también un segundo nombre o un apodo.

• Busque nombres de los que pueda sentirse orgulloso o que suenen[5] amigables, sociables e inteligentes. Esto es, que causen una buena impresión.

[1]*mocking* [2]*rhyme* [3]*to spell* [4]*Try out* [5]*sound*

1. ¿Por qué sugiere el artículo que los padres tengan cuidado con las connotaciones de un nombre?
2. ¿Por qué es más eficaz un nombre sencillo que un nombre complicado?
3. ¿Qué debe hacer un niño que tenga un nombre raro?
4. ¿Está Ud. de acuerdo con los consejos del artículo? ¿Por qué sí o por qué no?

Paso 2 Conteste las siguientes preguntas según su propia experiencia con los nombres.

1. ¿Por qué escogieron sus padres el nombre que le pusieron a Ud.? ¿Sabe Ud. qué significa su nombre? ¿Le gusta su nombre?
2. Piense en los hijos de personas famosas. ¿Qué nombres tienen? ¿Son raros o son típicos?
3. ¿Le gustaría tener un nombre diferente? ¿Cuál sería?
4. Cuando Ud. tenga hijos, ¿qué nombres les pondrá? ¿Por qué? Si ya tiene hijos, ¿cuáles son sus nombres? ¿Por qué los escogió?
5. De todas las personas que Ud. conoce, ¿quién tiene el nombre más interesante? ¿el más bonito? ¿el más pésimo?

Paso 3 Imagínese que Ud. está casado/a con una persona venezolana y van a tener un bebé. Su suegra les sugiere varios nombres, los cuales aparecen en la siguiente lista. Teniendo en cuenta que el bebé va a vivir entre dos culturas, la venezolana y la norteamericana, indique qué nombre cree Ud. que es el más aceptable y cuál es el menos aceptable. Dé razones convincentes para su decisión.

NOMBRES FEMENINOS	NOMBRES MASCULINOS
Pilar	José María
Concepción	Jesús
Luz	Ignacio
Nieves	Hildebrando
Encarnación	César
María Jesús	Fidel
Rocío	Diego

NOTA CULTURAL • Los apodos

En el mundo hispano es muy común ponerle apodos a la gente. Muchas veces un apodo puede indicar el cariño o amistad especial que se siente por una persona. El apodo puede originar de una forma corta del nombre de uno o se puede crear con una forma del diminutivo. Ud. habrá notado, por ejemplo, que los amigos le dicen «Javi» a Javier; por otra parte, los padres de Sara le dicen «Sarita».

Sin embargo, el apodo de una persona frecuentemente viene de alguna característica física sobresaliente de esa persona o, al contrario, una característica física que no posee. Por ejemplo, cuando Diego estaba en el colegio, sus amigos mexicanos lo llamaban «Flaco», puesto que era muy delgado; sin embargo, los hermanos de Sergio lo llaman «Gordo», aunque no tiene nada de gordura. A una persona con la nariz corta la pueden llamar «Chata», y a un pelirrojo le pueden poner el apodo de «Zanahoria». Una amiga cubana de Sergio recuerda que los chicos la llamaban «Bacalao»[1] porque tenía las piernas muy delgadas. Pero es importante entender que aunque para un norteamericano este tipo de apodo puede parecer cruel, dentro de la cultura hispana es simplemente una manera de demostrar la estrechez de las relaciones entre parientes o amigos.

[1]*cod fish*; en este contexto, *fish bones*

Discusión en parejas

1. ¿Tiene Ud. algún apodo? ¿Cuál es? ¿Tiene apodos diferentes entre su familia y sus amigos?
2. ¿Cuáles son algunos de los apodos más interesantes que Ud. ha oído? ¿Puede explicar su significado en español?

RINCON CULTURAL

Lugares fascinantes: El Caribe

1. **La Habana, Cuba.** Antes de la Revolución Cubana, La Habana era la ciudad más cosmopolita del Caribe. Hoy, aunque muchos de los edificios necesitan reparaciones, hay museos y monumentos de gran interés y belleza. El capitolio, por ejemplo, es casi igual en estilo y tamaño al que hay en Washington, D.C. El Museo Árabe, de estilo mudéjar,[1] tiene una

[1]estilo de arte que combina lo cristiano con lo árabe

réplica exacta de un mercado del Oriente Medio.[2] Otros museos fascinantes incluyen el Museo de la Revolución, el Museo de Carros Antiguos, y el Museo Nacional de Música que tiene una colección impresionante de tambores[3] africanos y que muestra la historia y el desarrollo de la música cubana.

2. **El Yunque, Puerto Rico.** Es un bosque lluvioso[4] de 28.000 acres que está a sólo 22 millas de San Juan, la capital. El Yunque cuenta con[5] sesenta especies de pájaros, ochenta clases de orquídeas y ciento cincuenta tipos de helechos.[6] Más de 100 billones de galones de lluvia caen aquí anualmente. Se puede hacer excursiones a pie para ir a la catarata[7] La Mina y a El Toro, una montaña de 3.524 pies. Se tarda ocho horas en llegar a la cumbre[8] de El Toro, pero el esfuerzo vale la pena.[9]

3. **Cabarete, la República Dominicana.** Queda[10] a siete millas de Sosúa, un pueblo fundado en 1941 por un grupo de judíos refugiados de Alemania. Se considera la capital del *windsurfing* del mundo por haber sido el lugar de muchos campeonatos internacionales de este deporte. Durante febrero y marzo las olas[11] son más grandes que en el resto del año, pero en el mes de junio los vientos son mejores. Por eso, cada año se realizan varios campeonatos internacionales en Cabarete durante este mes. Con sus condiciones ideales y siete escuelas de *windsurfing*, la playa se ha convertido en una especie de «naciones unidas» para la gente joven.

4. **El archipiélago de Los Roques, Venezuela.** Es un santuario natural de cincuenta islas llenas de formaciones de coral, peces exóticos y cangrejos.[12] En la isla Gran Roque —la más conocida— hay viejas cabañas en medio de la playa, desde las que se puede contemplar el mar azul y los arrecifes[13] de coral. Las leyendas[14] de piratas, los exquisitos platos de mariscos, el clásico «daiquiri», las danzas regionales y la música tropical se combinan para ofrecerles a los visitantes un escape exótico.

5. **Bahía[15] de la Parguera, Puerto Rico.** Es un pueblo pesquero[16] al sur de San Germán donde se puede bucear[17] en condiciones excelentes. La atracción principal es la Bahía Fosforescente. Esta bahía está llena de plancton marino que con cada movimiento del agua hace que todo se llene de luces como si fuera un gran árbol de navidad. Este fenómeno se puede apreciar sólo en las noches sin luna.

[2]Oriente... *Middle East* [3]*drums* [4]bosque... *rainforest* [5]cuenta... tiene [6]*ferns* [7]*waterfall* [8]*summit* [9]vale... *is worth it* [10]Está [11]*waves* [12]*crabs* [13]*reefs* [14]*legends* [15]*Bay* [16]*fishing* [17]*scuba dive*

Actividades

A. Primero, localice los cinco lugares en el mapa del Caribe y póngale a cada uno un número del 1 (el más interesante) al 5 (el menos interesante) para indicar el grado de interés que Ud. tiene en visitar estos lugares.

		LOS PAISES DEL CARIBE		
	PUERTO RICO	VENEZUELA	CUBA	REPUBLICA DOMINICANA
Gobierno	Estado Libre Asociado de los Estados Unidos	democracia representativa	república socialista	democracia representativa
Ciudades principales	San Juan, Bayamón, Ponce	Caracas, Maracaibo, Barquisimeto	La Habana, Santiago de Cuba, Camagüey	Santo Domingo, Santiago de los Caballeros
Lengua oficial	español e inglés	español	español	español (oficial) y francés-criollo
Moneda	el dólar estadounidense	el bolívar	el peso	el peso

B. Con dos compañeros/as, pónganse de acuerdo para elegir los dos lugares del Caribe que les gustaría visitar durante sus próximas vacaciones. Expliquen por qué escogieron esos lugares.

El Yunque, Puerto Rico

Los Roques, Venezuela

Un artista hispano: Nick Quijano

Nick Quijano nació en Nueva York en 1953, de padres puertorriqueños. Cuando tenía catorce años, su familia regresó a Puerto Rico permanentemente. Por eso, Quijano debe su formación cultural a Puerto Rico y su arte refleja una celebración del espíritu de la gente puertorriqueña. A causa de la especial situación de Puerto Rico, que ha sido territorio de los Estados Unidos desde 1898, la lucha entre los esfuerzos para asimilar y a la vez resistir las influencias y los valores norteamericanos ha sido parte central del arte puertorriqueño a lo largo del siglo XX. Muchos de los artistas contemporáneos están motivados por la búsqueda[1] de una identidad puertorriqueña única.

En su arte, Nick Quijano celebra con gran afecto la vida familiar y la omnipresencia de la espiritualidad en la vida cotidiana[2] de su gente. También muestra el gran componente africano que se encuentra en la Isla.

En *La siesta* (página 52), Quijano representa a su abuela materna durmiendo en un sofá. Los colores vivos y la riqueza de los detalles reflejan el sentimiento nostálgico y cariñoso que el artista tiene hacia su familia. Cada objeto tan cuidadosamente colocado[3] en la sala simboliza parte de la cultura puertorriqueña que el artista no quiere perder.

[1]*search* [2]*daily* [3]*placed*

La siesta, **por Nick Quijano**

Actividades

A. Los objetos que se encuentran en *La siesta* representan la conexión íntima con los miembros de la familia y también muestran la importancia de la religión en la vida cotidiana. Indique el simbolismo de cada objeto a continuación y explíquele a un compañero / una compañera el porqué de su selección.

OBJETO

1. _____ la estatua de la Virgen Milagrosa (*Miraculous*)
2. _____ el boleto de la lotería
3. _____ la taza de café
4. _____ el retrato del padre
5. _____ los lentes, la nota, la carta
6. _____ el perro

SIMBOLO

a. la educación
b. la generosidad
c. la espiritualidad
d. la promesa de volver algún día a Puerto Rico
e. la hospitalidad
f. el respeto

B. Describa brevemente el cuadro. Si Nick Quijano pintara una escena familiar para Ud., ¿qué objetos le pediría Ud. que pusiera en el cuadro?

Lo hispano en los Estados Unidos:

Los «nuyoricans»

Puesto que son ciudadanos de los Estados Unidos, los puertorriqueños tienen el derecho de mudarse al continente para trabajar y vivir como cualquier otro ciudadano norteamericano. Aunque los que toman la decisión de dejar la Isla se van a muchos lugares diferentes, la gran mayoría se muda a la costa este del país, especialmente a Nueva York. Allí se ha formado una comunidad impresionante de casi un millón de «nuyoricans». Como su nombre indica, los nuyoricans combinan aspectos de las culturas norteamericana y puertorriqueña para formar una cultura única.

El Barrio, Nueva York

Al llegar a los Estados Unidos, muchos puertorriqueños no han dejado atrás su «puertorriqueñidad». Al contrario, siempre han mantenido conexiones fuertes con la Isla por medio de diferentes recursos. Para muchos, la lengua de la casa sigue siendo el español. Jóvenes y viejos escuchan la música de la Isla y de los propios nuyoricans que más atrae a su generación, sea la salsa tradicional de Tito Puente y otros, el rap en español o el pop tropical. La gran mayoría vive en una sección de Manhattan conocida como el Barrio. Dentro o cerca del Barrio se encuentran instituciones dedicadas a la cultura puertorriqueña. Por ejemplo, el Museo del Barrio ofrece exposiciones de artistas puertorriqueños como Nick Quijano. No muy lejos del museo está el famoso Nuyorican Poets' Café, donde se presentan música en vivo, lecturas de escritores hispanos y emocionantes «Poetry Slams». Cada año un desfile (**parada** para los puertorriqueños) del Puerto Rican Day atrae a millones de espectadores. La universidad Hunter College también tiene un importante centro de estudios negros y puertorriqueños, que promueve a importantes intelectuales puertorriqueños.

Aunque los nuyoricans viven en su cultura adoptiva, han mantenido sus raíces y fuertes lazos[1] con Puerto Rico.

[1]*ties*

PUNTOS CLAVE:

REACCIONES Y RECOMENDACIONES

Antes de empezar esta parte del capítulo, estudie la explicación y los ejemplos de la formación y usos del subjuntivo y los mandatos en las páginas verdes, al final del libro.

¿Cómo le va con estos puntos clave?

A. El subjuntivo Complete el siguiente párrafo con la forma correcta de los verbos entre paréntesis.

La madre de Javier no es tan mandona como parece. Simplemente le preocupa que su hijo _____[1] (perder) contacto con su cultura. Ella está muy orgullosa de él, pero teme que _____[2] (poder) empezar a americanizarse demasiado en los Estados Unidos. Para ella, como para la gran mayoría de los hispanos, es importante _____[3] (mantener) un contacto directo e inmediato con la familia y la cultura. No cree que las relaciones a larga distancia _____[4] (ser) efectivas. De hecho, piensa que el estilo norteamericano de las relaciones familiares _____[5] (ser) un poco raro. Por eso, insiste en que su hijo la _____[6] (llamar) y la _____[7] (visitar) mucho. A Javier le molesta un poco, pero para él también es esencial _____[8] (tener) relaciones estrechas con su familia y su país.

B. Los mandatos Cambie los infinitivos a mandatos *informales*.

Cuando está de mal humor (*in a bad mood*), la madre de Javier es muy franca y le dice:

1. «No _____ (pasar) tanto tiempo en los Estados Unidos».
2. «¡_____ (Casarse) con una puertorriqueña ya!»
3. «No _____ (ser) tan norteamericano.»

Cuando Javier y su hermano gemelo eran jóvenes, su madre les decía:

4. «No _____ (jugar) en la oficina de su padre.»
5. «_____ (Compartir) sus juguetes con los demás.»
6. «No _____ (tocar) nada.»

Expresiones útiles

Las siguientes expresiones le pueden servir para hablar de las relaciones familiares. ¿Cuáles de ellas requieren el subjuntivo?

Para alabar

Es impresionante que…	*It's impressive/awesome that . . .*
Estoy orgulloso/a de que…	*I'm proud that . . .*
Estoy súper contento/a de que…	*I'm super-happy that . . .*
Me alegro de que…	*I'm glad that . . .*
Qué bueno que…	*How great that . . .*

Para quejarse

¡Esto es el colmo!	*This is the last straw!*
Estoy decepcionado/a por / porque…	*I'm disappointed that . . .*
No me gusta que…	*I don't like that . . .*
Ya estoy harto/a (de que…)	*I'm fed up already (that . . .)*
Ya no puedo soportarlo/la más.	*I can't stand it/him/her anymore.*

Para pedir perdón

Lo siento mucho.	*I'm very sorry.*
Mil disculpas/perdones.	*A thousand pardons.*
Perdón, me equivoqué.	*Sorry, I made a mistake.*
Se me olvidó por completo.	*I totally forgot.*
Siento que…	*I'm sorry that . . .*

Para enfatizar una respuesta negativa

Me importa tres narices / un pepino.	*I couldn't care less.*
¡Ni hablar!	*No way!*
Ni se te ocurra. / Ni lo pienses.	*Don't even think about it.*
¡Ni soñarlo!	*In your dreams!*

Actividades

A. **Algunas situaciones delicadas**   Con un compañero / una compañera, lean las siguientes situaciones y respondan a su hermano/a, madre, amigo/a, etcétera, pidiendo perdón o quejándose según el contexto. Utilicen las expresiones útiles que acaban de aprender cuando puedan. Su respuesta debe tener tres partes.

   a. quejarse/pedir perdón   b. explicar la situación   c. proponer un remedio

   MODELO: Ud. le dio dinero a su hermano para ir a Europa y él no le mandó ni una postal.

a. No me gusta que no me hayas mandado ni una postal. No puedo soportar tu ingratitud.
b. Te presté el dinero para tu viaje. Siempre he sido un hermano excelente.
c. Por eso, quiero que me devuelvas el dinero inmediatamente.

1. Se le olvidó por completo el cumpleaños de su madre.
2. Ud. no llegó a una cita que tenía con un amigo / una amiga.
3. Su madre dice que su novio/a es mala gente porque tiene muchos tatuajes.
4. Ud. es el único miembro de la familia que no apareció para la cita que la familia tenía con el psicólogo.
5. Su esposo/a acaba de comprar un póster de Salvador Dalí para colgar (*hang*) en la sala, pero a Ud. no le gusta para nada el arte de Dalí.

B. **La vida de los cinco amigos**   En parejas, reaccionen ante las siguientes oraciones sobre los cinco amigos. Luego, hagan una recomendación o sugerencia. Deben variar los verbos y frases que utilizan para reaccionar y recomendar.

1. La madre de Javier le ruega a su hijo que regrese a Puerto Rico y que se case con una puertorriqueña.
2. Laura tiene un novio que vive en Ecuador y lo extraña mucho.
3. Los padres de Sara se quejan de que ella viva en los Estados Unidos y de que no les escriba con más frecuencia.
4. Sergio heredó el espíritu rebelde de su abuelo. Por eso le encanta trabajar con rockeros y otra gente extravagante.
5. Diego nació en un pueblito y ahora es un importante hombre de negocios.

C. **Una señorita puertorriqueña**   La madre de Javier acaba de enviarle una foto de una modelo puertorriqueña. Quiere convencer a su hijo de que si regresa a Puerto Rico encontrará muchas mujeres guapas a su disposición. Como es de imaginar, Javier está furioso.

Paso 1 A continuación Ud. va a encontrar las cosas que Javier quiere decirle a su madre. Como está tan enojado, no está pensando en la manera más adecuada de expresarse. Ayúdelo a suavizar sus comentarios, utilizando las expresiones útiles que ha aprendido al principio de esta sección.

1. ¡No me castigues por no vivir en Puerto Rico!
2. ¡No me mandes más fotos!
3. ¡Respeta mi independencia!
4. ¡Apóyame en mis decisiones!
5. ¡Alaba mis logros!

Paso 2 Prepare tres reacciones y tres recomendaciones sobre las posibles relaciones entre Javier y la modelo de Puerto Rico. ¿Qué se dirían el uno al otro?

Paso 3 Javier y su madre visitan un psicólogo para hablar de sus problemas familiares. Hagan un breve diálogo entre los tres. ¿Cuáles son los problemas? ¿Qué soluciones les ofrece el psicólogo a Javier y su madre?

OJO

Cuando Ud. reacciona, cualquier frase que exprese una opinión subjetiva sobre la circunstancia requiere el subjuntivo. Ud. ya conoce **es increíble que, es bueno que, es mejor que,** etcétera. También necesitan el subjuntivo expresiones como **qué horror que, qué alucinante que, qué sorprendente que,** etcétera.

Paso 4 Ahora imagínese que Ud. es Javier. Escríbale una carta a su madre quejándose de que ella sea tan entrometida. Trata de utilizar algunas de las expresiones útiles que aparecen al principio de esta sección.

D. Pasado, presente, futuro

Paso 1 ¿Cómo es Ud. en comparación con sus padres (cómo son o cómo eran)? Vea las siguientes características personales y diga cómo es Ud. en comparación con su madre y con su padre.

¿Más, menos o igual que sus padres?

1. ambicioso/a
2. sensible
3. involucrado/a en la política
4. egoísta
5. quejón/quejona
6. abierto/a
7. rebelde
8. exigente
9. religioso/a
10. franco/a

Paso 2 En grupos de cuatro, comparen sus respuestas y comenten lo siguiente: ¿Son Uds. muy parecidos a o muy diferentes de sus padres? ¿Creen Uds. que las diferencias tienen que ver más con la personalidad de cada uno, con el sexo, o con el hecho de que son de generaciones distintas?

Paso 3 Observe la misma lista de adjetivos e indique si Ud. quiere que sus (futuros) hijos tengan las mismas cualidades que Ud. tiene. ¿Qué quiere que sus hijos hereden de Ud.? ¿Qué espera que sea diferente? ¿Por qué? ¿Por qué soñamos así con respecto a nuestros hijos?

Paso 4 En los mismos grupos, preparen una reacción para lo siguiente: «Es imposible definir la generación joven actual porque no tiene ni dirección ni sueños ni personalidad. Ni siquiera tiene un apodo apropiado.» Presenten sus ideas ante la clase.

LECTURA

Sobre la lectura

Cristina García nació en La Habana, Cuba, en 1958, pero se crió y se educó en los Estados Unidos. En su primera novela, *Soñar en cubano,* narra la vida de diferentes mujeres de la misma familia —las que se quedaron en Cuba y las que salieron para los Estados Unidos después de la Revolución cubana.

Antes de leer

A. Las selecciones que Ud. va a leer tratan de los recuerdos nostálgicos que la protagonista tiene de Cuba y de su propia búsqueda de identidad. ¿Qué información cree Ud. que va a encontrar en la lectura?

_____ información sobre el nacimiento de la protagonista	_____ conflictos emocionales
	_____ conflictos familiares
_____ información sobre sus amigos	_____ una mudanza
	_____ consejos
_____ descripciones de sus parientes	_____ castigos
_____ un acontecimiento extraordinario	_____ algo que la narradora extraña
_____ un viaje	_____ algo que la narradora lamenta
_____ descripciones de lugares importantes	

B. En parejas o en grupos pequeños, comenten estas preguntas. Luego, compartan sus respuestas con el resto de la clase.

1. ¿De qué manera influye el lugar donde uno vive en el bienestar emocional y psicológico?
2. ¿En algún momento ha tenido Ud. que mudarse de un lugar que quería mucho? ¿Cómo le afectó esta mudanza? Si nunca ha tenido esta experiencia, ¿cómo se sentiría si tuviera que mudarse y dejar un lugar muy especial?
3. ¿Hay algún pariente por quien Ud. sienta un afecto muy especial? ¿Cómo es esa persona?
4. ¿Hay personas en su familia que tienen diferentes opiniones en cuanto a la política, a la religión o a los problemas sociales? ¿Qué opina cada una? ¿En qué se diferencian sus actitudes?

N O T A   H I S T O R I C A

E n 1959, Fidel Castro y sus tropas revolucionarias tomaron control de la Habana, poniendo fin a la dictadura sanguinaria[1] de Fulgencio Batista. Al asumir el poder, Castro y su gobierno optaron por el modelo económico comunista y se aliaron con el bloque soviético. La Revolución trajo muchos cambios a la Isla —reforma educativa, eliminación de las clases sociales, reforma agraria, ayuda a los pobres, disminución del prejuicio racial y sexista. Por esta razón, recibió mucho apoyo, especialmente de las clases populares. Al mismo tiempo, alienó a mucha gente, sobre todo a los ricos que se habían beneficiado del régimen de Batista. Por eso, muchos dejaron la Isla y se mudaron a los Estados Unidos.

[1]_bloody_

Soñar en cubano (fragmentos)

En esta primera sección, la narradora recuerda cómo su mamá la separó de su abuela y la llevó con ella a los Estados Unidos. Cuenta las diferentes visiones que tenían su mamá y su abuela sobre la Revolución y sobre Fidel Castro.

Cuando salí de Cuba tenía sólo dos años, pero recuerdo todo lo que pasó desde que era una <u>cría</u>, cada una de las conversaciones, palabra por palabra. Estaba sentada en la falda de mi abuela jugando con sus pendientes de perlas, cuando mi madre le dijo que nos iríamos de la Isla. Abuela Celia la acusó de haber traicionado la Revolución. Mamá trató de separarme de la abuela, pero yo me agarré a ella y grité a todo pulmón.[1v] Mi abuelo vino corriendo y dijo: «Celia, deja que la niña se vaya. Debe estar con Lourdes.» Esa fue la última vez que la vi.

Mi madre dice que Abuela Celia ha tenido un montón de oportunidades de salir de Cuba, pero que es terca[2] y que El Líder le ha sorbido el seso.[3] Mamá dice «comunistas» de la misma manera que alguna gente dice «cáncer», lenta y rabiosamente. Lee los periódicos página por página intentando detectar las conspiraciones de la izquierda, hinca[4] su dedo sobre la posible evidencia, y dice «¿Ves lo que te digo?». El año pasado, cuando El Líder encarceló a un famoso poeta cubano, ella, tratando de salvarle, se burló con desprecio de «esos izquierdosos intelectuales hipócritas»: «Crearon esas prisiones para que ellos se pudrieran[5] en ellas —gritaba, sin que sus palabras tuvieran demasiado sentido—. ¡¡Son subversivos peligrosos, rojos hasta el tuétano[6]!!»

Blanco o negro, así es la visión de Mamá. Es su forma de sobrevivir.

[…]

La mayor parte del tiempo, Cuba, para mí, es como si hubiese muerto, aunque de vez en cuando un <u>ramalazo</u> de nostalgia me golpea[7] y tengo que reprimirme[8] para no secuestrar[9] un avión hacia La Habana o algo así. Siento rencor contra ese infierno de políticos y generales que fuerzan los acontecimientos que estructurarán nuestras vidas, y que controlan los recuerdos que tengamos cuando seamos viejos. Cada día que pasa, Cuba se desvanece[10] un poco más dentro de mí, mi abuela se desvanece un poco más dentro de mí. Y el lugar que debería estar ocupado por nuestra historia, está ocupado tan sólo por mi imaginación.

No ayuda en nada el que Mamá se resista a hablar de Abuela Celia. Se molesta cada vez que le pregunto por ella y me manda callar de inmediato, como si yo estuviese intentando sonsacarle[11] un alto secreto de Estado. Papá es más abierto, pero él no puede contarme lo que yo necesito saber, cómo, por ejemplo, las razones por las que Mamá casi nunca le dirige la palabra a Abuela, o por qué ella aún continúa conservando la fusta[12] que usaba en Cuba cuando montaba a caballo. Él se pasa la mayor parte del tiempo intentando actuar de

---

[1]a… *at the top of my lungs* [2]*testaruda* [3]le… *has brainwashed her* [4]*she jams* [5]*se… rot* [6]*bone (lit., marrow)* [7]*me… hits me* [8]*hold myself back* [9]*hijack* [10]*se… fades* [11]*to pry out of her* [12]*riding crop*

moderador en nuestras peleas, y el resto del tiempo está flotando dentro de su propia órbita.[13]

Papá se siente un tanto perdido aquí en Brooklyn. Creo que se pasa la mayor parte del día en su taller[14] porque de lo contrario se deprimiría o se volvería loco. A veces pienso que nosotros debimos habernos instalado en un rancho, en Wyoming o en Montana. Él se hubiese sentido feliz allí, con sus caballos y sus vacas, sus cerdos y un gran cielo abierto sobre él.[v] Papá sólo parece vivir cuando habla sobre su pasado, sobre Cuba.

[13]*orbit, world*   [14]*workshop*

verificar

1. ¿Quiénes participan en la acción de esta sección?
2. ¿Cuál es el punto o cuáles son los dos puntos principales de esta sección?
3. ¿Qué acciones tienen lugar en esta sección? ¿Qué verbos de acción se usan?
4. ¿Hay mucha acción en esta sec-

ción o es su función principal la de dar descripción e información de fondo? ¿Qué información de fondo nos da?
5. ¿Qué emociones se expresan en esta sección?
6. ¿Cómo puede Ud. expresar lo que pasa en esta sección con sus propias palabras?

Aquí la narradora cuenta cómo, muchos años después, ella regresa con su madre a Cuba. Allí reflexiona sobre su identidad y sus raíces culturales.

Llevamos cuatro días en Cuba y Mamá no ha hecho otra cosa que quejarse y sentarse a fumar cigarro tras cigarro cuando se cierra la noche. Discute con los vecinos de Abuela, busca bronca[1] con los camareros, riñe con[2] el hombre que vende los <u>barquillos</u> de helado en la playa. Le pregunta a todo el mundo cuánto ganan y, no importa lo que le contesten, siempre les dice: «¡Podrías ganar diez veces más en Miami!» Para ella, el dinero es el fondo de todas las cosas. Además intenta pillar[3] a los obreros robando para poder decir: «¡Mira! ¡*Esa* es su lealtad con la Revolución!»

El Comité Pro Defensa de la Revolución ha comenzado a montarle broncas a Abuela por culpa de Mamá, pero Abuela les dice que tengan paciencia, que ella se quedará sólo una semana. Yo quiero quedarme más tiempo, pero Mamá se niega porque no quiere dejar en Cuba más divisas,[4] como si nuestras contribuciones fueran a enriquecer o a <u>arruinar</u> la economía. (Por cierto, a Mamá le dio un ataque de apoplejía cuando se enteró que tenía que pagar una habitación de hotel con sus tres comidas diarias correspondientes durante el tiempo que durase nuestra estancia, aunque nos estuviéramos quedando en casa de familiares.) «¡Sus pesos no valen nada[5]! —grita—. ¡Nos permiten que entremos al país porque necesitan de nosotros, y no lo contrario!» En cualquier caso no entiendo cómo le han dejado entrar a ella. ¿Estarán haciendo estos cubanos sus deberes como Dios manda?

[1]busca... *she picks fights*   [2]riñe... *she berates*   [3]*to catch*   [4]*hard currency*   [5]no... *are worth nothing*

Sigo pensando que a mi madre le va a dar un ataque cardíaco en cualquier momento. Abuela me dice que no es normal el calor que está haciendo para ser abril. Mamá se ducha varias veces al día, y luego enjuaga[6] su ropa en el fregadero y se la pone mojada[7] para refrescarse.[v] En casa de Abuela no hay agua caliente. El océano está más caliente que el agua que sale por sus grifos,[8] pero ya me estoy acostumbrando a las duchas frías. La comida es otra historia, y, para colmo,[9] <u>grasienta</u> como el demonio. Si me quedara aquí más tiempo, terminaría comprándome un par de esos pantalones elásticos color neón que llevan puestos todas las mujeres cubanas. Debo admitir que la vida aquí es bastante más dura de lo que yo me pensaba, pero al menos todos parecen tener cubiertas sus primeras necesidades.

Pienso en lo distinta que habría sido mi vida si me hubiese quedado con mi abuela. Creo que soy probablemente la única ex *punky* de toda la Isla, que nadie más lleva las orejas agujereadas[10] en tres lugares distintos. Se me hace difícil pensar en mi existencia sin Lou Reed. Le pregunto a Abuela si en Cuba yo podría pintar lo que me diera la gana y me dice que sí, siempre y cuando no atente contra el Estado. Cuba está aún en vías de desarrollo,[11] me dice, y no puede permitirse el lujo de la disidencia. Y entonces cita algo que El Líder había dicho en los primeros años, antes de que comenzaran a arrestar a poetas: «A favor de la Revolución, todo; en contra de la Revolución, nada.» Me pregunto lo que pensaría El Líder sobre mis pinturas. El arte, le diría yo, es la máxima revolución.

[…]

He comenzado a soñar en español, cosa que no me había pasado nunca. Me despierto sintiéndome distinta, como si algo dentro de mí estuviese cambiando, algo químico e irreversible. Hay algo mágico aquí que va abriéndose camino por mis venas. Hay algo también en la vegetación a lo que yo respondo instintivamente: la hermosa buganvilla, los flamboyanes[12] y las jacarandás,[13] las orquídeas que crecen sobre los troncos de las misteriosas ceibas.[14] Y quiero a La Habana, su bullicio[15] y su decadencia y su aquello de fulana.[16] Podría sentarme feliz durante días y días en uno de aquellos balcones de hierro forjado,[17] o quedarme en compañía de mi abuela en su porche, con su vista al mar de primera fila.[18v] Me da miedo perder todo esto, perder nuevamente a Abuela Celia. Pero tarde o temprano tendré que regresar a Nueva York. Ahora sé que es allí adonde pertenezco (y no *en vez* de a Cuba, sino *más* que a Cuba). ¿Cómo puedo decirle esto a mi abuela?

[6]*she rinses* [7]*wet* [8]*faucets* [9]para… *to top it all off* [10]*pierced* [11]en… *developing* [12]*type of tree, found in the Caribbean* [13]*jacaranda trees* [14]*silk-cotton trees* [15]*din* [16]aquello… *whorishness* [17]hierro… *wrought iron* [18]primera… *front row*

verificar

1. ¿Quiénes participan en la acción de esta sección?
2. ¿Cuál es el punto o cuáles son los dos puntos principales de esta sección?
3. ¿Qué acciones tienen lugar en esta sección? ¿Qué verbos de acción se usan?
4. ¿Hay mucha acción en esta sección o es su función principal la de dar descripción e información de fondo? ¿Qué información de fondo nos da?
5. ¿Qué emociones se expresan en esta sección?
6. ¿Cómo puede Ud. expresar lo que pasa en esta sección con sus propias palabras?

Después de leer

A. Comprensión   Conteste las siguientes preguntas, según la lectura.

1. ¿Qué opinión tiene Mamá de Fidel Castro? ¿Qué opinión tiene Abuela Celia de él?
2. ¿Qué relaciones tiene Pilar, la narradora, con Cuba y con la familia que se quedó allí?
3. ¿Está contento el padre de Pilar con la vida que tiene en Brooklyn?
4. ¿Cómo son las relaciones entre Mamá y Abuela Celia?
5. ¿Qué hizo Mamá durante la visita a Cuba? ¿Cómo se portó?
6. ¿Cómo describe la narradora la vida en Cuba?
7. ¿Dónde dice Pilar que tiene sus raíces?

B. Los personajes

Paso 1 Con un compañero/una compañera, hagan una lista de las diferentes palabras (sustantivos, adjetivos, verbos) que se podrían usar para describir a (1) Pilar, (2) a Mamá y (3) a Abuela Celia.

Paso 2 Utilizando estas palabras y otras del vocabulario de este capítulo, hagan tres comparaciones entre las tres generaciones de mujeres cubanas.

Paso 3 Ahora denle dos consejos a cada mujer sobre cómo llevarse mejor, a pesar de sus diferencias.

C. Citas   En grupos de dos o tres, expliquen con sus propias palabras el significado de las siguientes citas tomadas de la lectura.

1. «Blanco o negro, así es la visión de Mamá. Es su forma de sobrevivir.»
2. «Debo admitir que la vida aquí es bastante más dura de lo que yo me pensaba, pero al menos todos parecen tener cubiertas sus primeras necesidades.»
3. «Me da miedo perder todo esto, perder nuevamente a Abuela Celia.»

D. Para comentar   En grupos pequeños, comenten lo siguiente.

1. Denles recomendaciones a la narradora, a su madre y a su abuela sobre cómo mantenerse unidas a larga distancia y sobre cómo pueden o deben superar (*overcome*) los problemas que tienen.

2. ¿Cuáles son algunos de los problemas que surgen en nuestra sociedad moderna, en la que las personas se mudan con frecuencia y las familias están cada vez más separadas? ¿En qué se diferencian las relaciones familiares de ahora de las del pasado?

3. Comenten la importancia de mantener las conexiones con la familia. ¿Cómo se puede mantener las conexiones familiares en el mundo moderno?

4. ¿Cómo se sentiría Ud. si tuviera que irse de su lugar de origen y nunca pudiera regresar? ¿Qué haría para mantener sus conexiones con ese lugar y con la gente que se quedó allí?

E. **La democracia familiar**   La madre de la narradora dice que cree en la democracia, pero actúa como una dictadora, separando a su hija de su abuela. ¿Qué opina Ud. sobre el poder que tienen los padres?

Paso 1 Comente el papel que Ud. tiene o tenía en su familia con respecto a los siguientes temas. ¿Quiénes tomaban las decisiones? ¿Cómo se decidía… ? ¿Tenía Ud. voto?

1. los quehaceres domésticos
2. dónde vivían
3. las vacaciones familiares
4. dónde y qué estudiaban los hijos

Paso 2 Con toda la clase, comenten lo siguiente. Teniendo en cuenta su propia experiencia, ¿cree Ud. que es importante que los hijos tengan voz y voto en todas las decisiones de la familia? ¿Debe ser una democracia la familia? ¿Por qué sí o por qué no?

F. **Composición**   Escriba sobre un acontecimiento extraordinario que le cambió la vida a Ud. o a uno de sus padres o abuelos.

¡A ESCRIBIR!

A. **Lluvia de ideas**

Paso 1 Todos juntos deben hacer una lista de los adjetivos que sus abuelos usarían para describir la generación de sus nietos.

Paso 2 ¿Cuáles son algunas de las actividades de esta generación que les molestan a los mayores? Hagan una lista de ellas.

B. **Composición preliminar**   Escriba una carta al editor / a la editora de un periódico local como si Ud. fuera una abuela de 68 años. En la carta debe quejarse de o alabar a la generación joven actual. Use las ideas que apuntó en la Actividad A.

C. **Composición final**   Lea la carta de un compañero / una compañera y escriba otra en la que responda a lo que escribió la abuela.

HABLANDO DEL TEMA

Paso 1 Prepare una ficha sobre los siguientes temas para luego poder hacer comentarios sobre cada una de las situaciones a continuación. Al lado de cada pregunta hay una lista de puntos clave que le podrían servir para contestarla.

Las familias grandes

- Hable sobre las ventajas y desventajas de criarse en una familia numerosa y multigeneracional.
- Haga recomendaciones para que la gente se lleve bien con los hermanastros y padrastros.

La «Generación X»

- Explique por qué Ud. pertenece o no pertenece a la llamada «Generación X».
- Compare a los «hippies» con los miembros de la «Generación X».
- Si fuera miembro de otra generación, ¿qué opinaría de la «Generación X»?

El exilio

- ¿Cómo influye el ambiente donde Ud. se crió en su visión del mundo?
- ¿Qué pasaría y cómo se sentiría si nunca pudiera volver al lugar donde nació o se crió?

Conexiones familiares

- ¿Cree que la familia es más o menos importante ahora que hace veinte años?
- ¿Cómo podemos mantener las conexiones con la familia y nuestras raíces en este mundo moderno?

Paso 2 Prepare una pregunta para cada ficha utilizando los puntos clave. Luego, hágale las preguntas a un compañero / una compañera de clase.

Relaciones sentimentales: ¿Cómo influyen en nuestra vida los demás?

Cristina y Diego: ¿Dos almas gemelas?

En este capítulo Ud. va a explorar el tema de las relaciones sentimentales. ¿Qué nos atrae? ¿Qué hace que las relaciones sean duraderas o pasajeras (*fleeting*)? ¿Cuáles son las emociones que surgen en las relaciones humanas? Ud. va a comentar este tema y cómo han influido en Ud. las relaciones sentimentales de su pasado. También va a leer sobre algunas parejas famosas y sus relaciones amorosas.

PASADO
Ⓟ

Punto clave
- narración en el pasado

Temas centrales
- el amor
- los sentimientos

Zona de enfoque
- México

SITUACIONES

Una noche inolvidable

Situación: En los últimos dos o tres años Diego y su amiga Cristina han tenido unas relaciones amorosas problemáticas. Se quieren mucho, pero no han podido mantener un noviazgo (*courtship*) estable porque no disponen del tiempo que se necesita para tener relaciones exitosas. La semana pasada volvió a ocurrir algo que les hizo acordarse de su amor. El sábado por la noche se encontraron por casualidad en Calle Ocho, un club salsero del centro de Austin. Los dos estaban de súper buen humor, andaban muy bien vestidos, la música era excelente y lo pasaron de maravilla…

Diego y Javier están conversando en Ruta Maya. Diego le cuenta a Javier todo lo que ocurrió esa noche del sábado. Lea el diálogo y conteste las preguntas que lo siguen. Preste especial atención al uso del vocabulario nuevo.

DIEGO: ¿Qué te parece, Javi? Después de una noche **genial** en Calle Ocho, **me he enamorado** de Cristina de nuevo.

JAVIER: ¡Pero chico, no lo puedo creer! Ya no **te metas en líos** con Cristina, ¿eh? Acuérdate de lo que pasó la última vez: Uds. **discutían** constantemente y cuando **rompiste con** ella, pasaste un mes **deprimido.** No **mereces** ese tipo de tortura.

DIEGO: Pues sí, Javi. Sé que tienes razón. Pero, desgraciadamente, la **quiero** y la extraño mucho. ¡Estoy verdaderamente **confundido**! Además… hay otro problema. Cristina estaba con **un pretendiente** nuevo y me dicen que es muy **celoso.**

JAVIER: ¡Ay, mano[1]! ¿Qué quieres que te diga? Sólo te aconsejo que seas muy **cauteloso** y que seas consciente de **los riesgos** de volver a **salir con** ella.

DIEGO: **¿Riesgos?** Si te refieres a lo del **pretendiente,** ella me dijo que no tenía ningún **compromiso** con él.

JAVIER: Bueno, espero que no. No me gustaría tener que protegerte de un novio **rabioso.**

DIEGO: No te preocupes.

JAVIER: Bueno… ya veremos. Por lo pronto, cuéntame lo que pasó esa noche **inolvidable.**

DIEGO: Pues, prepárate, porque es como de película…

[1]*bro', pal (coll.)*

Actividades

A. Comprensión   Conteste las siguientes preguntas, según el diálogo.

1. ¿Quién es Cristina?
2. ¿Por qué decidieron Diego y Cristina ser amigos en vez de novios?
3. ¿Qué pasó en el club Calle Ocho el sábado pasado?
4. ¿Por qué no está de acuerdo Javier con la idea de que Diego y Cristina reanuden (*resume*) sus relaciones?
5. Según Javier, ¿qué problemas representa para Diego el nuevo pretendiente de Cristina?

B. Reacciones y recomendaciones   Complete las siguientes oraciones, basándose en la situación de Diego y Cristina y utilizando un conector en cada oración.

Conectores:

en cambio
para que + *subjuntivo*
por eso
porque
sin embargo
ya que

MODELO: A Javier no le gusta que Diego vuelva a salir con Cristina ya que Diego siempre tiene muchos problemas con ella.

1. A Javier no le gusta que Diego…
2. Javier teme que el nuevo pretendiente de Cristina…
3. Es obvio que Diego y Cristina…
4. Yo recomiendo que Diego…

C. **Diálogo** En parejas, preparen un diálogo que represente una de las siguientes situaciones y preséntenlo a la clase.

1. Vuelvan a crear el diálogo entre Javier y Diego, utilizando sólo su memoria y sus propias palabras.
2. Inventen una continuación del diálogo entre Javier y Diego, utilizando su imaginación para describir cómo llegaron a enamorarse de nuevo Diego y Cristina.

VOCABULARIO DEL TEMA

Para hablar de las relaciones sentimentales

abrazar	to hug
besar	to kiss
casarse con	to marry
confiar (confío) en	to trust in
coquetear	to flirt
dejar a alguien	to leave someone
dejar plantado/a	to stand (someone) up
discutir	to argue
divorciarse (de)	to get a divorce (from)
enamorarse de	to fall in love with
ligar	to flirt, try to "pick up"
merecer (merezco)	to deserve
meterse en líos	to get into trouble
odiar	to hate
piropear	to compliment (romantically)*
ponerse (*irreg.*)	to become (emotional)
querer (*irreg.*)	to love
reanudar	to resume (*a relationship*)
romper con	to break up with
salir (*irreg.*) **con**	to date
soñar (ue) con	to dream about

Para describir las relaciones sentimentales

dañino/a	harmful
duradero/a	lasting

—Mi amor . . . prométeme que nunca más volverás a ordenar en francés . . .

Describa la «noche inolvidable» de esta pareja.

exitoso/a	successful
genial	wonderful
inolvidable	unforgettable
pasajero/a	fleeting
tempestuoso/a	stormy

Para describir las emociones

alucinado/a	amazed
apenado/a	pained, sad
asqueado/a	repulsed
asustado/a	frightened

*__Piropear__ y __piropo__ conllevan un significado muy especial dentro de la cultura hispana. Vea la Nota cultural en este capítulo.

avergonzado/a	embarrassed	
cauteloso/a	cautious	
celoso/a	jealous	
confundido/a	confused	
deprimido/a	depressed	
emocionado/a	excited	
enfadado/a		
enojado/a	angry	
halagado/a	flattered	
harto/a (de)	fed up (with), sick (of)	
nostálgico/a	nostalgic; homesick	
rabioso/a	furious	
satisfecho/a	satisfied	

Más sobre las relaciones sentimentales

el alma gemela	kindred spirit
la amistad	friendship
el compromiso	commitment
el fracaso	failure
la media naranja	better half (*coll.*)
el noviazgo	courtship
el piropo	(romantic) compliment*
el pretendiente	suitor
el resentimiento	resentment
el riesgo	risk

Ampliación léxica

Paso 1 Mire las siguientes palabras y escriba el sustantivo y el verbo relacionados con las últimas dos palabras de la lista.

SUSTANTIVOS	VERBOS	ADJETIVOS
el susto	asustar	**asustado/a**
el compromiso	comprometerse	comprometido/a
el fracaso	fracasar	fracasado/a
el odio	**odiar**	odioso/a
el riesgo	arriesgarse	arriesgado/a
¿ ?	¿ ?	**confundido/a**
¿ ?	¿ ?	**enojado/a**

Paso 2 Lea las siguientes oraciones sobre los cinco amigos. Luego, con un compañero / una compañera, traduzcan las palabras indicadas, fijándose en el contexto. También deben indicar si cada palabra es un verbo, un adjetivo o un sustantivo.

1. Ya que sus relaciones con su ex novia, An Li, fueron un **fracaso,** Javier no **se arriesga** a entrar en otras relaciones amorosas.
2. El primer Halloween que Sara pasó en los Estados Unidos, se llevó un gran **susto** cuando vio los fantasmas (*ghosts*) y las brujas (*witches*) en la calle.
3. Para Laura, la situación de los pobres en todas las Américas es **odiosa** y por eso ella **se compromete** a luchar por su mejoramiento.
4. Cristina y Diego todavía no están **comprometidos** porque les **asusta** entrar en unas relaciones demasiado serias.
5. Para Sergio, el **odio** es un sentimiento tan fuerte que duda poderlo experimentar nunca.

Paso 3 Formen grupos pequeños. Una tercera parte de la clase va a hacer preguntas con todos los sustantivos, otra tercera parte hará preguntas con todos los verbos y la última tercera parte hará preguntas con todos los adjetivos. Luego, háganles sus preguntas a otro grupo de estudiantes.

Actividades

A. ¿Está Ud. de acuerdo? Lea las siguientes opiniones. Con un compañero / una companera, comenten por qué están de acuerdo o no con esas afirmaciones. Deben reaccionar ante las opiniones de su compañero/a.

Para conversar mejor

Desde mi punto de vista …	No estoy de acuerdo en abso-
En mi opinión… / Yo creo	luto.
que…	Pero, ¿qué dices?
Estoy completamente de	¡Qué barbaridad!
acuerdo.	Tienes toda la razón.
Me sorprende que creas eso.	

---

1. Es un gran riesgo salir con un pretendiente que siempre coquetea con otras mujeres.
2. Es natural sentirse enojado/a si una persona lo/la deja plantado/a.
3. Es esencial hacer todo lo posible para no divorciarse nunca.
4. Una mujer cuyo (*whose*) novio sale con sus amigos una vez a la semana debe romper con él.
5. No es tan terrible discutir con su novio/a porque es muy emocionante besarse y perdonarse después.
6. Es un riesgo casarse con una persona súper guapa.
7. Sería genial conocer a su futuro esposo / futura esposa a través de un servicio de computadoras.
8. Sería un lío enamorarse de una persona de otro país.

B. Oraciones incompletas Mire la siguiente tabla de adjetivos y fíjese en la diferencia entre las terminaciones **-ado/a** (del participio pasado) y **-ante** o **-ente** y los verbos que se usan en cada caso. Luego, con un compañero / una compañera, indiquen los adjetivos que completen mejor las oraciones que siguen. **¡OJO!** A veces hay más de una respuesta posible.

ESTAR		SER	
alucinado/a	*amazed*	alucinante	*amazing*
deprimido/a	*depressed*	deprimente	*depressing*
emocionado/a	*excited*	emocionante	*exciting*
fascinado/a	*fascinated*	fascinante	*fascinating*
preocupado/a	*worried*	preocupante	*worrisome*
soprendido/a	*surprised*	sorprendente	*surprising*

1. Sara estuvo _____ por dos meses porque rompió con su novio.
2. La popularidad de la película *Como agua para chocolate* es _____ ya que las películas extranjeras normalmente no captan la atención del público norteamericano.
3. Encontrar al alma gemela puede ser una experiencia _____.
4. Un noviazgo muy corto es _____ para los padres de los novios.

5. Laura estuvo _____ cuando sus tíos, que llevaban treinta años de casados, se divorciaron.
6. El número de matrimonios fracasados en los Estados Unidos es _____.
7. Diego está _____ porque anoche Cristina lo llamó por teléfono.

C. Preguntas personales   En parejas, contesten las siguientes preguntas, utilizando palabras del Vocabulario del tema. Mientras escuche a su compañero/a, reaccione con algunas expresiones de Para conversar mejor. Luego, deben revelar a la clase lo que cada uno/a averiguó sobre su compañero/a.

Para conversar mejor

¡Qué barbaridad!	¡Qué suerte!
¡Qué bueno!	¡Qué vergüenza!
¡Qué guay / padre / chévere!	¿De veras? ¿En serio?
¡Qué horror!	Sí, tienes razón.
¡Qué lío!	¿Tú crees?

---

1. ¿Qué pasó la última vez que estuvo asustado/a?
   ¿Qué hizo alguna vez para hacer que alguien se sintiera halagado/a?
   ¿Recuerda una situación de su niñez en la que se sintió muy avergonzado/a?
2. En su opinión, ¿cómo es el novio / la novia ideal?
   ¿Cuánto tiempo recomienda que dure un noviazgo?
   ¿Buscaría a su media naranja a través de un anuncio en el periódico?
   ¿Qué le fastidia de las primeras citas?
   ¿Le gustan las películas románticas? ¿Por qué sí o por qué no?
3. ¿Qué consejos le daría a un hombre cuya novia rompió con él a través del correo electrónico?
   Haga una comparación entre el comportamiento de una pareja que tiene relaciones exitosas y una pareja que tiene relaciones dañinas.
   ¿Qué les recomienda a las dos parejas?
   ¿Qué haría Ud. para no meterse en líos en sus relaciones sentimentales?

D. ¿Cómo se sentiría Ud.?   Con un compañero / una compañera, hagan turnos contestando las siguientes preguntas con palabras que describan sus sentimientos. Expliquen su respuesta en cada situación, usando los conectores a continuación.

MODELO: —¿Cómo te sentirías si vieras a tu novio besando a otra persona? —Me sentiría celosa si viera a mi novio besando a otra persona porque creo fuertemente en la monogamia.

Conectores:

aunque
por eso
porque
puesto que
ya que

¿Cómo te sentirías si...

1. vieras a tu novio/a besando a otra persona?
2. te dijeran un piropo muy cursi?
3. rompieras con tu amor?
4. tus padres (abuelos, tíos,...) te dieran 1.000 dólares para ir de vacaciones con tu mejor amigo/a?
5. un amigo te dejara plantado/a dos veces en una semana?
6. conocieras a la persona más genial del mundo?

Pronombres relativos:

cuando
cuyo/a/os/as
donde
lo que
que

E. ¿Qué quiere decir?   Explíquele los siguientes conceptos a Diego. Utilice los pronombres relativos apropiados.

1. a blind date   2. a meat market   3. dutch treat   4. to dump
5. a computer dating service

NOTA CULTURAL • Los piropos

Imagínese la siguiente situación: varios chicos están reunidos en un lugar público, charlando.[1] De repente, ven pasar un coche descapotable,[2] último modelo, de una buena empresa[3] automovilística. Uno de los chicos exclama: «¡Vaya máquina!». Ahora tenemos una situación similar, pero esta vez los chicos ven pasar a una chica muy guapa y no pueden evitar un comentario: «¡Vaya monumento!». Estos chicos acaban de piropear a una joven atractiva.

El piropo es una forma de expresión muy hispana que los chicos usan normalmente para halagar a las chicas. Cuando los piropos son alabanzas discretas, cuando tienen gracia[4] y son inofensivos, pueden ser bien recibidos por las chicas. Por desgracia, las cosas que se dicen no siempre son un modo inocente de coqueteo. Es posible que reflejen el mal gusto y la grosería de quien las dice y, por lo tanto, pierden su validez como piropos y pasan a ser algo diferente y desagradable. Cuando esto ocurre, la reacción de la chica será de disgusto y rechazo.

A algunas mujeres hispanas les puede agradar que las piropeen por la calle, siempre que se trate de un verdadero piropo y no de una barbaridad vulgar y obscena. Es indudable que hasta los piropos más simpáticos implican una coquetería «sensual», pero cuando un chico traspasa los límites permitidos ya no se trata de un sencillo piropo, sino de una agresión que nunca será bien recibida.

[1]hablando   [2]*convertible*   [3]compañía   [4]tienen... *they're charming*

F. Parejas famosas

Paso 1 Lea las siguientes descripciones del amor entre dos parejas famosas. ¿Qué adjetivos utilizaría Ud. para describir estas relaciones?

Evita y Juan Perón

Evita y Juan Perón: Cuando la joven actriz argentina Eva Duarte conoció al militar Juan Perón, éste se sintió inmediatamente fascinado por ella. Unidos tanto por la ambición como por el amor, los dos se casaron y empezaron una de las más grandes historias de amor de la nación argentina. Juntos construyeron una gran máquina política que llevó a Juan a la presidencia de su país. Aunque de vez en cuando se veían luchas de poder entre los dos, sus relaciones duraron hasta la muerte de Evita (así la llamaba el público argentino) a los 33 años de edad. Juan estaba a su lado cuando por fin Evita perdió su batalla contra el cáncer.

Alberto y Susana Fujimori

Alberto y Susana Fujimori: Cuando fue elegido presidente del Perú en 1990, parecía que Alberto Fujimori tenía una vida ideal, con una esposa devota y unos hijos cariñosos. Pero en el año 1994, pasó lo inesperado. Susana Higuchi de Fujimori criticó en una rueda de prensa[1] algunos aspectos de la política de su marido. Allí empezó el fin de sus relaciones: Fujimori acusó a su mujer de desleal[2] y mentirosa[3] y la tuvo encerrada en el Palacio del Gobierno durante varios días. Susana por fin salió del Palacio, renunció a su puesto como Primera Dama,[4] se separó de su marido y se lanzó como candidata en la siguiente campaña presidencial, convirtiéndose en la rival política de su esposo.

[1]rueda… *press conference* [2]*disloyal* [3]*dishonest* [4]Primera… *First Lady*

Paso 2 Escoja de la siguiente lista de parejas norteamericanas dos relaciones duraderas y dos relaciones pasajeras. Utilizando el nuevo vocabulario de este capítulo, hable con un compañero / una compañera sobre las características principales de las relaciones duraderas y las pasajeras de las parejas que escogió. ¿Por qué tuvo éxito o fracasó cada una de las relaciones?

Lucille Ball y Desi Arnaz
Madonna y Sean Penn
Lisa Marie Presley y Michael Jackson
George y Barbara Bush
Ozzie y Harriet Nelson
Jessica Tandy y Hume Cronyn
John y Jackie Kennedy

Paul Newman y Joanne Woodward
Mia Farrow y Woody Allen
Julia Roberts y Lyle Lovett
Nicole Kidman y Tom Cruise
Ronald y Nancy Reagan
Jimmy y Rosalynn Carter

Paso 3 En grupos pequeños o con toda la clase, comenten lo siguiente: En el mundo moderno, ¿qué elementos hacen que las relaciones sean duraderas o pasajeras?

RINCON CULTURAL

Lugares fascinantes: México

1. **El Museo de las Momias.** En la ciudad de Guanajuato, los cadáveres se momifican de forma natural a causa de los minerales que existen en la tierra y en el agua que bebe la gente. Cuando las familias de los muertos no pueden pagar el cementerio, los cuerpos momificados se instalan en el Museo de las Momias. En este museo se puede ver la momia más pequeña del mundo: un bebé nunca nacido.
2. **La zona del silencio.** En un desierto del norte, en el estado de Sonora, hay un área triangular en la que los relojes paran y las brújulas[1] se vuelven locas. Se dice que la NASA ha hecho investigaciones en ese lugar porque es una zona magnética.
3. **El santuario de la Virgen de Guadalupe.** Este templo dedicado a la santa patrona del país está localizado en México, D.F. Después del Vaticano, el santuario recibe más visitantes que cualquier otro templo religioso del mundo cristiano. Más de seis millones de peregrinos lo visitan cada año.
4. **El volcán[2] Paricutín.** Es el volcán más joven del país, localizado en Uruapán, Michoacán. Nació el 7 de febrero de 1943. Durante sus nueve años

[1]*compasses* [2]*volcano*

activos echó mil millones[3] de toneladas de lava. El volcán ha convertido sus alrededores[4] en un paisaje de otro mundo. Es posible subir a la boca del volcán, pero es necesario montar a caballo durante cuatro horas y luego seguir andando para llegar a la cima.[5]

5. **Zitcuaro, Michoacán.** Más de 20 millones de mariposas monarca[6] emigran a Zitcuaro cada año para pasar el invierno. Debido a la cantidad enorme de mariposas, la tierra se convierte en una alfombra[7] multicolor mientras que las ramas[8] de los árboles se inclinan bajo su peso.

6. **Chichén-Itzá.** Cerca de Mérida, Yucatán, Chichén-Itzá es una de las ciudades más famosas de los Mayas. En el equinoccio de primavera (el 21 de marzo), el juego de luz solar en las crestas de la escalera norte del templo principal crea la ilusión de una serpiente descendiendo hacia el pie de la pirámide. Este efecto les indicaba a los Mayas el inicio de la siembra de maíz.[9] En contraste, en el equinoccio de otoño (el 21 de septiembre), el ascenso de la serpiente indicaba el inicio de la cosecha.

7. **La Barranca del Cobre.** Este cañón, localizado en el estado de Chihuahua, es más profundo que el Gran Cañón del [Río] Colorado en los Estados Unidos. Hay un tren que pasa por el cañón desde el cual los turistas pueden apreciar unas vistas espléndidas. Durante los últimos cien kilómetros de este viaje, el tren pasa por treinta y nueve puentes[10] y ochenta y seis túneles.

8. **La Laguna Catemaco.** Esta es una laguna formada por el cráter de un volcán en el estado de Veracruz. En una de las islas, en el centro de la laguna, se encuentra un grupo de monos pescadores.[11] El área también es conocida por su festival de brujos, celebrado en el mes de marzo, conocido como «marzo mágico».

[3]mil... *one billion* [4]*outlying areas* [5]*top* [6]mariposas... *monarch butterflies* [7]*carpet* [8]*branches* [9]siembra... *corn planting season* [10]*bridges* [11]monos... *fishing monkeys*

Actividades

A. Primero, localice los ocho lugares fascinantes de México en el mapa (página 76) y póngale a cada uno un número del 1 (el más interesante) al 8 (el menos interesante) para indicar el grado de interés que Ud. tiene en visitar estos lugares.

MÉXICO (ESTADOS UNIDOS MEXICANOS)	
Gobierno	presidencia constitucional
Ciudades principales	México, D.F., Guadalajara, Monterrey, Puebla
Lenguas	español (oficial), más de sesenta idiomas indígenas
Moneda	el nuevo peso

B. Con un compañero / una compañera pónganse de acuerdo para elegir los dos lugares que les gustaría visitar en su luna de miel (*honeymoon*). Recuerden que sólo tienen una semana de vacaciones, así que deben prestar atención a la distancia entre los lugares de interés. Luego, expliquen por qué escogieron esos lugares.

El volcán Paricutín

La gran pirámide de Chichén Itzá

Un artista hispano:
José Guadalupe Posada

El artista mexicano José Guadalupe Posada nació en Aguascalientes, en el estado del mismo nombre, en 1852. Desde muy pequeño le gustaba dibujar. A los diecinueve años hizo sus primeras caricaturas políticas para una revista local. En 1888 se marchó[1] a la capital y, junto con otro ilustrador, Antonio Venegas Arroyo, empezó a producir miles de grabados[2] que reflejaban los intereses, los miedos y la conciencia del pueblo mexicano.

Posada fue prolífico: hizo más de 20.000 dibujos a lo largo de su vida. En su día no tenía la fama que tiene hoy. Gracias a otros artistas como Diego Rivera y Jan Chalot, el mundo redescubrió el talento de Posada. Diego Rivera dijo: «Analizando la obra de José Guadalupe Posada puede realizarse el análisis más completo de la vida social del pueblo de México».

Gran parte de su obra artística se centra en el tema de «las calaveras[3]». En el siguiente grabado se puede ver que todos los personajes son calaveras o esqueletos que hacen todo tipo de actividad humana. Posada los usó como reportajes satíricos de la vida social y política.

[1]se... se fue [2]engravings [3]skulls

Baile de las calaveras, por José Guadalupe Posada

Actividad

Conteste las siguientes preguntas sobre el arte de José Guadalupe Posada.

1. Según Diego Rivera, ¿qué contribución hizo Posada con su talento artístico?
2. ¿Cuál fue la reacción de Ud. ante el grabado de las calaveras? ¿Por qué?
3. Descríbale este grabado de Posada a una persona que no lo está mirando. ¿Qué se representa en esta escena?

Lo hispano en los Estados Unidos:

La «invasión» latina

¿Es posible que los norteamericanos se conviertan en «amantes latinos»? Según Ricardo Romo, un experto en historia mexicanoamericana, en los Estados Unidos se está empezando a reconocer que la asimilación cultural es un proceso complementario que va en dos direcciones. Antes era unidireccional: muchos inmigrantes decidieron acostumbrarse a la vida norteamericana y dejar su propia identidad cultural. Pero a diferencia de los inmigrantes de hace treinta o cuarenta años, los inmigrantes actuales se esfuerzan por[1] hacerse miembros activos de la sociedad norteamericana sin sacrificar su identidad étnica. Por eso, traen consigo una gran riqueza de idioma, arte, comida, música y baile. En los Estados Unidos se ven por todas partes «salsatecas» (discotecas donde se pone y se baila lo último de los ritmos latinos), se come en restaurantes mexicanos, salvadoreños y cubanos, se ponen películas españolas, mexicanas y norteamericanas (éstas dedicadas a presentar aspectos de la cultura hispana) y en todos los niveles de la sociedad los hispanos están dejando su huella.[2] Según Romo, en el año 2040, uno de cada cuatro norteamericanos será hispano. Para ese año, seguramente su influencia será aún más patente.[3]

[1]se... *make an effort*   [2]están... *are leaving their mark*   [3]*obvious*

PUNTO CLAVE:

NARRACION EN EL PASADO

Antes de empezar esta parte del capítulo, estudie la explicación y los ejemplos de los usos del pretérito, del imperfecto y de los tiempos perfectos en las páginas verdes, al final del libro, para repasar este punto clave.

¿Cómo le va con este punto clave?

Estudie la siguiente narración y ponga los verbos entre paréntesis en las formas apropiadas del pretérito, imperfecto, pretérito perfecto o pretérito pluscuamperfecto. ¡OJO! A veces tendrá que escoger entre **ser** y **estar.**

Cuando Laura _____[1] (llegar) por primera vez al Ecuador, no _____[2] (pensar) que _____[3] (ir) a enamorarse. De hecho, ella _____[4] (haber ingresar) en el Cuerpo de Paz llena de ilusiones de cómo _____[5] (poder) cambiar el mundo. Sin embargo, el amor es impredecible[a] —un día _____[6] (enamorarse) de golpe.[b]

[a]*unpredictable*   [b]de... *suddenly*

_____⁷ (Ser/Estar) conversando con otros profesores en la escuela donde _____⁸ (trabajar) cuando _____⁹ (entrar) Manuel. El director de la escuela los _____¹⁰ (presentar) y allí _____¹¹ (empezar) unas grandes relaciones.

Después de dos años, cuando _____¹² (terminar) el contrato de Laura con el Cuerpo de Paz, ella _____¹³ (tener) que regresar a los Estados Unidos. El último día en el Ecuador, Laura _____¹⁴ (ser/estar) tristísima. Los dos novios _____¹⁵ (llorar) cuando _____¹⁶ (abrazarse) por última vez. Pero Laura _____¹⁷ (prometer) regresar tan pronto como terminara sus estudios.

Expresiones útiles

Las siguientes expresiones le pueden servir para narrar en el pasado.

Para contar una historia

además, también	luego, entonces
al mismo tiempo	mientras
de vez en cuando	por eso, por lo tanto
después	por último, por fin…
en cambio	primero, segundo
finalmente, al final	

Para añadir emoción a su historia

Te voy a contar algo increíble (estupendo, ridículo) que le pasó a…	*I'm going to tell you something incredible (wonderful, ridiculous) that happened to…*
Escucha lo que le sucedió a…	*Listen to what happened to…*
Pero eso no fue nada.	*But that was nothing.*
Ahora viene lo peor.	*Now comes the worst part.*
Se dio cuenta de* que…	*He/She realized that…*
De repente / De golpe	*Suddenly*
¡Cataplún!	*Crash!*
¡Paf!	*Bang!*

Para reaccionar ante una historia

¡De ninguna manera!	*No way!*
¡Imagínate!	*Imagine that!*
¡Pobrecito/a!	*Poor thing!*
¡Qué lío!	*What a mess!*
¡Qué mala onda!	*What a bummer!*
¡Qué mala pata!	*What bad luck!*
¡Qué padre/chévere/guay!	*Awesome!*

---

*Realizó is never appropriate here, as it means *to fulfill, accomplish*.

Actividades

A. Una noche inolvidable

Paso 1 Con un compañero / una compañera, miren los siguientes dibujos y comenten lo que les pasó a Diego y Cristina la semana pasada.

Paso 2 ¿Qué le dijo Cristina a Diego al día siguiente? Con tu compañero/a, preparen un diálogo entre los dos.

B. ¿Cómo se sintió?   Pregúntele a un compañero / una compañera cómo reaccionó en las siguientes circunstancias y por qué.

MODELO: ¿Cómo te sentiste cuando te graduaste de la secundaria? →
          Me sentí fatal porque no quería perder a mis amigos.

¿Cómo se sintió…

1. cuando se graduó de la secundaria?
2. cuando conoció a su primer amor?
3. cuando supo que había sido aceptado/a en esta universidad?
4. cuando recibió su licencia de conducir?
5. la primera vez que alguien lo/la dejó plantado/a?

C. Hablando de mi vida

Paso 1 Escoja uno de los siguientes temas y escriba un breve párrafo, incluyendo descripciones de fondo y las acciones clave de la situación.

1. el momento más vergonzoso de mi vida
2. el día más difícil que he vivido
3. algo que hice y que no quiero que sepan mis padres (hijos, amigos,…)
4. la decisión más importante que he tomado

Paso 2 Ahora, en grupos de tres o cuatro personas, repitan lo que han escrito, *sin leer* su párrafo. El grupo va a elegir el mejor relato y leerlo al resto de la clase.

D. El remordimiento *(Remorse)*   ¿Qué aspectos de su pasado lamenta Ud.? ¿Qué se puede aprender del pasado?

Paso 1 Todos han caído alguna vez en la tentación de actuar de una manera no muy apropiada. Lea las siguientes preguntas e indique si Ud. ha cometido lo siguiente alguna vez.

¿Alguna vez ha...

	SI	NO
1. tomado demasiadas bebidas alcohólicas?	☐	☐
2. dado una fiesta en la casa de sus padres cuando no estaban allí?	☐	☐
3. coqueteado con un compañero / una compañera de trabajo?	☐	☐
4. insultado a un amigo / una amiga?	☐	☐
5. peleado con un hermano u otro pariente?	☐	☐
6. utilizado un documento de identidad falso?	☐	☐
7. salido con el novio / la novia de su mejor amigo/a?	☐	☐

Paso 2 Entre todos, hagan una encuesta (*survey*). ¿Cuántas personas respondieron «sí» a cada pregunta? Alguien debe anotar los resultados de todas las preguntas en la pizarra.

Paso 3 En parejas o en grupos pequeños, cada estudiante va a hablar de una de las situaciones del Paso 1. Debe explicar las razones que lo/la llevaron a actuar de esa manera, cuáles fueron las consecuencias de sus acciones y cómo se siente ahora.

Paso 4 Ahora, todos deben hacer otra encuesta. ¿Cuántas personas lamentan sus acciones? ¿Cuántas personas creen que los errores del pasado son resultados naturales de la juventud? ¿Cuántas personas creen que uno no debe lamentar sus errores si aprende de ellos?

E. **¿Qué nos atrae?** Pensando en su grupo de amigos íntimos, ¿son todos semejantes, por lo general?

Paso 1 Indique cuáles de los siguientes adjetivos se pueden aplicar a su propia personalidad y a la personalidad de su mejor amigo/a.

MODELO: hablador → a. Me describe a mí.
b. No describe a mi mejor amigo.

ADJETIVOS

ambicioso/a	práctico/a
atrevido/a	religioso/a
enérgico/a	serio/a
hablador(a)	soñador(a) (*dreamer*)
independiente	testarudo/a

Paso 2 Ahora analice sus respuestas de la siguiente manera: anote un punto por cada adjetivo que se les aplique a Ud. y a su mejor amigo/a.

Resultados:

- Si Ud. tiene entre 0 y 3 puntos, Ud. busca a personas muy distintas de sí mismo/a.
- Si Ud. tiene entre 4 y 6 puntos, le cae bien una persona con algunas cualidades diferentes y con otras semejantes a las suyas.
- Si Ud. tiene entre 7 y 10 puntos, indica que Ud. quiere tener amigos casi idénticos a Ud.

Paso 3 En grupos pequeños, hagan una encuesta. ¿Cuántos de Uds. prefieren personas idénticas a sí mismas? ¿muy diferentes? ¿que compartan algunas características y otras no?

Paso 4 Basando sus respuestas en la información que acaban de recopilar (*compile*), comenten lo siguiente.

1. ¿Creen en la idea de que los polos opuestos se atraen (*opposites attract*)?
2. ¿Pueden tener éxito las relaciones entre personas muy diferentes?
3. ¿Cuántas personas creen que podrían tener relaciones amorosas con una persona de otra cultura?

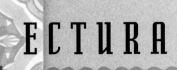

LECTURA

Sobre la lectura

El siguiente texto proviene de una novela de Elena Poniatowska, una famosa periodista y novelista mexicana, nacida en París en 1933. El fragmento que Ud. va a leer es de su libro *Querido Diego, te abraza Quiela*. La novela consiste en una serie de cartas amargas (*bitter*) de Angelina Beloff (Quiela), una exiliada rusa, al famoso pintor mexicano Diego Rivera. Diego y Angelina se conocieron en París, pasaron diez años juntos y tuvieron un hijo que murió muy joven. Durante la terrible época de la Primera Guerra Mundial, Diego decidió regresar a México sin Angelina. El fragmento que Ud. va a leer relata los recuerdos de Angelina de cuando se conocieron.

Antes de leer

Para conversar   Con un compañero / una compañera, contesten las siguientes preguntas.

1. ¿Cómo se explica el concepto del «amor no correspondido»?
2. ¿Cuáles son los sentimientos que tiene la persona que no recibe el amor que desea?
3. ¿Qué sería peor, recibir cartas tipo «Querido Juan» (*"Dear John"*) o no recibir ninguna carta y quedarse con la esperanza o la duda de un amor fracasado?

Querido Diego, te abraza Quiela (fragmento)

Querido Diego:

Te conocí en *La Rotonde*, Diego, y fue amor a primera vista. Apenas te vi entrar, alto, con tu sombrero de anchas alas,[1] tus ojos saltones,[2] tu sonrisa amable y oí a Zadkin decir: «He aquí al vaquero mexicano»[3] y otros exclamaron: «Voilà l'exotique»,[4] me interesé en ti. Llenabas todo el marco[5] de la puerta con tu metro ochenta de altura, tu barba descuidada y ondulante,[6] tu cara de hombre bueno y sobre todo tu ropa que parecía que iba a reventarse[7] de un momento a otro, la ropa sucia y arrugada de un hombre que no tiene a una mujer que lo cuide.[v] Pero lo que más me impresionó fue la <u>bondad</u> de tu mirada. En torno a[8] ti, podía yo percibir una atmósfera magnética que otros después descubrieron. Todo el mundo se interesaba en ti, en las ideas que exponías con impetuosidad, en tus desordenadas manifestaciones de alegría. Recuerdo aún tu mirada sobre mí, sorprendida, tierna.[9v] Luego cuando nos levantamos de la mesa y quedamos el uno junto al otro, Zadkin exclamó: «¡Miren qué chistosos se ven los dos juntos: el salvaje mexicano, enorme y llamativo y ella, criatura pequeña y dulce envuelta en una leve[10] azulosidad!»[v] De una manera natural, sin votos,[11] sin dote,[12] sin convenio económico, sin escritura, sin contrato, nos unimos. Ninguno de los dos creíamos en las instituciones burguesas.[13] Juntos afrontamos la vida y así pasaron diez años, los mejores de mi vida. Si se me concediera volver a nacer, volvería a escoger esos diez años, llenos de dolor y de felicidad que pasé contigo, Diego. Sigo siendo tu pájaro azul, sigo siendo simplemente azul como solías llamarme, ladeo[14] la cabeza, mi cabeza herida definitivamente y la pongo sobre tu hombro y te beso en el cuello,[v] Diego, Diego, Diego a quien tanto amo.

Tu Quiela

[1]de... *wide-brimmed* [2]*bulging* [3]*He... "Here's the Mexican cowboy"* [4]*Voilà... "There's the exotic one"* (*Fr.*) [5]*frame* [6]*wavy* [7]*split* [8]En... Alrededor de [9]*tender* [10]*ligera* [11]*vows* [12]*dowry* [13]*bourgeois* [14]*I tilt*

verificar

1. ¿Quiénes participan en la acción de esta sección?
2. ¿Cuál es el punto o cuáles son los dos puntos principales de esta sección?
3. ¿Qué acciones tienen lugar en esta sección? ¿Qué verbos de acción se usan?
4. ¿Hay mucha acción en esta sección o es su función principal la de dar descripción e información de fondo? ¿Qué información de fondo nos da?
5. ¿Qué emociones se expresan en esta sección?
6. ¿Cómo puede Ud. expresar lo que pasa en esta sección con sus propias palabras?

Después de leer

A. Comprensión Indique si las siguientes afirmaciones son ciertas o falsas, según la lectura. Si algunas son falsas, modifíquelas para que sean ciertas.

1. Angelina no estaba muy interesada en Diego cuando se conocieron.
2. Diego era un hombre grande e imponente (*imposing*).
3. La apariencia física y la personalidad de Diego llamaban mucho la atención en París.
4. Angelina y Diego se casaron y tuvieron un hijo.
5. Angelina y Diego se veían bien juntos porque eran muy parecidos.
6. Angelina cree que los años que pasó con Diego fueron buenos.

B. Diálogo En parejas, inventen un diálogo telefónico en el que Angelina trate de convencer a Diego de que regrese a París para estar con ella. ¿Qué le diría ella a él? ¿Qué le diría él a ella?

C. Si yo fuera... Escriba dos oraciones diciendo lo que haría Ud. si fuera Quiela y dos oraciones diciendo lo que haría si fuera Diego. Luego, comparta sus oraciones con un compañero / una compañera. ¿En qué se asemejan las oraciones? ¿En qué se diferencian?

D. Frida y Diego El amor entre Diego y Angelina nunca se realizó por completo. La verdadera pasión de Diego fueron sus relaciones con la pintora mexicana Frida Kahlo. Se casaron, se separaron y se casaron de nuevo, pero las aventuras amorosas de los dos, Frida y Diego, imposibilitaron su felicidad absoluta. Diego mismo admitió que cuanto más amaba a Frida más quería hacerle daño. Estas relaciones tempestuosas y penosas (*sorrowful*) se reflejan a menudo en las pinturas de Frida.

Diego Rivera y Frida Kahlo

Paso 1 Aquí hay un artículo sobre cómo se enamoraron Diego y Frida. Lea el artículo y ponga un círculo alrededor de los verbos en el pretérito y subraye los en el imperfecto. Luego, con un compañero / una compañera, comenten las razones posibles por usar esos tiempos verbales en cada caso.

¿QUE VIERON EL UNO EN EL OTRO? LA HISTORIA DE LA CHISPA¹ QUE INCENDIO² ESTOS

La pintora mexicana Frida Kahlo se enamoró locamente del pintor Diego Rivera cuando apenas tenía 15 años. «Mi ambición es tener algún día un hijo de Diego Rivera,» le dijo Frida a sus amigas. «Y algún día se lo voy a hacer saber.»

Como Rivera estaba casado y tenía 20 años más que ella, Frida no llegó a conseguir su objetivo hasta 7 años más tarde, cuando la voluntariosa estudiante volvió a «la carga³»: fue a ver a Diego a la Escuela de Arte, lo hizo bajar de una enorme escalera desde la que trabajaba en un mural, le pidió opinión sobre sus pinturas... y el pintor se sintió muy intrigado por la atrevida chica que había sufrido un espantoso accidente y tenía una pierna destrozada, pero una cara exótica y bella y mostraba un espíritu indomable. Así fue como, ya divorciado y lleno de curiosidad por aquella mujer con quien «podía hablar de todos los temas de la Tierra», la empezó a cortejar,⁴ hasta que Guillermo Kahlo, el padre de Frida, decidió hablarle a Diego. «Mire, Rivera, quiero hacerle una advertencia. Mi hija Frida es una chica inteligente, pero... tiene un demonio oculto.⁵» A lo que el pintor contestó: «Yo lo sé, Sr. Kahlo, yo lo sé.» Kahlo respiró tranquilo: «Ah, qué bien Rivera, he cumplido con mi deber y ya me siento en paz habiéndole advertido.» Y con esa semibendición del padre de Frida, la pareja contrajo matrimonio el 21 de agosto de 1929 sin que nunca Diego le hiciera la pregunta clave.

¹*spark* ²*ignited* ³*la... the task at hand* ⁴*court* ⁵*hidden*

Paso 2 Complete lo siguiente.

1. Ud. ha leído una descripción de Diego Rivera en la carta escrita por Quiela y una descripción de Frida en el artículo que acaba de leer. ¿Cómo son los dos? Haga una comparación de los atributos físicos y personalidad de ellos.
2. ¿Qué hizo Frida para que Diego le prestara atención?
3. ¿Por qué piensa Ud. que a Diego le interesó la joven artista?
4. En su opinión, ¿es posible que unas relaciones puedan durar si un hombre tiene veinte años más que su esposa? ¿Por qué sí o por qué no?

5. Si su padre le dijera a su novio/a que Ud. «es una persona encantadora pero tiene problemas psicológicos», ¿cómo se sentiría Ud.?

E. **Composición** Utilizando el texto de Poniatowska como referencia, escriba una carta de dos o tres párrafos en la que una persona de su pasado escriba sus recuerdos sobre Ud. En la carta Ud. debe mantener un tono nostálgico y el punto de vista de la otra persona.

¡A ESCRIBIR!

A. **Lluvia de ideas** En grupos pequeños, contesten y comenten las siguientes preguntas.

1. ¿Cuáles son algunas de las expresiones que se usan para declarar una opinión?
2. ¿Qué expresiones se puede utilizar para diferir de las opiniones de otro?
3. De la segunda lista de expresiones, ¿cuáles son las expresiones más fuertes y cuáles son las más corteses?

B. **Composición preliminar** Ahora, imagínese que Ud. es un sociólogo experto / una socióloga experta en el campo de las relaciones humanas. Escriba un breve ensayo dando su opinión sobre una de las siguientes declaraciones. Apoye su opinión con ejemplos específicos.

1. Dentro de cincuenta años el matrimonio será algo obsoleto.
2. Los matrimonios interculturales están destinados al fracaso.
3. No hay romance en la sociedad norteamericana actual.

C. **Composición final**

Paso 1 Ahora lea el ensayo de un compañero / una compañera. Anote la tesis principal de su ensayo e indique los puntos que apoyen al argumento de él/ella.

Paso 2 Haga el papel de un(a) periodista que no está de acuerdo con las ideas del / de la especialista en sociología. Escriba un editorial en el que reaccione fuertemente ante las ideas de su compañero/a. Empiece el editorial con una oración destinada a llamar la atención de los lectores. Luego, reaccione ante cada uno de los puntos expuestos por el/la especialista, utilizando los conectores necesarios. Al final, escriba una conclusión fuerte y convincente.

HABLANDO DEL TEMA

Paso 1 Prepare una ficha sobre los siguientes temas para luego poder hacer comentarios sobre cada una de las preguntas o situaciones a continuación. Al lado de cada pregunta, hay una lista de puntos clave que le pueden servir para contestarla.

Las relaciones interculturales

- Describa los problemas que puede haber en las relaciones interculturales.
- ¿Cuáles son las ventajas y desventajas de casarse con una persona de otra cultura?

Las cartas de amor

- ¿Qué opina Ud. del efecto que tendrá el correo electrónico sobre el arte de escribir cartas de amor?
- ¿Cómo se sentiría Ud. si recibiera flores «virtuales» o una tarjeta de San Valentín a través del Internet en vez de flores o una tarjeta «reales»?

Las relaciones dañinas

- Describa unas relaciones dañinas y compárelas con las relaciones sanas.
- Imagínese que Ud. tiene un amigo / una amiga que está en unas relaciones dañinas. Convénzalo/la para que rompa con su pareja.
- ¿Qué haría Ud. si estuviera en unas relaciones dañinas?

La crianza multicultural

- ¿Cuáles son las ventajas y desventajas de criarse en una familia multicultural?
- Hay los que sugieren que la persona híbrida «perfecta» del futuro podría ser un hispano / una hispana que se críe en los Estados Unidos o un norteamericano / una norteamericana que crezca en Latinoamérica. ¿Cómo sería esa persona? ¿Qué creería? ¿Cómo actuaría? ¿Sería más o menos romántica que los demás?

Paso 2 Prepare una pregunta para cada ficha utilizando diferentes puntos clave. Luego, hágale las preguntas a un compañero / una compañera de clase.

El trabajo y el ocio:
¿Cómo se relaja Ud.?

Diego se divierte montando a caballo.

En este capítulo Ud. va a explorar el tema del trabajo y el ocio (*leisure*). ¿Cuáles son nuestras prioridades? ¿Trabajamos demasiado o somos fiesteros/as (*party-goers*)? ¿Qué hacemos para aliviar el estrés? ¿Cuáles son las actividades que nos ayudan a relajarnos? En este capítulo va a explorar lo que hace la gente en su tiempo libre. También va a encontrar una lectura sobre cómo se puede aliviar el estrés.

Punto clave
- los gustos

Temas centrales
- el trabajo
- el ocio

Zona de enfoque
- El Cono Sur

SITUACIONES

Hay que ser más fiesteros

Situación: Sergio, Sara y Diego están hablando de sus planes para el fin de semana. A Sergio le interesa echar un vistazo[1] a un rancho en las afueras de la ciudad donde piensa realizar un festival de música latinoamericana el próximo verano. Lea el diálogo y conteste las preguntas que lo siguen. Preste especial atención al uso del vocabulario nuevo.

SERGIO: **Me voy a reunir con** Bebu Silvetti, el famoso productor argentino, para hablarle de varios asuntos. ¿Por qué no vienes conmigo? Sé que el lugar te encantará y necesitas un fin de semana **relajante.**

DIEGO: Suena padre, mano,[2] pero quiero **aprovechar** el fin de semana para **ponerme al día** en la tienda. Necesito revisar **el presupuesto,** pagar las cuentas, organizar el almacén…

SARA: ¡Qué **aguafiestas!** Con razón Cristina se queja de ti. ¿**Te sacas el aire** toda la semana y todavía piensas **velar** a causa del trabajo todo el fin de semana?

DIEGO: Es que la tienda…

SARA: Ay, hombre, ¿qué pasó con el Diego que yo conocía, el que **charlaba** con sus amigos hasta las cuatro de **la madrugada,** el que **se reía a carcajadas** con **los chistes** de Javi? Me preocupa que estés **agobiado.**

[1]echar… *to take a look*   [2]Suena… *Sounds great, bro'*

SERGIO: Sí, primo, hasta Javi y Laura tienen ganas de acompañarnos. ¿Sabes? Mercedes Sosa va a participar en el festival y le prometí a Laura que, si me ayudara con la producción, se la presentaría. Tal vez pueda **realizar** su sueño dorado de cantar con la argentina famosa.

SARA: Si te parece, puedo llamar a Cristina para invitarla. Quién sabe —tal vez un fin de semana **animado** os ayude a mejorar vuestra «amistad».

DIEGO: Claro, ahora quieres meterme en líos con Cristina. ¡Ni hablar! Eh... pero, tal vez... a lo mejor... pues, sí, me hace falta un descansito.

SERGIO: Ya verás, primo, **lo pasaremos de maravilla**... Mientras tanto, a Uds. les voy a pedir ayuda con el festival. Sara, ¿me podrías echar una mano[3] con la publicidad en la radio? Y Diego, sé que estás **agobiado,** pero como eres de la familia...

[3]echar... *lend a hand*

Actividades

A. Comprensión   Conteste las siguientes preguntas, según el diálogo.

1. ¿Cree Ud. que Diego es muy fiestero? ¿Por qué sí o por qué no?
2. ¿Quién es más adicto al trabajo, Sara, Sergio o Diego? ¿Por qué?
3. ¿Qué plan tiene Sara para Diego y Cristina?
4. ¿Por qué cree Ud. que Diego por fin decide hacer planes con sus amigos?

B. Reacciones y recomendaciones   Complete las siguientes oraciones sobre la conversación de Sergio, Diego y Sara, utilizando un conector en cada oración.

Conectores:

además
en cambio
para que + *subjuntivo*
por lo tanto
porque
puesto que
sin embargo

MODELO: A Sergio le interesa que Diego vaya al rancho porque sabe que su primo trabaja demasiado y necesita relajarse.

1. A Sergio le interesa...
2. A Sara le fastidia que Diego...
3. Es obvio que Diego...
4. Es interesante que Sergio...

C. Diálogo   En parejas, preparen un diálogo que represente una de las siguientes situaciones y preséntenlo a la clase.

1. Vuelvan a crear el diálogo entre Sara, Diego y Sergio, utilizando sólo su memoria y sus propias palabras.
2. Sara tiene planes secretos para reconciliar a Cristina y a Diego. Ella llama a Cristina y trata de convencerla para que vaya al rancho con los otros amigos.
3. La madre de Diego lo llama, diciéndole que está preocupada porque lo ve muy agobiado. Diego le explica por qué tiene que trabajar tanto.

VOCABULARIO DEL TEMA

Para hablar del trabajo

aprovechar(se) (de)	to take advantage of
aumentar	to increase
disminuir	to decrease
evitar	to avoid
experimentar	to experience
madrugar	to get up early
mejorar	to make better
ponerse al día	to catch up
posponer (like poner)	to postpone
realizar	to accomplish, achieve
sacarse el aire	to work hard
sostener (like tener)	to sustain
tener éxito	to be successful
tener palanca*	to have pull, influence, connections
velar	to stay up all night

Para describir el ambiente laboral

el desempleo	unemployment
el estado de ánimo	spirits, mood
la meta	goal
el presupuesto	budget
el sueldo	salary
acosado/a	harassed
agobiado/a	overwhelmed
agotado/a	exhausted
capaz	capable
dispuesto/a (a)	willing (to)
duro/a	hard, difficult
quemado/a	burned out

Para hablar del ocio

aliviar	to relieve
cargar las pilas	to "recharge one's batteries"

¿Qué recomienda Ud. para convivir (*coexist*) con un jefe difícil?

charlar	to chat
disfrutar de	to enjoy
entretenerse (like tener)	to amuse, entertain oneself
estar de buen/ mal humor	to be in a good/bad mood
gozar de	to enjoy
pasarlo bien/mal	to have a good/bad time
reírse (i, i) (me río) a carcajadas	to laugh loudly
relajarse	to relax
reunirse (me reúno) (con)	to get together (with)

Para describir las diversiones

el/la aguafiestas	party pooper
el bienestar	well-being
la broma	practical joke; teasing
el chisme	gossip
el chiste	joke
el espectáculo	show, performance
el estreno	opening (*theater*, etc.)

---

*En España se dice **tener enchufe** (lit. *to be plugged in*)

la madrugada	early morning
la pereza	laziness
los ratos libres	free time
el recreo	recreation
la sonrisa	smile
animado/a	lively
fiestero/a	party-going
relajante	relaxing
saludable	healthy
vago/a	lazy

Expresiones útiles para hablar del ocio

¡Que lo pase / pases / pasen bien!	
¡Que se divierta / te diviertas / se diviertan!	Have a good time!
¿Cómo lo pasó / pasaste/pasaron?	How was it?, Did you have a good time?
Lo pasé muy bien / de maravilla / fatal.	I had a great time / blast / terrible time.

Ampliación léxica

Paso 1 Mire las siguientes palabras y complete el cuadro con las palabras que faltan.

SUSTANTIVOS	VERBOS	ADJETIVOS
el ánimo	animar	**animado/a**
la broma	bromear	bromista
el entretenimiento	**entretenerse**	entretenido/a
el festejo	festejar	**fiestero/a**
¿ ?	**mejorar**	¿ ?
¿ ?	sonreír(se)	sonriente

Paso 2 Lea el siguiente párrafo sobre las bromas de Sergio y traduzca las palabras indicadas, según el contexto. Luego, indique si cada palabra es un verbo, un adjetivo o un sustantivo.

Sergio tiene fama de ser muy **bromista,** especialmente cuando ve que alguien tiene problemas. El otro día, Laura se sentía un poco **agobiada** porque tenía demasiado trabajo. Sergio está acostumbrado a verla **sonriente** y de buen humor. Así que cuando la vio en ese estado, decidió **mejorar** la situación. En el fondo, Laura es una persona **fiestera** y Sergio sabía que la mejor manera de **animar**la era planear algo **entretenido.** Llegó a la casa de ella vestido como Elvis Presley, con una docena de sus galletas favoritas y dos capuccinos y empezó a cantar, imitando perfectamente a Elvis. Laura empezó a **reírse** a carcajadas y así Sergio la hizo sentir **mejor.**

Paso 3 En parejas, escriban una pregunta con cada una de las siguientes palabras. Luego, háganles esas preguntas a otra pareja de estudiantes.

1. bromear
2. entretenimiento
3. sonreír(se)

Actividades

A. Vocabulario en contexto

Paso 1 Según lo que Ud. sabe de los primos Diego y Sergio, indique quién dijo cada una de las oraciones a continuación. Luego, explique por qué.

1. «Para tener éxito en cualquier trabajo profesional, es necesario trabajar más de cuarenta horas por semana.»
2. «Dos semanas de vacaciones al año deben ser suficientes para cargar las pilas de cualquier empleado.»
3. «Las personas que saben disfrutar de su tiempo libre son mejores trabajadores que las que no saben entretenerse.»
4. «Hay ciertas personas, las llamadas 'tipo A', que no son capaces de relajarse.»
5. «Una persona muy eficiente nunca necesita velar trabajando.»
6. «Una ventaja de ir a las fiestas es que se puede conocer a gente que tiene palanca en su área de negocios.»

Paso 2 Con un compañero / una compañera, indiquen si están de acuerdo o no con cada oración y expliquen por qué.

B. Decisiones

Paso 1 Conteste las siguientes preguntas, explicándole sus respuestas a un compañero / una compañera.

	SI	NO
1. Después de haber estado en una fiesta, ¿madrugaría al día siguiente para poder jugar al golf en su club preferido?	☐	☐
2. ¿Pospondría una entrevista para un trabajo importante si tuviera la oportunidad de asistir a un concierto de su grupo musical favorito?	☐	☐
3. ¿Iría a clase con una resaca (*hangover*) terrible?	☐	☐
4. ¿Estaría dispuesto/a a dejar de asistir a la universidad para trabajar en Cancún por un año?	☐	☐
5. ¿Pagaría cien dólares para ir al estreno de una obra de teatro en Nueva York?	☐	☐

Paso 2 Según las respuestas y las explicaciones de su compañero/a, ¿se parece él/ella más a Sergio o a Diego? Explique por qué.

C. Preguntas personales En parejas, contesten las siguientes preguntas. Mientras escucha a su compañero/a, reaccione con algunas expresiones de Para conversar mejor. Luego, revelen a la clase lo que cada uno/a averiguó de su compañero/a.

Para conversar mejor

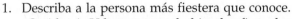

¡Qué chistoso!	¡Qué suerte!	Tienes razón.
¡Qué chulo/guay/	¿De veras?	Yo (A mí) también/
chévere!	¿En serio?	tampoco.
¡Qué lío!		

1. Describa a la persona más fiestera que conoce.
   ¿Qué hacía Ud. para pasarlo bien los fines de semana cuando estaba en la escuela secundaria?
   Haga una comparación de su vida social actual y su vida social ideal.

2. ¿Qué le gusta hacer y servir cuando da fiestas? ¿Qué hizo la última vez que dio una fiesta?
   La próxima vez que dé una fiesta, ¿qué hará diferente?
   ¿Qué hace el aguafiestas típico?

3. ¿Qué le gusta hacer para aliviar el estrés?
   Si fuera el decano (*dean*) encargado de (*in charge of*) los servicios estudiantiles, ¿qué recursos ofrecería para ayudar a los estudiantes a disminuir el estrés?
   ¿Qué hará durante las próximas vacaciones para relajarse?

4. ¿Le interesa leer las revistas que cuentan chismes de los ricos y famosos? ¿Por qué sí o por qué no?
   ¿Quiénes son los músicos que más fascinan a los de su generación? ¿Por qué son tan fascinantes?
   Si pudiera conocer a cualquier cantante o músico, ¿a quién le gustaría conocer? ¿Por qué?

D. Descripciones Utilice palabras y expresiones del Vocabulario del tema para describir a las siguientes personas o cosas.

1. un hombre de negocios exitoso
2. una mujer profesional con hijos
3. un estudiante universitario / una estudiante universitaria de primer año
4. un jefe / una jefa insoportable
5. la vida nocturna de su ciudad/pueblo

NOTA CULTURAL • ¿Quiénes son los más fiesteros?

La primera vez que Diego recibió una invitación para ir a una fiesta en los Estados Unidos, se sorprendió mucho. ¡La invitación indicaba la hora en que iba a terminar la fiesta! Eso nunca pasaría en el mundo hispano, donde sí se indica la hora en que comienza una fiesta (algo que no siempre se respeta), pero se considera de mala educación decirles a los invitados que tienen que irse a una hora determinada. La práctica norteamericana puede resultar un choque cultural para los hispanos. De hecho, a Javier le molesta tanto que él se niega a ir a una fiesta si la invitación indica cuándo va a terminar.

En el mundo hispano, el invitado tiene derecho a quedarse todo el tiempo que quiera en una reunión o una fiesta, y el anfitrión[1] tiene el deber de atenderlo. En el Ecuador, Laura asistió a una boda que empezó a las siete de la noche y no terminó hasta las siete de la mañana del día siguiente. Era muy diferente de las bodas norteamericanas que ella conocía, pero no parecía que los novios estuvieran enojados con sus invitados. Al contrario, se rieron, cantaron y bailaron con los otros hasta que se fue la última persona. Sergio también prefiere las fiestas alegres y largas de su familia mexicana a las cenas cortas y secas que tiene con su familia norteamericana.

En fin, cada cultura es diferente y hay que respetar las costumbres especiales. Pero cuando Ud. vaya a una fiesta en un país hispano, ¡no se sorprenda si nunca termina!

[1]*host*

Discusión en parejas

Con un compañero / una compañera, escriban un diálogo en el que uno de Uds. haga el papel de un anfitrión norteamericano / una anfitriona norteamericana que está cansado/a y quiere pedirles a sus invitados, de manera educada, que se vayan. La otra persona será un invitado hispano / una invitada hispana que no entiende las indirectas (*hints*) de su anfitrión/anfitriona.

E. **¿Qué quiere decir... ?**   Con un compañero / una compañera, hagan turnos explicándole a Diego qué significan las siguientes palabras y expresiones. ¡**OJO!** No deben usar las manos ni otros gestos.

1. picky
2. a wallflower
3. a bouncer
4. a jam session
5. fraternity or sorority rush week
6. a keg party

F. **La vida nocturna en Buenos Aires**   Lea el siguiente recorte de una revista que describe el horario nocturno típico de los porteños (la gente de Buenos Aires).

Paso 1 Haga un horario nocturno de un estudiante típico / de una estudiante típica de su universidad. ¿Cuál de los dos horarios le gusta más? ¿Por qué?

Paso 2 Escríbale una carta a un amigo / una amiga como si Ud. fuera estudiante en Buenos Aires. Describa la increíble vida nocturna que está experimentando allí. ¡Use su imaginación!

EL SUBE Y BAJA DE LA NOCHE PORTEÑA

Grado de intensidad

Calor

Frío

Hora 24 1 2 3 4 5 6 7

El desarrollo, hora por hora

24.00:[1] salen los menores de 18 años de la matiné.

1.00: se reúnen en las estaciones de servicio.

2.00: se van los más chicos, empiezan a llegar los mayores.

3.00: a esta hora se produce el ingreso a las discos.

4.00: la noche en su punto más alto: arde[2] Buenos Aires.

5.00: comienzan a irse.

6.00: se juntan a desayunar en las estaciones de servicio y en bares.

7.00: a dormir. La calle queda casi desierta.

[1]medianoche   [2]*is burning*

RINCON CULTURAL

Lugares fascinantes: El Cono Sur

1. **Punta Arenas, Chile.** Es la ciudad más sureña[1] del mundo. Está localizada en la provincia de la Patagonia. La ciudad más cercana se encuentra a 400 kilómetros (240 millas). De hecho, Punta Arenas está tan aislada que no apareció en ningún mapa hasta el año 1930. Allí se pueden ver las famosas Torres del Paine con sus paredes de granito de 10.000 pies de altura. Con la luz del sol las paredes se encienden, reflejando una luz de color rosado. Abajo hay un lago glacial precioso. En esta zona se halla[2] el celebrado cóndor, con sus más de doce pies de envergadura.[3]

[1]más… *southernmost*   [2]se… se encuentra   [3]*wingspan*

2. **Buenos Aires, Argentina.** Es la capital del país, conocida también como «el París de Sudamérica». Se puede encontrar cafés en casi todas las esquinas, desde los más elegantes y caros hasta los más sencillos. En el centro de la ciudad hay más de setenta cines. Las representaciones teatrales en Buenos Aires, por otro lado, son más numerosas que en París o Nueva York. La vida nocturna es alucinante. Se dice que en la calle Corrientes, la calle principal, nunca se duerme. ¡Las discotecas y los clubes no cierran hasta las cinco de la madrugada!

3. **Punta del Este, Uruguay.** Es una ciudad que está en la costa del Océano Atlántico y un lugar favorito de los ricos y famosos para veranear. Se considera «la Riviera de Sudamérica». La playa está rodeada de bellos bosques de pinos y las olas, de más de diez pies de altura, son perfectas para hacer surfing. Hay grandes mansiones, pistas de golf y tenis y lujosos casinos. Se puede hacer una excursión fascinante a Isla de Lobos, que se encuentra a seis millas y media de Punta del Este. Esta isla es una reserva biológica donde hay más de 500.000 lobos marinos,[4] razón por la cual recibe ese nombre.

4. **Viña del Mar, Chile.** Es una ciudad balneario[5] que fue fundada hace más de cien años. Tiene lujosas villas de comienzos de siglo con torrecillas miradores[6] que dan al mar,[7] así como casas modernas de estilo elegante. Cada mes de febrero se celebra allí el gran Festival de Música de Viña del Mar, en el que tocan músicos hispanos de todo el mundo, como Juan Luis Guerra, Luis Miguel y Maná. Este festival es tal vez la reunión de estrellas hispanas más grande del mundo.

5. **Las Cataratas[8] de Iguazú.** Estas impresionantes cataratas, más grandes que las de Niágara, se encuentran en la frontera entre la Argentina, el Brasil y el Paraguay. El español Alvar Núñez Cabeza de Vaca las «descubrió» en 1541. Quedó impresionado no sólo por ese fabuloso grupo de cascadas, sino también por la naturaleza que las rodeaba: vio un bosque lleno de orquídeas, begonias, pájaros exóticos y quinientas clases diferentes de mariposas. Las cataratas entran a formar parte del Río Iguazú —cuyo nombre significa «grandes aguas» en guaraní[9]— con una fuerza tremenda, creando nubes de vapor de treinta metros de altura. Dentro de las nubes el juego de luz solar crea arcos iris[10] radiantes. Una de las cascadas que forman las cataratas se conoce como «La Garganta del Diablo».

6. **El Cerro[11] Uritorco, Argentina.** Es un lugar, al noroeste de Córdoba, en el que se encuentra una geografía espectacular con vertientes[12] naturales y balnearios[13] de aguas cristalinas. Es también un lugar de avistamientos[14] de OVNIs.[15] Investigadores, caminantes y mochileros[16] visitan el cerro esperando la posibilidad de experimentar «un encuentro» o aprovechar la maravillosa energía concentrada allí para hacer meditación y yoga.

[4]lobos… *sea lions*   [5]*resort*   [6]torrecillas… *little watchtowers*   [7]dan… *face the sea*   [8]*Waterfalls*   [9]lengua indígena de la zona   [10]arcos… *rainbows*   [11]*Hill*   [12]*springs*   [13]*spas*   [14]*sightings*   [15]Objetos Volantes (Voladores) No Identificados (*UFOs*)   [16]*backpackers*

Actividades

A. Localice los seis lugares fascinantes del Cono Sur (página 99) y ponga un número del 1 al 6 para indicar el grado de interés que Ud. tiene en investigar y explorar estos lugares.

PAISES DEL CONO SUR			
	ARGENTINA	CHILE	URUGUAY	PARAGUAY

	ARGENTINA	CHILE	URUGUAY	PARAGUAY
Gobierno	república federal	república unitaria	república democrática y unitaria	república unitaria
Ciudades principales	Buenos Aires, Córdoba, Rosario	Santiago, Concepción, Valparaíso	Montevideo, Salto, Paysandú, Las Piedras	Asunción, San Lorenzo, Ciudad del Este
Lengua oficial	el español	el español	el español	el español
Otra lengua				el guaraní
Moneda	el peso	el peso	el nuevo peso uruguayo	el guaraní

B. Con un compañero / una compañera, imagínense que van a hacer un reportaje sobre algunos de estos lugares para el periódico universitario. Pónganse de acuerdo en cuáles son los dos lugares que más les gustaría visitar y sobre los que van a escribir el artículo. Expliquen por qué escogieron esos lugares.

Las Cataratas de Iguazú

Carlos Gardel

Un artista hispano: Carlos Gardel

El tango, tal y como lo conocemos hoy, es el resultado de una evolución fascinante. Sus raíces se encuentran en el candombe[1] y en la habanera,[2] de origen cubano. Los primeros tangos aparecieron en los barrios bajos[3] de las afueras de Buenos Aires, a finales del siglo XIX. Allí la gente empezó a imitar e improvisar un baile nuevo, combinando pasos y ritmos de los bailes y danzas mencionados. La popularidad del tango se incrementó, y hasta llegó a París en 1907. Al principio, el tango se consideraba inmoral y escandaloso. Para 1913 la «tangomanía» se había extendido por Europa y había originado toda una nueva moda de vestir, nuevos clubes para exposiciones del tango y los famosos «tango bars». H.G. Wells denominó el año 1913 como «el año del tango», pero la edad de oro[4] del tango se inició en los años veinte y muy pronto las canciones del tango se convirtieron en «el último grito».[5]

Carlos Gardel (1890–1935) llegó a ser el tanguista más famoso de todos los tiempos. En los años treinta, Gardel protagonizó varias películas que servían de marco a[6] su talento

[1]tipo de baile africano [2]tipo de baile [3]pobres [4]edad... *golden age* [5]«el... *"the latest thing"* [6]de... *as a setting for*

musical. *Tango Bar* y *Tango Broadway* son dos de sus películas más populares. Desgraciadamente, Carlos Gardel murió en junio de 1935 debido a un terrible accidente de aviación. A pesar de que él murió hace tantos años, hasta en la actualidad los peregrinos gardelianos acuden a la tumba de Gardel cada año en el aniversario de la muerte del famoso cantante.

Aunque durante años el tango estuvo un poco olvidado, actualmente, gracias a películas como *The Scent of a Woman* y *Evita*, protagonizadas por Al Pacino y Madonna, respectivamente, su popularidad está resurgiendo.

Actividad

Comparaciones   ¿Puede Ud. encontrar algunas semejanzas entre Carlos Gardel y Elvis Presley? Con un compañero / una compañera, hagan una lista de esas semejanzas. Luego, comparen su lista con la de otra pareja de estudiantes. ¿Cuántas semejanzas entre Carlos Gardel y Elvis Presley encontraron Uds.? ¿Pueden pensar en algunas más?

Lo hispano en los Estados Unidos:

La música latina

La música latina tiene cada vez más importancia en los Estados Unidos. En ciudades como San Francisco, Austin, Miami, Nueva York y hasta Bethlehem, Pennsylvania, hay grupos que tocan ritmos latinos procedentes de[1] diferentes lugares. Del Caribe se importan el son, el chachachá, la guaracha (hoy llamados genéricamente «la música salsa»), el merengue y la cumbia; del Cono Sur, el tango; de México, los corridos y el mariachi; de los Andes, la música folclórica andina; y, como Ud. ya ha visto en el Capítulo 1, el flamenco español. Uno puede ver a estos grupos tocando en las calles, en clubes populares, en festivales de música y en películas y programas de televisión.

Estos grupos no están simplemente copiando la música que se desarrolla en el mundo hispano, sino que también han creado sus propias versiones de esta música. En Texas la música tejana, una expresión de la cultura mexicanoamericana, tiene mucha popularidad. En Nueva York, la mezcla del jazz con ritmos caribeños transformó estos últimos y produjo la música que ahora se conoce como la música salsa.

Además, algunos cantantes y grupos norteamericanos han llegado a tener mucho éxito nacional. Jon Secada, Gloria Estefan, Linda Ronstadt, Tish Hinojosa y la fallecida[2] Selena son algunos ejemplos de cantantes de ascendencia latina que han llegado al corazón del público norteamericano general. A menudo, ellos y otros músicos latinos combinan los ritmos y sonidos de su herencia hispana con la música popular de su época para crear una música nueva y rica, con su

Un club de salsa en Los Angeles, California

[1]procedentes... *coming from*   [2]*deceased*

propio estilo. A veces ciertas canciones o ciertos tipos de música también llegan a poseer una gran popularidad en los Estados Unidos. ¿Conoce Ud. las canciones «Oye, ¿cómo va?» (Carlos Santana) y «La bamba» (Ritchie Valens)? Por medio de la música, se ve una vez más la importancia que tienen las culturas hispanas en la vida cultural de los Estados Unidos.

PUNTO CLAVE:

HABLAR DE LOS GUSTOS

Antes de empezar esta parte del capítulo, estudie la explicación y los ejemplos de los verbos que se usan para hablar sobre los gustos en las páginas verdes. Repase también los pronombres de complemento directo e indirecto en las páginas verdes, al final del libro, para repasar este punto clave.

¿Cómo le va con este punto clave?

En la siguiente narración, Sergio habla de su amor por la música. Complétela con la forma correcta del verbo entre paréntesis, junto con el pronombre de complemento indirecto apropiado.

> La música siempre ha sido una parte importante de mi vida. De niño, (a mí) _____[1] (encantar) las canciones folclóricas que me cantaba mi madre. A ella _____[2] (emocionar) cantarlas hasta hoy en día. Por mi experiencia bicultural, tengo gustos eclécticos.
>   Puesto que a mis hermanos y a mí _____[3] (importar) preservar nuestra herencia hispana, tratamos de mantenernos al día en cuanto a los grupos modernos hispanos, como Maná, Juan Luis Guerra y los 4.40, Gloria Este-

fan y Jaguares. Pero cuando me pongo nostálgico _____[4] (apetecer) oír la música de los años setenta y la llamada «nueva canción», epecialmente la música de los cubanos Silvio Rodríguez y Pablo Milanés, la argentina Mercedes Sosa y el grupo chileno Inti Illimani.

En cuanto a la música «country» norteamericana, a mi primo Diego _____[5] (fascinar) Garth Brooks. No sé por qué, pero esa música a mí _____[6] (aburrir). Pero cuando los dos sentimos mucho estrés, la música siempre _____[7] (relajar). Creo que por eso la escogí como carrera. ¿Y a ti? ¿Qué tipo de música más _____[8] (interesar)?

Expresiones útiles

Para hablar de lo que le gusta

me apetece(n)	*I feel like*
me cae(n) bien/fenomenal	*I really like (person or people)*
me conviene(n)	*It's good (a good idea) for me to*
me da(n) ganas	*I feel like*
me emociona(n)	*I'm excited by*
me encanta(n)	*I love, really like*
me fascina(n)	*I'm fascinated by*
me importa(n)	*I care about*
me interesa(n)	*I'm interested in*

Para expresar lo que no le gusta

me aburre(n)	*I'm bored by*
me cae(n) mal/fatal	*I don't like (person or people)*
me da(n) asco	*I'm disgusted by*
me disgusta(n)	*I don't like*
me fastidia(n)	
me molesta(n)	*I'm bothered by*
me preocupa(n)	*I'm worried about*

Para expresar indiferencia

me da igual	*I don't care, it's all the same to me*
me da(n) lo mismo	
me es igual	*I don't care (about)*
no me importa(n)	
no me interesa(n)	*I'm not interested (in)*

Actividades

A. ¡A bailar! ¡A cantar! Lea este breve párrafo sobre Sergio y conteste las preguntas que lo siguen.

Cuando Sergio tenía dieciocho años su amor a la música se convirtió en amor al baile, hasta que tomó clases para aprender a bailar. Desde entonces, no pasa ni una semana sin ir a algún club para su terapia preferida: bailar la salsa, el merengue o «el jitterbug». Para él, su bienestar físico y emocional depende del movimiento y de los ritmos que lo hacen sentir vivo.

1. ¿Por qué le conviene a Sergio bailar muy a menudo?
2. ¿Por qué piensa Ud. que le aburriría a Sergio ejercer un trabajo convencional?
3. ¿A Ud. le gusta bailar? ¿Por qué? ¿Le interesa a Ud. aprender los bailes de moda?
4. ¿Por qué les disgusta a algunas personas mayores cierta música moderna, como el rock o el rap?
5. Si su media naranja no supiera bailar, ¿le fastidiaría a Ud.?
6. ¿Hay ciertas canciones que le emocionan porque le recuerdan algún momento sentimental o emocionante de su pasado? ¿Cuáles son? ¿Hay otras canciones que le molesta oír porque le resultan demasiado tristes por los recuerdos que evocan? ¿Cómo son esas canciones?

B. Sus opiniones   En parejas, indiquen para cada una de las siguientes situaciones una cosa que les gusta (emociona, interesa, …) y una cosa que les disgusta (molesta, fastidia, …), explicando por qué.

MODELO: SARA: Cuando salgo por primera vez con alguien, me encanta que me traiga flores porque es muy romántico, pero me molesta que me abra la puerta porque es un gesto bastante machista y anticuado.

1. cuando sale por primera vez con alguien
2. cuando da una fiesta
3. cuando tiene un fin de semana de tres días
4. cuando sus padres (hijos, abuelos, …) vienen a visitarlo/la
5. cuando va a un concierto en un estadio grande
6. cuando está mirando con algunos amigos una película muy interesante

C. Su tiempo libre

Paso 1 Para cada una de las categorías que se ofrecen a continuación, escoja la actividad que más le guste. Indique sus preferencias del 1 al 6, de mayor a menor importancia.

CATEGORIA 1

escribir cartas
escribir en un diario
leer el periódico
leer obras de ficción
leer revistas de chismes
mandar mensajes por
    correo electrónico

CATEGORIA 2

charlar con amigos
dormir una siesta
escuchar música
explorar el Internet
meditar
ver la televisión

CARTELERA TEATRAL

Aquí y allá

Buenos Aires

95 obras en cartel
Entre ellas: Don Fausto, Gotán,
Eva y Victoria, El infierno del Pinti
Peter Pan, La pulga en la oreja,
El patio de atrás, Brujas, La noche
de la iguana, La flaca Escopeta,
Algo en común, Unen canto con
humor, Viva la Revista, El beso
de la Mujer Araña, Los Lobos,
Danza de verano El salpicón y
Soy Colores.

Nueva York

40 obras en cartel
(en Broadway y el off Broadway)
Entre ellas: Cats, Les Miserables,
Sunset Boulevard y Victor / Victoria

París

83 obras en cartel
Entre ellas: Le Prince de Hambourg,
Arsenic et vielles dentelles y
Le petit Prince

Londres

41 obras en cartel
Entre ellas: Forever tango, Indian
Ink, Olivier y Sunset Boulevard.

Madrid

10 obras en cartel
Entre ellas: Esperando a Godot,
El avaro y Picospardo's.

Roma

8 obras en cartel
Entre ellas: La vida de Galileo
Galilei, Dos docenas de rosas
escarlatas y El yettatore.

(En Europa la actividad teatral
actual es menos intensa debido
a que es temporada de verano,
y por esto hay menos obras
en cartel. A pesar de esto, las
cifras muestran a las claras
que el movimiento teatral en
Buenos Aires está al nivel
de las mejores capitales
del mundo.)

Coper

CATEGORIA 3	CATEGORIA 4
bailar	correr
ir a una fiesta	escalar montañas
ir al cine	hacer camping
ir de compras	hacer ejercicios aeróbicos
jugar a juegos de mesa	jugar al basquetbol
jugar con juegos de vídeo	levantar pesas (*weightlifting*)

Paso 2 Explíquele sus selecciones a un compañero / una compañera. Trate de usar algunas de las Expresiones útiles que aparecen al principio de esta sección.

Paso 3 Describa a la clase cómo es su compañero/a, según lo que le gusta hacer en sus ratos libres. ¿Es energético/a? ¿vago/a? ¿tranquilo/a? ¿extrovertido/a? ¿solitario/a? ¿ ?

D. Su vida cultural

Paso 1 ¿Con qué frecuencia asiste Ud. a acontecimientos culturales? Indique si va a los siguientes acontecimientos una vez a la semana, varias veces al mes, una vez al año, etcétera. Luego, compare sus respuestas con las de un compañero / una compañera.

el ballet	las conferencias	la ópera
el cine (películas	(*lectures*)	la sinfonía
extranjeras)	la danza	el teatro
los conciertos	moderna	
de música	las exposiciones en	
popular	los museos	

Paso 2 Ahora conteste las siguientes preguntas.

1. ¿Con qué frecuencia asiste a acontecimientos culturales?
2. ¿Con qué frecuencia ve programas culturales en la televisión? ¿Cuáles le gustan más?
3. ¿Le gustaría tener más tiempo libre para asistir a más acontecimientos culturales? ¿A qué asistiría si tuviera el tiempo disponible?
4. ¿Qué artistas, actores o bailarines le fascinan? ¿Cuáles no le gustan en absoluto?
5. ¿Son caros los acontecimientos culturales donde Ud. vive? ¿Se ofrecen descuentos con un carnet (*card*) de estudiante?

Paso 3 En parejas, lean este artículo sobre la popularidad del teatro en la Argentina y vea la tabla de obras presentadas en varias ciudades importantes («Cartelera teatral: Aquí y allá», página 105). Luego, contesten las siguientes preguntas.

¡Viva el teatro!

En una época en que los argentinos no pueden permitirse grandes lujos, comprar una entrada, entrar en una sala y esperar la magia que se esconde tras el telón está poniéndose de onda.[1] Una saludable onda que es el tema de conversación para el café después de la función y para el resto de la semana, y que a cambio no exige grandes gastos. Hay espectáculos con localidades desde 5 pesos... un peso menos de lo que cuesta ir al cine...

[1]de... de moda

1. ¿Por qué creen Uds. que a los argentinos les interesa tanto el teatro?
2. ¿Les gusta a los argentinos el teatro más que a los norteamericanos?
3. ¿Con qué frecuencia van Uds. y sus amigos al teatro?
4. ¿Creen que la popularidad del teatro está aumentando o disminuyendo en los Estados Unidos? ¿Por qué?
5. ¿Cuál fue la última obra de teatro que Uds. vieron y por qué fueron a verla?

E. La fama y la fortuna

La selección de Madonna para hacer el papel de Evita Perón causó una gran polémica entre el pueblo argentino. A la gran mayoría de la gente le molestaba que esta controvertida cantante de rock representara a la esposa del ex presidente de la Argentina, Juan Perón, ya que muchos consideraban a Evita una santa defensora de los pobres. Otros, especialmente los jóvenes, aprobaron la selección y se emocionaron con la llegada de Madonna a Buenos Aires para hacer el rodaje (*filming*) de la película.

Paso 1 Lea el siguiente artículo (escrito en 1996) sobre la preparación que hizo Madonna para rodar la película y conteste las preguntas que lo siguen.

DE PELICULA. El 8 de febrero próximo comenzará a rodarse Evita. La filmación llevará unas seis semanas, durante las cuales Madonna continuará generando rencores y pasiones. «Ella es un producto íntegro del pop. Se piensa dentro de los medios y no hay nada afuera. Su estética está condenada a eso –opina el filósofo Horacio González. A pesar de todo, la Argentina es un país obtusamente interesante –agrega– porque hasta hay un debate sobre la importancia política que puede tener una película.» Para el sociólogo Gustavo Gamallo (31), «Madonna como fenómeno social está magnificado, es una estrella musical con éxito más que un fenómeno social que excede las fronteras del arte.»

Durante toda la semana, la actriz fatigó[1] oídos argentinos con preguntas alrededor de Evita. Estuvo preocupada por la intimidad, los gestos y los gustos, más que por la trayectoria política de la segunda esposa de Perón. «¿Le gustaba el té y el chocolate?, ¿amaba a los animales?, ¿qué relación tenía con los niños?», fueron sus preguntas clásicas. El historiador Enrique Oliva, el embajador Hipólito Paz, Miguel de Unamuno –director del Archivo General de la Nación– y María Elena Walsh, entre otros, oficiaron de asesores[2] históricos de Madonna. A cada cita, la cantante concurrió con una libreta de apuntes para registrar cada dato que consideró importante para componer su personaje. Se sentó alejada de sus entrevistados y cada uno le manifestó su interés por «saber aquello que en los libros no he podido hallar.»[3] Angel Farías (76), fotógrafo de Eva Perón, le contó que Evita «nunca tenía descanso ni ratos libres, porque dedicaba todo el día a ayudar a la gente» y Madonna se conmovió satisfecha: «Esto es lo que yo esperaba que me dijeran de ella.» ●

[1]cansó [2]consejeros [3]encontrar

1. ¿Qué hizo Madonna para prepararse para hacer el papel de Evita?
2. ¿Qué aprendió Madonna de Evita?
3. ¿Qué palabras utilizaría Ud. para describir a Madonna?
4. ¿Qué le interesa a Ud. de Madonna? ¿Qué le fastidia?
5. ¿Por qué cree Ud. que Madonna es una persona tan popular entre ciertos jóvenes?
6. ¿Por qué cree que les molesta a los argentinos que Madonna haga el papel de Evita?

Paso 2 En grupos de cuatro, hagan una lista de tres estrellas de televisión, deportes, música o cine que sean muy populares entre la gente joven de ahora. Luego, conteste las siguientes preguntas para cada una de las personas de su lista.

1. ¿Qué características tiene esa persona para atraer tanto a la gente joven?
2. ¿Es un buen modelo o no? ¿Por qué creen así?
3. ¿Qué tipo de vida lleva y qué valores representa?
4. ¿Cómo reaccionan las personas mayores ante esta persona? ¿Por qué?

Paso 3 Ahora compartan sus listas y los resultados de su conversación con el resto de la clase. Luego, en los mismos grupos o con toda la clase, comenten lo siguiente.

1. ¿Cuántas personas del grupo o de la clase leen revistas o ven programas de televisión que hablan sobre las estrellas de música, televisión o cine? ¿Cuáles son las revistas y los programas de televisión más populares entre estas personas?
2. ¿Por qué nos fascinan tanto las personas famosas?
3. ¿Le gustaría ser famoso/a? ¿Por qué?

Sobre la lectura

La siguiente lectura, «La vida anti estrés», apareció en la revista hispana *Vanidades*. La revista trata temas populares como la vida de la gente famosa, el amor, los deportes, la cocina y otros temas comunes y corrientes que les interesan a muchas personas por todas partes del mundo hispano. ¿Puede Ud. pensar en algunas revistas norteamericanas que tratan temas parecidos?

Antes de leer

Para comentar Con un compañero / una compañera, contesten las siguientes preguntas. Luego, comenten sus respuestas con el resto de la clase.

1. ¿Qué cosas les causan estrés?
2. En su opinión, ¿quiénes experimentan más estrés, los hombres o las mujeres? ¿Por qué?
3. ¿Qué hacen Uds. para evitar o aliviar el estrés?
4. ¿Creen Uds. que los avances tecnológicos aumentan o disminuyen el estrés? ¿Por qué?

La vida Anti estrés

La sociedad tecnológica ha trastornado el mundo.[1] ¿Quién puede huir del fax, del beeper, del celular y de la computadora? Y para la mujer es peor. No importa lo ejecutiva que sea, en la casa es responsable de su hogar y sus hijos. «Pero hay remedio para todos los extenuados,»[2] afirman los expertos…

La era moderna parece estar al borde del ataque de nervios. Innumerables personas viven con un estrés enorme y se sienten totalmente agotadas. En los países industrializados, sobre todo, la tensión nerviosa ocasiona enfermedades, como infecciones, hipertensión y ataques al corazón.

En Japón, por ejemplo, más de 30.000 trabajadores murieron el año pasado por trabajar bajo presión. En el resto del mundo, aunque los empleados no mueren en sus escritorios, muchos han quemado todas sus reservas nerviosas. Agobiados por las responsabilidades, acosados por la falta de tiempo y preocupados por sus condiciones económicas, son como un volcán a punto de estallar.[3] No es raro que el volcán les explote enfermándolos, extenuándolos y, en ciertos casos, tornándolos violentos hacia la sociedad o las personas en su entorno.[4]

La tecnología que, supuestamente, iba a mejorar sus vidas, ha agravado estos síntomas al aumentar la presión con que viven. ¿Quién puede ignorar la urgencia de un fax o de un beeper? ¿Y cómo descansar cuando el teléfono celular interrumpe nuestro descanso en una playa, un cine o un partido de tenis?

A nivel ejecutivo, la competencia que se ha establecido es de proporciones olímpicas. Para triunfar, los ejecutivos tienen que superar la labor de los demás y la propia. Es decir, deben competir en una carrera que nunca se acaba. Un síntoma de la sociedad tecnológica de hoy es trabajar sin cesar. Algunos ejecutivos duermen sólo cuatro o cinco horas por noche. La falta de sueño los convierte, con el tiempo, en los candidatos ideales para el ataque cardiaco o el colapso nervioso. Hace poco, por ejemplo, el fiscal[5] de Los Angeles, William Hodgman, tuvo que tomarse unas vacaciones forzadas cuando sintió fuertes dolores en el pecho durante el juicio de O.J. Simpson. Según su esposa, Hodgman llevaba muchos meses trabajando 18 horas al día y durmiendo sólo tres y cuatro horas por noche.

Pero no sólo los ejecutivos y los profesionales padecen[6] de estrés. El agotamiento mental es muy democrático. Los obreros y las secretarias también lo padecen. Es más, el estrés se cuenta entre las cinco razones principales por las que una persona va hoy en día a ver a un médico. Las víctimas del estrés se quejan de no tener tiempo para sus familias, sus aficiones y sus amistades. Están deprimidos o con los nervios de punta.[7] Se sienten enormemente frustrados de ver cómo la vida se les escapa mientras corren a sus trabajos, se apuran en sus tareas, lidian[8] con el tránsito y se preocupan por el dinero.

Es cierto que siempre se ha trabajado duro y que mientras menos desarrollada es la sociedad, más anticuados son sus instrumentos de trabajo, pero una máquina de escribir no requería tanta prisa como una computadora. En cuanto a la casa, las abuelas lavaban a mano, cortaban leña,[9] tenían 12 niños, ayudaban con los nietos… pero no hablaban de estrés. Por otra parte, el abuelo era agricultor, minero, picapedrero,[10] pero no tenía los nervios de punta porque, entre otras cosas, no dependía de un beeper y cuando llegaba a casa no lo esperaban ni faxes ni noticias catastróficas en la televisión. La tecnología de las computadoras, que ha acelerado el tiempo en que se vive, ha convertido también los días en algo que puede comprarse, venderse o cambiarse. Los ejecutivos y ejecutivas están tan ocupados, que pagan para que otras personas se queden en sus casas esperando por el técnico de la televisión o el plomero.

---

[1]ha… *has turned the world upside-down* [2]personas agotadas [3]a… *about to explode* [4]en… a su alrededor [5]*district attorney* [6]sufren [7]de… *on edge* [8]luchan [9]*firewood* [10]*stonecutter*

verificar

1. ¿Cuáles son los puntos principales de esta sección?
2. ¿Qué acciones se describen en
esta sección? ¿Qué verbos de
acción se usan?
3. ¿Qué emociones se expresan en
esta sección?
4. ¿Cómo puede Ud. expresar lo
que pasa en esta sección con sus
propias palabras?

La vida Anti estrés

La tensión femenina

Pero si los hombres están a punto del ataque de nervios, el estrés está devastando aún más a las mujeres.

No importa lo duro que trabaje en la calle, la mujer sigue teniendo la responsabilidad de su hogar y de sus hijos. Al estrés de sus deberes profesionales, mamá tiene que añadir la culpabilidad que siente si su casa y sus hijos son menos que perfectos.

Muchas mamás que traen el pan a la mesa también tienen que hornearlo[1] y servirlo cuando llegan exhaustas a sus casas. Incluso en Estados Unidos, donde los hombres, supuestamente, ayudan en las tareas caseras, sólo el 36 por ciento de los maridos desempleados ayudan en las faenas[2] domésticas. ¡Y ésos son los desocupados!

Hay innumerables ejemplos de mujeres extenuadas. «Linda» es una de ellas. Casada y con dos hijos pequeños, trabajó de secretaria mientras su mamá le cuidaba a los niños, pero cuando su papá se enfermó y su mamá tuvo que irse a atenderlo, «Linda» se vio ante el dilema de dejar de trabajar o de tener que pagarle a otra persona para que le cuidara a sus hijos.

En realidad, su marido y ella necesitaban los dos sueldos. La situación era crítica. Linda, que ya arrastraba[3] un viejo estrés y que, por estrecheces económicas[4] nunca se entretenía ni iba siquiera a un cine, cayó en un lastimoso estado nervioso. Comenzó a desvelarse. Se vio atacada por jaquecas.[5] Por fin, tuvo que dejar su puesto y tomar una plaza nocturna que, por cierto, estaba en un barrio lejano, lo cual aumentó su tensión por el miedo que le daba conducir sola de noche. Además, como su marido trabajaba de día, casi no se veían.

Las víctimas del estrés como Linda abundan. Hay más mujeres solteras o divorciadas que trabajan en dos puestos para poder sostener a sus hijos. Sus días pueden empezar a las 7 de la mañana en un trabajo y terminar a las 11 de la noche en otro. Lo más irracional es que se sienten culpables de no poder estar con sus niños. Algunas, incluso, creen que tomarse un día de asueto[6] es ir al dentista.

En realidad, la sociedad de hoy trastorna. Las presiones de un empresario que gana millones de dólares son tan intensas como el estrés de la mujer o el hombre que se ve forzado a hacer el trabajo de dos compañeros cesanteados[7] el día en que instalaron las nuevas computadoras.

¿Puede vivirse indefinidamente así? «Claro que no,» dicen los expertos. «Hay formas de combatir el estrés.» Lo primero, no obstante, es reconocer su causa. «Hay que diferenciar la tensión de los tensores,» afirma el conocido médico de Miami, el doctor Manuel Viamonte, Jr.

Serenidad, paz

[1]*bake it*   [2]*tareas*   [3]*tenía*   [4]*estrecheces... financial difficulties*   [5]*migraines*   [6]*día... day off*   [7]*fired*

1. ¿Cuáles son los puntos principales de esta sección?
2. ¿Qué acciones se describen en esta sección? ¿Qué verbos de acción se usan?
3. ¿Qué emociones se expresan en esta sección?
4. ¿Cómo puede Ud. expresar lo que pasa en esta sección con sus propias palabras?

La vida Anti estrés

Respuestas negativas

Según este experto y autor de valiosas obras médicas, las presiones modernas son una realidad, sólo que algunas personas tratan de huir de ellas con escapes negativos, como la bebida, el juego, la promiscuidad, el uso indebido de medicamentos y comidas, el consumo de drogas...

Algunos síntomas peligrosos del estrés o agotamiento mental son la falta de apetito, la incapacidad de concentrarse y el sentir que uno no está en control de su propia vida. También, fenómenos como los siguientes:

- insomnio
- cansancio prolongado o apatía
- ansiedad
- volatilidad
- dolores de cabeza
- anorexia
- depresión
- hostilidad...

¿Cómo bajar el termómetro del estrés?

Los expertos sugieren, ante todo, tratar de calmar la mente, reposar los nervios; incluso, tomarse unos días de vacaciones. Si esto no es posible, entonces, tratar de tomar ratos «de vacaciones.»

Vea a continuación algunas pautas.[1]

Ver un panorama distinto

No es posible cambiar el mundo, pero lo que sí podemos hacer es cambiar el modo como lo percibimos.

«El 90 por ciento de la tensión es percepción,» dice el doctor Viamonte. Para controlar el estrés, de acuerdo con él, hay que aprender a relajar la mente. Como medidas que ayudan a aliviar la tensión entre otras, sugiere prácticas como éstas:

- Concurrir[2] a eventos agradables.
- Interesarse por otras personas.
- Estar en contacto con la naturaleza.
- Practicar ejercicios de relajación y técnicas para aquietarse.[3]
- Conocerse mejor, aceptarse. Amarse a sí mismo y a los demás.
- Perdonar. Nunca odiar ni envidiar. (El resentimiento, según todos los psicólogos, enferma la mente.)
- Cuidar su persona. Realzar[4] la imagen.
- Realizar más actividades de recreo.

De acuerdo con él, también deben practicarse los cinco estilos de vida positivos, que resume así:

- Amar.
- Laborar.
- Aprender materias nuevas.
- Reír más.
- Prepararse para las pérdidas.

En un estudio realizado por la Universidad de Stanford, se observó que el mejor control del estrés se obtenía calmando el espíritu con prácticas como la oración,[5] la visualización y los paseos tranquilos a la orilla del mar.[6] Una visita al gimnasio también es muy productiva, siempre que no se convierta en una obligación. Después de todo, el secreto es combatir el estrés con actividades que den placer y serenidad, desde darse un baño de burbujas,[7] hasta ir al cine o pasar un rato entregada a la afición que más le guste.

El asunto es hacer pausas que revitalicen el espíritu, establecer un equilibrio.

Ninguna práctica, sin embargo, puede eliminar una depresión o una psicosis biológica. Las experiencias traumáticas y los golpes psicológicos de la niñez no desaparecen por encanto. Siempre hay personas que necesitan curas médicas. Pero, en general, el estrés de la vida moderna puede superarse cuando la persona aprende a mejorar la visión que tiene de su situación y comienza a aflojar el paso, para dar espacio a más ratos de reposo y recreación.

Entonces, con las emociones descansadas, comienza a percibir un mundo más amistoso, positivo y bonito.

---

[1]normas [2]Asistir [3]ponerse más tranquilo/a [4]Levantar [5]*praying* [6]orilla... *seashore* [7]baño... *bubblebath*

verificar

1. ¿Cuáles son los puntos principales de esta sección?
2. ¿Qué acciones se describen en esta sección? ¿Qué verbos de acción se usan?
3. ¿Qué emociones se expresan en esta sección?
4. ¿Cuál es el propósito de la primera lista en esta sección? ¿Y de la segunda? ¿Y de la tercera?
5. ¿Cómo puede Ud. expresar lo que pasa en esta sección con sus propias palabras?

Después de leer

A. Comprensión

Paso 1 Conteste las siguientes preguntas, según el artículo.

1. ¿Por qué tenía menos estrés la gente de antes que la gente de hoy en día?
2. ¿Por qué aumenta el estrés con el aumento de los avances tecnológicos?
3. ¿Por qué sufren las mujeres más tensión que los hombres?
4. ¿Cuáles son algunas maneras negativas de enfrentarse con el estrés?
5. ¿Cuáles son algunas cosas que uno puede hacer para aliviar el estrés?
6. ¿Qué puede hacer una persona para prevenir el estrés?

Paso 2 Explíquele a un compañero / una compañera lo que dice el artículo, usando sus propias palabras. Si hay diferencia de opinión, justifique sus respuestas.

B. ¿Están Uds. de acuerdo? Con un compañero / una compañera, indiquen si están de acuerdo o no con estas oraciones tomadas del artículo. Expliquen el por qué de sus opiniones.

1. «La tecnología que, supuestamente, iba a mejorar [nuestras] vidas, ha agravado estos síntomas al aumentar la presión con que [vivimos]».
2. «Pero si los hombres están a punto del ataque de nervios, el estrés está devastando aún más a las mujeres».
3. «El 90 por ciento de la tensión es percepción».

C. Composición Imagínese que Ud. es una madre preocupada por el estrés que está sufriendo su hijo. Escríbale una carta en la que le aconseje lo que debe hacer para combatir el estrés. Puede utilizar algunas de las sugerencias del artículo.

D. Sobre cómo evitar el estrés

Paso 1 Lea la siguiente lista de actividades e indique las que Ud. utiliza para aliviar el estrés.

charlar con amigos	leer revistas populares
comer	llamar por teléfono a amigos /
dormir	miembros de la familia
escribir en un diario	meditar
escribir obras de ficción,	mirar programas no
incluso la poesía	intelectuales o los que no
escuchar música	requieren mucha
fumar cigarrillos	concentración
hacer ejercicio	tomar bebidas alcohólicas
ir de compras	

Paso 2 Repase sus respuestas e indique las que benefician a su salud mental o física (+), las que son dañinas (−) y las que requieren poco esfuerzo mental o físico pero que no tienen un efecto ni positivo ni negativo (0).

Paso 3 Finalmente, en grupos de tres, comenten los siguientes temas.

1. ¿Por qué lo/la ayudan a combatir el estrés las actividades que Ud. escogió? ¿Cómo se siente después de cumplirlas?
2. ¿Qué hace específicamente en cada una de las actividades que escogió? Por ejemplo, ¿qué tipo de música escucha, qué revistas lee, qué compra, qué come, etcétera?
3. ¿Por qué a veces escogemos actividades dañinas o las que requieren poco esfuerzo para escaparnos del estrés?

E. El trabajo y el estrés

Paso 1 Con un compañero / una compañera, lean el siguiente recorte de una revista hispana. Luego, sigan las instrucciones que aparecen a continuación.

CON MAS O CON MENOS... ESTRES

SEGUN UN ESTUDIO REALIZADO POR EL "JOBS RATED ALMANAC", ENTRE MILES DE PERSONAS, **LOS 10 TRABAJOS QUE PRODUCEN MAS ESTRES SON, EN ESTE ORDEN:**

1. PRESIDENTE DE UN PAIS.
2. BOMBERO.
3. CORREDOR DE AUTOS.
4. ASTRONAUTA.
5. CIRUJANO.
6. JUGADOR DE FUTBOL.
7. POLICIA EN UNA CIUDAD.
8. MEDICO, ESPECIALISTA DE LOS HUESOS.
9. OFICIAL DE LA POLICIA DE CARRETERAS.
10. CONTROLADOR DE TRAFICO AEREO.

¿Y LOS QUE MENOS ESTRES PRODUCEN?

1. REPARACION DE INSTRUMENTOS MUSICALES.
2. REPARACION DE MAQUINARIAS INDUSTRIALES.
3. EMPLEADO DEL DPTO. DE *RECORDS* MEDICOS EN UN HOSPITAL.
4. FARMACEUTICO.
5. INGENIERO PROGRAMADOR DE COMPUTADORAS.
6. MECANOGRAFA.
7. BIBLIOTECARIO.
8. CONSERJE DE UN EDIFICIO.
9. TENEDOR DE LIBROS.
10. SECRETARIA MEDICA.

SER ASTROLOGO, FLORISTA O COCINERO TAMBIEN PRODUCE MUY POCO ESTRES, EN CAMBIO, "TODOS LOS POLITICOS SUFREN DE ENORME ESTRES, IGUAL QUE LOS CHOFERES DE TAXI Y LOS REPORTEROS".

1. Escojan dos trabajos que causan mucho estrés, explicando por qué causan tanta tensión.
2. Escojan dos trabajos que causan menos estrés, explicando por qué son más relajantes.

Paso 2 Ahora comenten cómo deben ser las personas que cumplen las funciones de los trabajos que Uds. escogieron. Deben indicar qué les gusta(n) y qué les molesta(n) de esos trabajos.

Paso 3 Háganles de tres a cinco recomendaciones a los trabajadores que Uds. señalaron sobre lo que pueden hacer para aliviar el estrés.

Paso 4 Trabajando a solas (*alone*), escriba una breve composición que conteste la siguiente pregunta: Si Ud. tuviera que escoger una de las profesiones de su lista, ¿cuál escogería y por qué?

¡A ESCRIBIR!

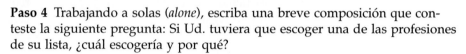

A. Lluvia de ideas Complete lo siguiente.
1. Haga una lista de actividades que, en su opinión, contribuirían a formar parte de un día perfecto.
2. Haga una lista de actividades que pueden causarle estrés a Ud.

B. Composición preliminar Imagínese que Ud. está sufriendo de estrés y un famoso psicólogo argentino, Ricardo Iglesias, le ha ofrecido su ayuda. Antes de empezar la terapia, el Dr. Iglesias le pide que escriba un ensayo en el que Ud. describa lo que le gusta de su vida y lo que le molesta de ella. Utilice por lo menos cinco verbos diferentes para expresar lo que le gusta y lo que no le gusta.

C. Composición final El Dr. Iglesias está experimentando con una nueva terapia llamada Terapia de Música. Está convencido de que la música puede aliviar cualquier tipo de estrés. Lea lo que Ud. había escrito en la Actividad B de esta sección. Ahora Ud. va a desempeñar el papel del Dr. Iglesias y proporcionarle consejos a este/a «paciente». Escriba un informe médico en el que aconseje o recomiende algunas actividades musicales que ayudarán a su «paciente» a combatir el estrés. Explique cómo va a beneficiarlo/la cada actividad. A continuación hay una lista de actividades musicales que le puede recomendar a su «paciente».

Actividades musicales

bailar el/la _____ (tipo de baile)
escuchar música a solas / con amigos / en el estéreo / en vivo (*live*)
ir a comprar _____ (tipo de música)
meditar (con música relajante)
tocar el/la _____ (instrumento musical)
ver la película _____ (que tiene algo que ver con la música)
¿ ?

HABLANDO DEL TEMA

Paso 1 Prepare una ficha sobre los siguientes temas para luego poder hacer comentarios sobre cada una de las preguntas o situaciones a continuación. Al lado de cada pregunta hay una lista de puntos clave que le pueden servir para contestarla.

El ocio

- Haga una comparación entre lo que hace en su tiempo libre como estudiante y lo que hará cuando termine los estudios universitarios y tenga un trabajo a tiempo completo (*full-time job*).
- ¿Qué haría con su tiempo libre si fuera rico/a y no tuviera que trabajar?
- ¿Qué le gusta de pasar el tiempo de manera ociosa? ¿Qué le preocupa?

El estrés

- Dele consejos a un amigo / una amiga que está sufriendo mucho estrés.
- Comente los beneficios de escribir poesía o de escribir en un diario.
- Si tuviera un trabajo que le causara mucho estrés, ¿qué haría?

El trabajo

- Haga comentarios sobre lo que le gustaba y lo que le molestaba del primer trabajo que tuvo.

- Comente el trabajo que Ud. tendrá en 10 años.
- ¿Qué características o beneficios le importan cuando busca un nuevo trabajo? ¿Qué le molesta? ¿Qué no le importa mucho?
- Si Ud. fuera un jefe / una jefa, ¿qué cualidades buscaría en un empleado / una empleada?

La música

- Dé su opinión sobre la siguiente afirmación: La música moderna tiene una mala influencia sobre la gente joven.
- ¿Piensa Ud. que la música y el baile pueden aliviar el estrés?
- Compare la música que Ud. escucha con la música que escuchaban sus padres.

Paso 2 Prepare una pregunta para cada ficha, utilizando diferentes puntos clave. Luego, hágale las preguntas a un compañero / una compañera de clase.

El mundo actual:
¿Cómo influyen en nosotros los problemas del mundo?

Laura en el Ecuador hace varios años

En este capítulo Ud. va a explorar el tema del mundo actual. ¿Cuáles son los problemas sociales más importantes de hoy? ¿Cómo podemos participar activamente en nuestra comunidad? Ud. va a examinar los problemas de la pobreza, el crimen y la justicia. Va a hablar del activismo político y de las actividades voluntarias en las que Ud. puede participar. También va a leer sobre los derechos de los niños, sobre el candidato ideal para el nuevo milenio y sobre los favores políticos.

Punto clave
- hacer hipótesis

Temas centrales
- los problemas actuales

- la política
- el servicio comunitario

Zona de enfoque
- La región andina

S ITUACIONES

Este mundo nuestro

Situación: Laura y Sergio están en Ruta Maya hablando sobre una carta que Laura acaba de recibir de Colombia. Lea el diálogo y conteste las preguntas que lo siguen. Preste especial atención al uso del vocabulario nuevo.

Hola, Laura:

Te escribo para decirte que todo avanza con el proyecto—los fondos están disponibles y tenemos el apoyo del Banco Internacional del Desarrollo. Lo único que nos falta es una persona como tú para llevar a cabo el proyecto. ¡No nos decepciones!

Si quieres colaborar, llámame cuanto antes.

Abrazos,

Luis Alberto

P.D. Adjunto una foto del pueblo donde trabajarías si aceptaras el puesto.

Laura Taylor
830 Casablanca
Austin, TX 78712
USA

LAURA: Acabo de recibir una postal de mi amigo Luis Alberto.

SERGIO: ¿El que trabajó contigo en el Ecuador?

LAURA: Sí. Ahora está en Colombia trabajando con un organismo internacional para combatir **el analfabetismo, la pobreza** y **la desnutrición** de los niños. Tienen un puesto que es perfecto para mí.

SERGIO: Pues qué bien, porque hace mucho tiempo que quieres conocer Colombia, ¿verdad?

LAURA: Claro, pero tengo un pequeño inconveniente —mi papá. El siempre está mandándome **reportajes alarmantes** sobre **los atentados** contra **las sedes** políticas, **el narcotráfico,** la violencia… Es peor aun que la madre de Javi con sus fotos de puertorriqueñas.

SERGIO: Chica, ¿qué te puedo decir?

LAURA: Pues ahora, para colmo, mi padre está leyendo una novela de Gabriel García Márquez —*Noticia de un* **secuestro.** ¡Como si lo único que hubiera en Latinoamérica fuera la violencia!

SERGIO: Y como si no hubiera violencia en nuestras propias calles —con **las pandillas, las armas, los carros-bomba**... La verdad es que en muchos aspectos los Estados Unidos es un país tan violento como Colombia, si no más. ¿No se dio cuenta tu papá de que tuviste una vida muy tranquila en el Ecuador?

LAURA: El sólo ve lo que quiere ver. Si trato de hablarle de lo hermosa que es la cultura andina, me sale con «**las estadísticas** dicen... » o «según la última **encuesta**... » Si fuera más comprensivo y me escuchara, aprendería mucho sobre...

SERGIO: Je, je, je... Bueno, Laurita, sé que la misión de tu vida es la de **salvar** el mundo. Si yo fuera tú, me iría sin pensarlo dos veces. ¡Hazlo! Es importante que realices tus metas.

Actividades

A. Comprensión   Conteste estas preguntas, según el diálogo.

1. ¿Cómo se siente Laura al recibir la postal de su amigo Luis Alberto?
2. ¿Cuál sería el trabajo de Laura en Colombia?
3. ¿De dónde saca la información sobre Latinoamérica el padre de Laura?
4. ¿Qué comparación hace Sergio entre Latinoamérica y los Estados Unidos?
5. ¿Qué haría Ud. si fuera Laura?

Conectores:

además
en cambio
para que + *subjuntivo*
por lo tanto
sin embargo
ya que

B. Reacciones y recomendaciones   Complete las siguientes oraciones sobre la conversación de Laura y Sergio, utilizando un conector en cada oración.

MODELO: Es increíble que el padre de Laura se enfoque en lo negativo de Sudamérica, ya que su hija ha vivido allí.

1. Es increíble que el padre de Laura...
2. Es interesante que Laura...
3. Creo que Sergio...
4. Recomiendo que Laura...

C. Diálogo   En parejas, preparen un diálogo que represente una de las siguientes situaciones y preséntenlo a la clase.

1. Vuelvan a crear el diálogo entre Sergio y Laura, utilizando sólo su memoria y con sus propias palabras.
2. Preparen un diálogo en el que Laura hable con su padre pidiéndole consejos sobre la oferta de trabajo. Ella también debe tratar de convencerlo de que no es malo que ella se vaya a vivir a Colombia.

Esta es Hilda, una de las estudiantes de Laura de hace algunos años. Vive en Otavalo, Ecuador.

VOCABULARIO DEL TEMA

Para hablar de las noticias

el arma	weapon
el atentado	criminal assault against life or property
el carro-bomba*	car bomb
el delito	crime, offense
la huelga	strike
el incendio	fire
los medios de comunicación	media
el/la narcotraficante	drug dealer
la pandilla	gang
la prensa	press
el/la rehén	hostage
el reportaje	news report
el secuestro	kidnapping

*En España: **el coche-bomba**

el/la sospechoso/a	suspect
el/la testigo	witness
el titular	headline

COGNADO: **el crimen**

Para hablar de la política

la campaña	campaign
el/la ciudadano/a	citizen
los derechos humanos	human rights
la dictadura	dictatorship
el discurso	speech
la encuesta	poll
la estadística	statistic
el golpe de estado	coup d'état
el impuesto	tax
la ley	law
el/la líder	leader
la manifestación	demonstration
la muchedumbre	crowd
la sede	headquarters

Para hablar de los problemas actuales

aguantar	to stand, bear
chocar con	to collide, crash with
cometer	to commit (a crime)
defraudar	to cheat, defraud
despreciar	to disdain, look down upon
protestar (por)	to protest, complain (about)
tener la culpa	to be to blame

el analfabetismo	illiteracy
la asistencia pública	welfare
la desnutrición	malnutrition
la deuda	debt
el narcotráfico	drug trafficking
la pobreza	poverty
la polémica	controversy
el prejuicio	prejudice

—Es el arma más terrible. Ojalá el hombre no la utilice jamás. Acabaría con la raza humana . . .

En su opinión, ¿cuál es el arma más terrible de la humanidad?

| el SIDA* | AIDS |
| la tasa | index, rate |

Para hablar de soluciones

colaborar con	to help, work with
compadecer (compadezco)	to sympathize with
desarrollar	to develop
enterarse (de)	to become informed (about)
fortalecer (fortalezco)	to strengthen
hacer de voluntario/a	to volunteer
prometer	to promise
salvar	to save
valer (*irreg.*) la pena	to be worth it

Para describir los problemas del mundo

alarmante	alarming
apático/a	apathetic
culpable	guilty
desilusionado/a	disappointed
escaso/a	scant, scarce
hambriento/a	hungry, starving
indeciso/a	undecided
marginado/a	excluded
polémico/a	controversial

*Síndrome de inmunodeficiencia adquirida (*Acquired Immunodeficiency Syndrome*)

Ampliación léxica

Paso 1 Mire las siguientes palabras y complete el cuadro con las palabras que faltan.

SUSTANTIVOS	VERBOS	ADJETIVOS
la alarma	alarmar	**alarmante**
el choque	**chocar con**	chocante
el desarrollo	**desarrollar**	desarrollado/a
la desilusión	desilusionar	**desilusionado/a**
¿ ?	**despreciar**	¿ ?
el secuestro	¿ ?	¿ ?
¿ ?	**valer**	¿ ?

Paso 2 Lea el siguiente párrafo sobre los problemas que tiene un gobernador. Luego, traduzca las palabras indicadas, fijándose en el contexto. También debe indicar si cada palabra es un verbo, un adjetivo o un sustantivo.

El gobernador **sospechaba** que el programa que se había **desarrollado** para combatir el hambre iba a fracasar. Quedó muy **desilusionado** cuando vio el **choque** entre los oficiales y los que iban a distribuir la comida. Notó que esta contribución tan **valiosa** estaba en peligro a causa de los oficiales corruptos. Lo **alarmó** tanto que decidió conseguir la ayuda de un equipo de nuevos **voluntarios.**

Paso 3 En parejas, escriban un titular que incluya las siguientes palabras. Luego, léanle su titular a otra pareja. Ellos deben reaccionar ante el titular, indicando posibles temas del artículo que lo acompañarían.

la manifestación   alarmante   chocar con

Actividades

A. Vocabulario en contexto

Paso 1 Lea las siguientes oraciones e indique si Ud. está de acuerdo con ellas o no.

	SI	NO
1. A veces los ciudadanos no pueden gobernarse. En este caso es aceptable que un dictador tome el control de la situación.	☐	☐
2. No vale la pena continuar con los programas de asistencia pública.	☐	☐
3. Las manifestaciones son buenas porque permiten que la gente se exprese de una manera pacífica.	☐	☐
4. Para reducir los impuestos que pagamos, cada ciudadano debe hacer de voluntario en su propia comunidad por lo menos tres horas a la semana.	☐	☐
5. Yo participaría en un golpe de estado.	☐	☐

Paso 2 Con un compañero / una compañera, expliquen por qué están de acuerdo o no con cada oración.

B. Las noticias

Paso 1 En grupos de cuatro, lean los siguientes titulares. Luego, hagan turnos representando el papel de un personaje involucrado en la situación. Una persona va a expresar una reacción, la siguiente persona hará una recomendación, etcétera.

1. EXPLOTA OTRO CARRO-BOMBA EN BOGOTA
   a. reacción
   b. recomendación
   c. Si yo/ellos…
2. AUMENTA LA DESNUTRICION ENTRE LOS NIÑOS MENORES DE CINCO AÑOS
   a. reacción
   b. recomendación
   c. Si yo/ellos…
3. NUEVA MANIFESTACION CONTRA EL TERRORISMO DE LOS NARCOTRAFI-CANTES
   a. reacción
   b. recomendación
   c. Si yo/ellos…
4. GRAN INCENDIO EN LA SEDE DEL PARTIDO DEMOCRATICO
   a. reacción
   b. recomendación
   c. Si yo/ellos…

Paso 2 En los mismos grupos, escojan uno de los titulares y hagan una lista de las acciones que Uds. creen que precedieron al acontecimiento descrito.

Paso 3 Escriban breves reportajes para describir lo que hay detrás de cada situación. Añadan detalles descriptivos y de información de fondo.

C. ¿Qué significa… ? Explíquele a un(a) hispanohablante lo que son las siguientes organizaciones.

Greenpeace   The Peace Corps   Save the Children

D. Noticias positivas

Paso 1 Lea el artículo en la página 124 y subraye cinco verbos que indiquen lo que hará una estación de radio colombiana para transmitir noticias positivas de su país.

Paso 2 Ahora con un compañero / una compañera, escriban cuatro titulares positivos sobre los Estados Unidos, utilizando el vocabulario nuevo de este capítulo.

Paso 3 Léales sus titulares a otros compañeros. Cada persona debe reaccionar ante los titulares. Utilicen algunas de las siguientes expresiones.

Es alucinante que…   Es evidente que…
No puedo creer que…   Es impresionante que…
Dudo que…

Informativo colombiano de radio sólo transmite «noticias positivas»

SANTA FE DE BOGOTA, Colombia, 9 de diciembre (EFE).- El «circuito Todelar de Colombia», una de las principales organizaciones de radio de este país, empezó por primera vez en la historia nacional un programa especial de 120 horas continuas con «noticias positivas» de su país.

Hasta el próximo viernes serán entrevistados más de 600 ciudadanos colombianos que destacan[1] en diferentes disciplinas, tras[2] ser localizados en una investigación que duró cuatro meses, declaró el director de noticias, César Fernández.

El programa, que se transmitirá por las 40 emisoras del circuito de emisoras para toda Colombia, tiene proyección internacional y pretende mostrar la «cara real» de esta nación latinoamericana, que ha soportado duras acciones del narcotráfico y la violencia.

Estaciones como «105.9 Aquí Colombia», de Nueva York, emitirá para Estados Unidos durante los cinco días la «positiva» jornada radial.

«Vamos a demostrar que tenemos muchos valores y que hay una buena semilla[3] humana en Colombia. Somos millones y millones de buenos frente a unos pocos que se destacan por sus delitos,» agregó Fernández.

Con las once estrofas[4] del himno nacional, que por primera vez se interpretaron completas en una red[5] de emisoras, Todelar comenzó la «jornada de creer en Colombia y en sus habitantes.»

Personalidades como el Nobel de Literatura (1982) Gabriel García Márquez, el científico Manuel Elkin Patarroyo, el pintor y escultor Fernando Botero, y cientos de colombianos que viven por todo el mundo, que destacan por sus labores profesionales, desfilarán[6] por los micrófonos de Todelar.

[1]*stand out* [2]después de [3]*seed* [4]*strophes, verses* [5]*network* [6]*will pass*

 NOTA CULTURAL • La vida política de los jóvenes hispanos

Para muchos jóvenes hispanos, el activismo político es una parte importante de la vida diaria. A un nivel general, los jóvenes se mantienen al día en cuestiones de política de manera consistente: creen que es importante leer el periódico y mirar el noticiero[1] en la televisión. No sólo saben cuál es la situación de su propia nación, sino que también están muy enterados de la política internacional. En los cafés y los bares que frecuentan los jóvenes, es común oír fuertes discusiones sobre la situación mundial, además de conversaciones sobre los deportes, el cine y los chismes actuales.

Sin embargo, el interés en la política con frecuencia va más allá de la conversación. Es muy común que los estudiantes universitarios y de escuela secundaria participen en huelgas generales y manifestaciones para protestar contra ciertas injusticias como, por ejemplo, la subida[2] del precio de los boletos de autobús, la matrícula de

[1]*newscast* [2]*raising*

las clases o los impuestos, o cuando algún político comete un fraude. Además, no es raro ver protestas contra las intervenciones norteamericanas en Latinoamérica o en otras partes del mundo. Las acciones de los jóvenes, a veces pacíficas, a veces más agresivas, demuestran una fuerte creencia en el poder de la voz del pueblo.

Discusión en parejas

1. ¿Se mantienen Uds. al día en cuestiones de política? ¿Cómo se enteran de lo último?
2. ¿En qué actividades políticas participan Uds.?
3. ¿Han participado alguna vez en una manifestación o una huelga para protestar contra algo? ¿Por qué participaron? ¿Cuáles fueron los resultados de la manifestación o huelga?
4. ¿Cuáles son las mejores maneras de protestar contra la injusticia? ¿Por qué creen así?

E. Un logotipo Laura está encargada de buscar apoyo financiero para el congreso «Las Américas en el Siglo XXI», que tendrá lugar el mes que viene. Su idea es vender camisetas con un dibujo que sea el logotipo y el lema (*slogan*) para el Congreso. ¿Qué clase de logotipo y qué mensaje pondría Ud. en la camiseta? Trabajen en parejas para crear el diseño de la camiseta. Si no saben dibujar, expliquen cómo sería su logotipo.

RINCON CULTURAL

Lugares fascinantes: La región andina

1. **Machu Picchu, Perú.** Estas ruinas en lo alto de los Andes fueron una vez un importante centro de la civilización inca. En 1911, un profesor de la Universidad de Yale, Hiram Bingham, descubrió este lugar arqueológico. Allí se puede admirar el Templo Mayor, una plaza sagrada, acueductos, fuentes y otras maravillas arquitectónicas. Aunque es difícil llegar allí, la gente que visita Machu Picchu cuenta la experiencia como algo mágico e intensamente espiritual.
2. **El Lago Titicaca.** Este lago se sitúa entre Bolivia y Perú. Queda a unos 13.000 pies sobre el nivel del mar y cubre una área de 3.500 millas cuadradas. Dentro del lago están las islas del Sol y de la Luna, con sus palacios, jardines y templos de la civilización inca. Alrededor del lago se encuentran hermosos pueblos y fincas[1] pequeñas cuya economía se basa en gran parte en el agua y el pescado del lago.

[1] *farms*

3. **Las Islas Galápagos, Ecuador.** A unas 500 millas de la costa ecuatoriana está el archipiélago de las Islas Galápagos, que ofrece una enorme variedad de animales. Allí uno puede nadar con lobos marinos y pingüinos y observar la gigantesca tortuga galápago[2] o el famoso piquero con sus patas azules.[3] Fue en estas islas donde el científico Charles Darwin formuló su teoría de la evolución.

4. **Otavalo, Ecuador.** Aquí viven los indios otavaleños, famosos por sus tejidos,[4] como suéteres y tapices, y por su aptitud para el negocio local e internacional. Siendo tal vez el pueblo indígena más próspero de Latinoamérica, los otavaleños tienen un alto nivel de educación y viajan por todo el mundo para vender sus productos, pero nunca pierden sus raíces. Dondequiera que estén,[5] visten su ropa tradicional y se recogen el pelo en una larga trenza en la espalda. Cada sábado se realiza un inmenso mercado en el centro de la ciudad, donde se vende de todo —artesanías,[6] tejidos, joyería étnica para los turistas, verduras, fruta y animales para la gente local.

5. **Medellín, Colombia.** Aunque a nivel mundial Medellín tiene fama como sede del narcotráfico colombiano, es injusto calificar esta hermosa ciudad de lugar violento y peligroso. Al contrario, por un lado es un centro industrial y, por otro, un centro botánico, la capital mundial de la orquídea. El Festival de la Flor, realizado cada año en mayo o junio, convierte a la ciudad en un enorme jardín.

6. **Museo del Oro, Bogotá, Colombia.** Los habitantes originales de Bogotá eran los Chibchas, unos indígenas artesanos renombrados por su trabajo en oro. Hoy en día el Museo del Oro, un edificio de excelente arquitectura contemporánea, almacena[7] y exhibe más de 35.000 piezas de oro —estatuas, collares, aretes, diademas,[8] etcétera. El valor del museo, según el peso de la totalidad de las piezas, es de 105 millones de dólares. Esta cifra,[9] por supuesto, no incluye el valor artístico de las piezas en sí.

7. **El Río Amazonas.** Todos los países de la región andina tienen su zona selvática, alimentada por el Río Amazonas. Allí conviven comunidades indígenas, árboles enormes, flores y frutas exóticas y muchos animales e insectos —mariposas, loros, monos, gatos salvajes, pirañas, etcétera. Desafortunadamente, una gran parte de la Amazonía[10] está sufriendo, debido a la desforestación y la explotación de petróleo del área.

[2]tortuga… *land tortoise* [3]piquero… *blue-footed booby* [4]*textiles* [5]Dondequiera… *Wherever they may be* [6]*handicrafts* [7]*stores* [8]*tiaras* [9]número [10]en términos generales, región por donde pasa el Amazonas

Actividades

A. Localice los siete lugares fascinantes de la región andina en el mapa (página 127) y ponga un número del 1 al 7 para indicar el grado de interés que Ud. tiene en visitar estos lugares.

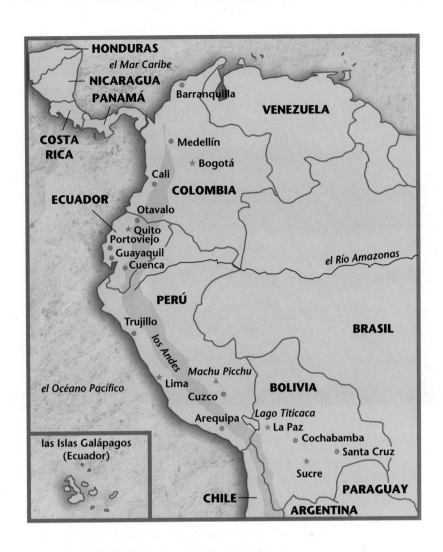

LA REGION ANDINA				
	PERU	**ECUADOR**	**BOLIVIA**	**COLOMBIA**
Gobierno	república democrática y unitaria	república democrática y unitaria	república unitaria	república democrática y unitaria
Ciudades principales	Lima, Cuzco, Arequipa, Trujillo	Quito, Guayaquil, Cuenca, Portoviejo	La Paz, Sucre, Santa Cruz, Cochabamba	Bogotá, Medellín, Cali, Barranquilla
Lengua oficial	el español	el español	el español	el español
Otras lenguas	el quechua, el aimará	el quechua	el quechua, el aimará	el chibcha
Moneda	el sol	el sucre	el peso boliviano	el peso

B. Con un compañero / una compañera, pónganse de acuerdo para elegir los dos lugares que Uds. visitarían si fueran guías de un grupo turístico con las siguientes personas: Michael Jordan, Donald Trump, David Copperfield, Oprah Winfrey, Madonna. Expliquen sus razones.

Machu Picchu

Un pingüino de las Islas Galápagos

Un artista hispano: Gonzalo Endara Crow

Gonzalo Endara Crow nació en Quito, Ecuador, en 1936. Ganador de muchos premios nacionales e internacionales, Endara Crow participa por medio de su arte en el surrealismo y en la corriente literaria del realismo mágico,* cuyo representante más famoso es el escritor colombiano Gabriel García Márquez.

El arte de Endara Crow es una maravilla de colores y fantasía, pero a la vez representa la realidad americana. Muestra un mundo donde conviven lo tradicional y lo moderno, la realidad y la imaginación, la vida material y la vida espiritual. Su pintura es verdaderamente mestiza,[1] mezclando lo indígena-campesino-tradicional con lo occidental-moderno. El protagonista de sus obras de arte es un anónimo pueblo colonial andino. Es un pueblo en el que el tiempo se ha detenido, donde la modernidad del siglo XX pasa por encima de él.

En los cuadros de Endara Crow, cada color y cada objeto tienen un valor simbólico. El conjunto artístico forma una fábula que narra la vida de los pueblos ecuatoriano-andinos. Fíjese en el cuadro reproducido aquí, *Después de la noche,* y piense en la simbología de los colores y objetos representados.

[1]mezcla de lo indígena con lo europeo

---

*El realismo mágico: Movimiento literario en el que se combinan hechos de la vida diaria con imágenes de la fantasía y del subconsciente.

Después de la noche, **por Gonzalo Endara Crow**

Actividades

A. Identifique y explique el simbolismo de cada objeto en *Después de la noche.*

OBJETO	SIMBOLISMO
1. el tren de colores brillantes	a. el mestizaje
2. el tren negro	b. la esperanza
3. los habitantes del pueblo	c. el amanecer (*dawn*)
4. los globos (*balloons*)	d. la felicidad
5. los arcos iris	e. la noche

B. Conteste las siguientes preguntas según el cuadro y la lectura sobre el arte de Endara Crow.

1. ¿Por qué vuelan (*fly*) los trenes por encima del pueblo? ¿Por qué cree Ud. que no se representa ninguna estación de trenes?
2. ¿Qué cree que implica *Después de la noche,* el título del cuadro?
3. ¿Por qué son tan pequeñas las personas y por qué parecen todas iguales?
4. ¿Qué aspectos de la vida de un pueblo pequeño nunca se ven afectados por el tiempo? ¿Qué cosas nunca cambiarán?
5. ¿Opina Ud. que la modernización siempre mejora la vida humana? Dé ejemplos para apoyar su opinión.

Lo hispano en los Estados Unidos:

Ayudando a los inmigrantes hispanos

Debido a la gran población de inmigrantes y ciudadanos hispanohablantes que viven en los Estados Unidos, existen numerosas organizaciones cuya meta principal consiste en mejorar la calidad de vida y el bienestar económico y social de la comunidad hispana. En el área de Washington, D.C., la Casa de Maryland, fundada en 1985, se creó con el fin de satisfacer las necesidades particulares de miles de centroamericanos que llegaban a la zona huyendo de las guerras y las luchas civiles de sus países de origen. En la actualidad, la Casa atiende a los inmigrantes de todos los países de Latinoamérica. En Austin, Texas, La Casa Marianella ofrece alojamiento a los refugiados latinoamericanos y proporciona clases de inglés y otros servicios para ayudar a sus clientes a integrarse en la comunidad norteamericana. Entre las organizaciones nacionales que sirven a la comunidad hispana se encuentran MALDEF (Mexican American Legal Defense and Education Fund) y el programa «Big Brothers/Big Sisters».

A medida que Ud. adquiere mayor fluidez en español, aumentan sus posibilidades de trabajar como voluntario/a en una organización local que sirva a la comunidad hispana. Estas organizaciones con frecuencia necesitan personas disponibles para entregar comida, ayudar a los clientes a rellenar solicitudes,[1] enseñar inglés, trabajar con niños en programas de lectura, etcétera. Piense en la idea de poner sus habilidades al servicio de una causa justa. Y si Ud. es más aventurero/a, puede considerar ser voluntario/a para La Cruz Roja, Médicos sin Fronteras o el Cuerpo de Paz en Latinoamérica.

[1]*job applications*

PUNTO CLAVE:

HACER HIPOTESIS

Antes de empezar esta parte del capítulo, estudie la explicación y los ejemplos de la expresión de situaciones hipotéticas en las páginas verdes, al final del libro, para repasar este punto clave.

¿Cómo le va con este punto clave?

Estudie el siguiente diálogo y ponga los verbos entre paréntesis en la forma apropiada para expresar situaciones hipotéticas. ¡OJO! Los verbos se conjugan en el presente, en el futuro, en el imperfecto de subjuntivo, en el plus-cuamperfecto de subjuntivo y en el condicional.

LAURA: Si acepto el puesto en Colombia, no _____[1] (poder) terminar la tesis hasta diciembre.

SERGIO: Bueno, pero si _____[2] (estar) allí durante el verano, tendrías una oportunidad ideal para hacer entrevistas e investigar en archivos que no _____[3] (ver) si te quedaras en los Estados Unidos.

LAURA: Tienes toda la razón. No lo habría pensado si no me lo _____[4] (haber sugerir).

SERGIO: Claro, y si hicieras excursiones de vez en cuando, _____[5] (poder) sacar fotos de otras escuelas rurales para ilustrar tu tesis.

LAURA: Ay, chico, ¿qué _____[6] (hacer) yo sin ti?

Expresiones útiles

Para hablar del mundo actual

a propósito	*by the way*
actualmente	*currently*
de hecho	*in fact*
el hecho de que + *subjuntivo*	*the fact that . . .*
en cuanto a	*as far as . . . is concerned*
en la actualidad	*currently*
francamente	*frankly*
hoy (en) día	*nowadays*
la verdad sea dicha	*truth be told*
Opino que + *indicativo*	*I think . . . , I am of the opinion that . . .*

Para reaccionar ante las noticias

Me dio escalofríos.	*It gave me goosebumps.*
Me quedé helado/a.	*I was shocked.*
¡Qué alivio!	*What a relief!*
¡Qué desgracia!	*What a disgrace!*
¡Qué horror!	*How horrible!*
¡Válgame Dios!	*God help me!*

Actividades

A. ¿Qué diría y qué haría si... ?

Paso 1 Con un compañero / una compañera, comenten lo que dirían y lo que harían en cada una de las siguientes circunstancias. Utilicen las expresiones nuevas cuando sea posible.

1. Si viera un carro-bomba antes de que explotara…
2. Si fuera testigo de un crimen cometido por la mafia…
3. Si chocara con un carro estacionado y nadie me viera…
4. Si viera un accidente de carros y encontrara a una persona muerta…
5. Si fuera sospechoso/a de un crimen que no había cometido…

Paso 2 Ahora cambien las oraciones del Paso 1 por el pluscuamperfecto de subjuntivo.

MODELO: Si hubiera visto un carro-bomba antes de que explotara…

B. Los problemas actuales En grupos de cuatro, comenten lo que harían para mejorar las siguientes situaciones si fueran diputados/as (*members of Congress*). Preparen tres o cuatro ideas para cada situación y preséntenlas al resto de la clase.

1. el desempleo
2. la desnutrición de los niños
3. la pobreza urbana
4. el SIDA
5. la violación de los derechos humanos, en este país y en el extranjero

C. El mundo actual norteamericano

Paso 1 Sara y Diego todavía están aprendiendo mucho sobre la vida política de los Estados Unidos. En grupos de tres o cuatro, explíquenles la situación actual de las siguientes polémicas y sus opiniones sobre cada una de ellas. Utilicen las expresiones útiles cuando sea posible.

1. la acción afirmativa
2. Medicare
3. el programa de almuerzos y desayunos para niños escolares
4. el sistema de «lobbies»
5. los derechos de los homosexuales
6. los derechos de la gente minusválida (*disabled*)

Paso 2 Ahora comenten lo que pasaría si estos programas, leyes o ideas no existieran.

D. El presidente del futuro

Paso 1 Lea el artículo (página 133) de una revista peruana sobre el perfil ideal del candidato presidencial en el nuevo milenio.

Paso 2 Conteste las siguientes preguntas según el artículo.

1. ¿Cuál es el propósito del artículo?
2. ¿Qué rasgos debe tener el futuro candidato presidencial del Perú?
3. ¿Por qué es importante que sea realista?
4. ¿Qué significa la frase «fobia antipartidos»? ¿Existe una fobia parecida en los Estados Unidos?
5. ¿Por qué son importantes los jóvenes que ahora tienen catorce años?

Paso 3 En parejas, piensen en el caso norteamericano.

1. ¿Cómo sería el candidato alternativo / la candidata alternativa del año 2000?
2. ¿A quiénes representaría?
3. ¿Qué profesión tendría? ¿Sería político, abogado/a, hombre o mujer de negocios, … ?
4. ¿Qué cualidades personales tendría?
5. ¿Qué le interesaría?
6. ¿Qué le molestaría?

¿Cómo debe ser un candidato presidencial alternativo para el año 2000? ¿Qué cualidades debería reunir? ¿Qué o a quiénes debería representar semejante personaje? Describirlo no es tarea sencilla, peor aún si el humor de los electores de hoy podría ser distinto de aquí a cuatro años.

No obstante es posible trazar[1] algunas líneas y sostener que un aspirante a la Presidencia del Perú debe conocer el éxito en su trayectoria, sea ésta empresarial o profesional. La edad adecuada podría ser no menor de 45 años ni mayor de 60.

El hombre debería tener una fuerte autoestima[2] sin llegar a la soberbia,[3] cualidad aquella que hace a un líder enérgico pero no mandón y menos abusivo. Esta demanda podría ser especialmente sentida entre la población femenina, castigada en las últimas décadas por un machismo impune[4] cuyo límite ya parece colmado.[5]

Los electores peruanos de estos tiempos prefieren a quienes trabajan sin lamentarse, aquellos que proponen pero no acusan a nadie de los males del país, que no buscan culpables sino socios[6] para hacer apuestas[7] realistas y sensatas. Ya nadie cree en soluciones mágicas para viejos problemas, como la creación de millones de empleos de la noche a la mañana por arte del voluntarismo. Hoy se prefiere austeridad en los gestos y en la palabra, la gente ha aprendido a desconfiar de los que hablan mucho y bonito.

Modelo 2000

Perfil de candidato presidencial para el último milenio.

Si la fobia antipartidos se mantiene como hasta hoy y nada permite suponer que en cuatro años habrá sido superada, el líder alternativo tendrá que ser independiente, ajeno a[8] las canteras[9] de la política militante, sin que por ello, necesariamente, tenga que mostrarse enemigo fanático de esas organizaciones.

Los jóvenes que hoy tienen 14 años votarán en los siguientes comicios[10] y ese candidato alternativo debería cultivar desde ahora sus preferencias. Ellos desconocen los valores absolutos que antes dominaban la vida política, como las demandas de justicia e igualdad. Escépticos sin caer en el cinismo, los futuros electores se inclinarán por aquel candidato que parezca la propuesta más práctica, ajena a demandas épicas o heroicas.

Exitoso, firme de carácter, práctico, independiente y parco[11] sin ser mudo,[12] tales los rasgos que debería reunir el peruano alternativo del 2000.

---

[1]*to trace* [2]*self-esteem* [3]*haughtiness* [4]*unpunished* [5]*strained* [6]*partners* [7]*pacts* [8]*ajeno… free from* [9]*breeding grounds* [10]elecciones [11]*reserved* [12]*mute*

E. La justicia

Paso 1 En grupos de tres, hagan una lista de tres crímenes famosos que fueron llevados a juicio (*went to trial*) en los últimos años. Luego, indiquen los castigos que recibieron los acusados (si fueron declarados culpables). ¿Fueron apropiados los castigos? ¿Qué piensan de los casos en que los acusados no fueron castigados?

Paso 2 En los mismos grupos, indiquen los castigos que Uds. impondrían por los siguientes crímenes si fueran jueces (*judges*).

Palabras y expresiones útiles: la cárcel (*jail, prison*), la multa (*fine*), la pena de muerte (*death penalty*), el servicio a la comunidad

1. poseer un cigarillo de marijuana
2. ser narcotraficante
3. cambiar el precio de un artículo de ropa por un precio más bajo
4. robar un carro
5. no pagar asistencia familiar (a los hijos) en una situación de divorcio
6. cometer abusos contra los hijos
7. defrauder en los impuestos
8. robar un banco
9. matar a una persona durante una discusión
10. poner una bomba en un edificio público

Paso 3 A finales del siglo XX, la política en cuanto al crimen tiende a proclamar la construcción de más cárceles y la imposición de castigos más fuertes. Imagínese que, en el año 2012, el nuevo presidente les pide opiniones a los ciudadanos sobre qué hacer para detener el crimen. Hagan un debate en el que la mitad de la clase defienda el sistema de castigo fuerte para los criminales y la otra mitad defienda la idea de la rehabilitación como meta principal del sistema jurídico (*justice*).

ECTURA

Sobre la lectura

Julio Ramón Ribeyro (1929–1994) fue uno de los mejores cuentistas peruanos. Es especialmente conocido por sus historias realistas sobre la vida de la ciudad, que critican a la clase media peruana.

Su cuento «El banquete» trata de un hombre de la clase media que quiere entrar en la alta sociedad y ganarse el favor del presidente de la república. En el cuento se ve con muchos detalles todos los preparativos que hace el protagonista para un banquete que dará en honor del presidente. ¿Conseguirá lo que pretende?

Antes de leer

Para comentar Con un compañero / una compañera, contesten las siguientes preguntas.

1. ¿Alguna vez han hecho Uds. algo para ganarse el favor de alguien? Explíquenlo.
2. ¿Qué preparativos harían Uds. si fueran a dar un banquete para el presidente de un país?
3. ¿Creen Uds. que los favores políticos son una barbaridad o un resultado natural de nuestro sistema de gobierno? Expliquen su respuesta.

El banquete

Con dos meses de anticipación, don Fernando Pasamano había preparado los pormenores[1] de este magno suceso. En primer término, su residencia hubo de sufrir una transformación general. Como se trataba de un caserón antiguo, fue necesario echar abajo[2] algunos muros, agrandar las ventanas, cambiar la madera de los pisos y pintar de nuevo todas las paredes. Esta reforma trajo consigo otras y —como esas personas que cuando se compran un par de zapatos juzgan que es necesario estrenarlos con calcetines nuevos y luego con una camisa nueva y luego con un terno[3] nuevo y así sucesivamente hasta llegar al calzoncillo[4] nuevo— don Fernando se vio obligado a renovar todo el mobiliario,[5] desde las consolas del salón hasta el último banco de la repostería.[6] Luego vinieron las alfombras, las lámparas, las cortinas y los cuadros para cubrir esas paredes que desde que estaban limpias parecían más grandes. Finalmente, como dentro del programa estaba previsto un concierto en el jardín, fue necesario construir un jardín. En quince días, una cuadrilla[7] de jardineros japoneses edificaron, en lo que antes era una especie de huerta[8] salvaje, un maravilloso jardín rococó* donde había cipreses tallados,[9] caminitos sin salida,[10] laguna de peces rojos, una gruta para las divinidades[11] y un puente rústico de madera, que cruzaba sobre un torrente imaginario.[v]

Lo más grave, sin embargo, fue la confección del menú. Don Fernando y su mujer, como la mayoría de la gente proveniente del interior, sólo habían asistido en su vida a comilonas[12] provinciales, en las cuales se mezcla la chicha[13] con el whisky y se termina devorando los cuyes[14] con la mano. Por esta razón sus ideas acerca de lo que debía servirse en un banquete al presidente eran confusas. La parentela, convocada a un consejo especial, no hizo sino aumentar el desconcierto.[15] Al fin, don Fernando decidió hacer una encuesta en los principales hoteles y restaurantes de la ciudad y así pudo enterarse de que existían manjares[16] presidenciales y vinos preciosos que fue necesario encargar por avión a las viñas del mediodía.[17]

---

[1]detalles   [2]echar... *to take down*   [3]*traje*   [4]*pair of underwear*   [5]el... los muebles   [6]*pantry*   [7]*team*   [8]*orchard*   [9]cipreses... *sculpted cypress trees*   [10]caminitos... *a labyrinth*   [11]gruta... *cavernous structure for statues of gods and goddesses*   [12]*feasts*   [13]*corn liquor*   [14]*guinea pigs (a South American delicacy)*   [15]*unease*   [16]alimentos   [17]viñas... *vineyards of the south*

---

*Movimiento del arte que se expresa por medio de la ornamentación excesiva de las figuras, la naturaleza, etcétera.

Cuando todos estos detalles quedaron ultimados, don Fernando constató[18] con cierta angustia que en ese banquete, al cual asistirían ciento cincuenta personas, cuarenta mozos[19] de servicio, dos orquestas, un cuerpo de ballet y un operador de cine, había invertido toda su fortuna. Pero al fin de cuentas,[20] todo dispendio le parecía pequeño para los enormes beneficios que obtendría de esta recepción.

—Con una embajada en Europa y un ferrocarril a mis tierras de la montaña rehacemos nuestra fortuna en menos de lo que canta un gallo[21] —decía a su mujer—. Yo no pido más. Soy un hombre modesto.

—Falta saber si el presidente vendrá —replicaba su mujer.

En efecto, don Fernando había omitido hasta el momento hacer efectiva su invitación. Le bastaba saber que era pariente del presidente —con uno de esos parentescos serranos[22] tan vagos[23] como <u>indemostrables</u> y que, por lo general, nunca se esclarecen[24] por temor de encontrarles un origen adulterino— para estar plenamente seguro que aceptaría. Sin embargo, para mayor seguridad, aprovechó su primera visita al palacio para conducir al presidente a un rincón y comunicarle humildemente su proyecto.

—Encantado —le contestó el presidente—. Me parece una magnífica idea. Pero por el momento me encuentro muy ocupado. Le confirmaré por escrito mi aceptación.

Don Fernando se puso a esperar la confirmación. Para combatir su impaciencia, ordenó algunas reformas complementarias que le dieron a su mansión el aspecto de un palacio afectado para alguna mascarada.[25] Su última idea fue ordenar la ejecución de un retrato del presidente —que un pintor copió de una fotografía— y que él hizo colocar en la parte más visible de su salón.

Al cabo de cuatro semanas, la confirmación llegó. Don Fernando, quien empezaba a <u>inquietarse</u> por la tardanza, tuvo la más grande alegría de su vida. Aquel fue un día de fiesta, una especie de anticipo del <u>festín</u> que se aproximaba. Antes de dormir, salió con su mujer al balcón para contemplar su jardín iluminado y cerrar con un sueño bucólico[26] esa memorable jornada. El paisaje, sin embargo, parecía haber perdido sus propiedades sensibles pues donde quiera que pusiera los ojos, don Fernando se veía a sí mismo, se veía en chaqué,[27] en tarro,[28] fumando puros,[29] con una decoración de fondo donde —como en ciertos afiches[30] turísticos— se confundían los monumentos de las cuatro ciudades más importantes de Europa. Más lejos, en un ángulo de su quimera,[31] veía un ferrocarril regresando de <u>la floresta</u> con sus vagones cargados de oro. Y por todo sitio, movediza[32] y transparente como una alegoría de la sensualidad, veía una figura femenina que tenía las piernas de una cocotte,[33] el sombrero de una marquesa, los ojos de una tahitiana y absolutamente nada de su mujer.

[18]comprendió [19]chicos [20]al... después de todo [21]*rooster* [22]pertenecientes a la sierra (las montañas) [23]*vague* [24]se... se hacen más claros [25]*costume ball* [26]*pastoral, rustic* [27]*tailcoat* [28]*top hat* [29]*cigars* [30]*posters* [31]*daydream* [32]que se mueve [33]prostituta *(Fr.)*

1. ¿Quiénes participan en la acción de esta sección?
2. ¿Cuál es el punto o cuáles son los dos puntos principales de esta sección?
3. ¿Qué acciones tienen lugar en esta sección? ¿Qué verbos de acción se usan?
4. ¿Hay mucha acción en esta sección o es su función principal la de dar descripción e información de fondo? ¿Qué información de fondo nos da?
5. ¿Qué emociones se expresan en esta sección?
6. ¿Cómo puede Ud. expresar lo que pasa en esta sección con sus propias palabras?

El día del banquete, los primeros en llegar fueron los soplones.[1] Desde las cinco de la tarde apostados[2] en la esquina, esforzándose por guardar un incógnito[3] que traicionaban sus sombreros, sus modales exageradamente distraídos y sobre todo ese terrible aire de delincuencia que adquieren a menudo los investigadores, los agentes secretos y en general todos los que desempeñan oficios clandestinos.

Luego fueron llegando los automóviles. De su interior descendían ministros, parlamentarios, diplomáticos, hombres de negocios, hombres inteligentes. Un <u>portero</u> les abría la verja,[4] un ujier[5] los anunciaba, un valet recibía sus prendas[6] y don Fernando, en medio del vestíbulo, les estrechaba[7] la mano, murmurando frases corteses y conmovidas.^v

Cuando todos los burgueses del <u>vecindario</u> se habían arremolinado[8] delante de la mansión y la gente de los conventillos[9] se hacía a una fiesta de fasto[10] tan inesperado, llegó el presidente. Escoltado[11] por sus edecanes[12] penetró en la casa y don Fernando, olvidándose de las reglas de la etiqueta, movido por un impulso de compadre, se le echó en los brazos con tanta simpatía que le dañó una de sus charreteras.[13]

Repartidos por los salones, los pasillos, la terraza y el jardín, los invitados se bebieron discretamente, entre chistes y epigramas, los cuarenta cajones de whisky. Luego se acomodaron en las mesas que les estaban reservadas —la más grande, decorada con orquídeas, fue ocupada por el presidente y los hombres ejemplares— y se comenzó a comer y a charlar ruidosamente mientras la orquesta, en un ángulo del salón, trataba inútilmente de imponer un aire vienés.[14]

A mitad del banquete, cuando los vinos blancos del Rhin habían sido honrados y los tintos del Mediterráneo comenzaban a llenar las copas, se inició la ronda de discursos. La llegada del faisán[15] los interrumpió y sólo al final, servido el champán, regresó la elocuencia y los panegíricos[16] se prolongaron hasta el café, para ahogarse definitivamente en las copas de coñac.

---

[1]*secret service agents* [2]*stationed* [3]*esforzándose… trying to be inconspicuous* [4]*iron gate* [5]*usher*
[6]artículos de ropa [7]*extended* [8]*gathered* [9]*tenement houses* [10]*pageantry* [11]Acompañado [12]asistentes
[13]*epaulettes* [14]de Viena, Austria [15]*pheasant* [16]elogios detallados

Don Fernando, mientras tanto, veía con inquietud que el banquete, pleno de salud ya, seguía sus propias leyes, sin que él hubiera tenido ocasión de hacerle al presidente sus confidencias. A pesar de haberse sentado, contra las reglas del protocolo, a la izquierda del agasajado,[17] no encontraba el instante propicio para hacer un aparte.[18] Para colmo, terminado el servicio, los comensales[19] se levantaron para formar grupos amodorrados[20] y digestónicos y él, en su papel de anfitrión, se vio obligado a correr de grupo en grupo para <u>reanimarlos</u> con copas de menta, palmaditas,[21] puros y paradojas.

Al fin, cerca de la medianoche, cuando ya el ministro de gobierno, ebrio,[22] se había visto forzado a una aparatosa[23] retirada, don Fernando logró conducir al presidente a la salita de música y allí, sentados en uno de esos canapés que en la corte de Versalles servían para declararse a una princesa o para desbaratar[24] una coalición, le deslizó[25] al oído su modesta demanda.[v]

—Pero no faltaba más[26] —replicó el presidente—. Justamente queda vacante en estos días la embajada de Roma. Mañana, en consejo de ministros, propondré su nombramiento, es decir, lo impondré. Y en lo que se refiere al ferrocarril sé que hay en diputados una comisión que hace meses discute ese proyecto. Pasado mañana citaré a mi despacho[27] a todos sus miembros y a usted también, para que resuelvan el asunto en la forma que más le convenga.

Una hora después el presidente se retiraba, luego de haber reiterado sus promesas. Lo siguieron sus ministros, el congreso, etcétera, en el orden preestablecido por los usos y costumbres. A las dos de la mañana quedaban todavía merodeando[28] por el bar algunos cortesanos que no ostentaban[29] ningún título y que esperaban aún el descorchamiento[30] de alguna botella o la ocasión de llevarse a hurtadillas[31] un cenicero[32] de plata. Solamente a las tres de la mañana quedaron solos don Fernando y su mujer. Cambiando impresiones, haciendo auspiciosos proyectos, permanecieron hasta el alba[33] entre los despojos[34] de su inmenso festín. Por último, se fueron a dormir con <u>el convencimiento</u> de que nunca antes caballero limeño[35] había tirado con más gloria su casa por la ventana[36] ni arriesgado su fortuna con tanta sagacidad.[37]

A las doce del día, don Fernando fue despertado por los gritos de su mujer. Al abrir los ojos, la vio penetrar en el dormitorio con un periódico abierto entre las manos. Arrebatándoselo,[38] leyó los titulares y, sin proferir una exclamación, se desvaneció[39] sobre la cama.[v] En la madrugada, aprovechándose de la recepción, un ministro había dado un golpe de estado y el presidente había sido obligado a dimitir.[40]

[17]*guest of honor* [18]hacer… *take the president aside (to speak with him)* [19]*fellow diners* [20]caracterizados por el estupor alcohólico [21]*backslaps* [22]*borracho* [23]*espectacular* [24]*thwart* [25]*slipped* [26]no… *don't mention it* [27]oficina [28]*prowling* [29]tenían [30]*uncorking* [31]a… *on the sly* [32]*ashtray* [33]amanecer [34]*debris* [35]de Lima [36]había… *had so magnificently spent more than he could afford* [37]*cleverness* [38]*Tearing it away from her* [39]se… *he fainted* [40]*resign*

verificar

1. ¿Quiénes participan en la acción de esta sección?
2. ¿Cuál es el punto o cuáles son los dos puntos principales de esta sección?
3. ¿Qué acciones tienen lugar en esta sección? ¿Qué verbos de acción se usan?
4. ¿Hay mucha acción en esta sección o es su función principal la de dar descripción e información de fondo? ¿Qué información de fondo nos da?
5. ¿Qué emociones se expresan en esta sección?
6. ¿Cómo puede Ud. expresar lo que pasa en esta sección con sus propias palabras?

Después de leer

A. Comprensión

Paso 1 Conteste las siguientes preguntas, según la lectura.

1. ¿Qué cambios en su casa hace don Fernando en preparación para el banquete?
2. ¿Estaba acostumbrado don Fernando a dar banquetes tan elegantes? ¿Cómo lo sabe Ud.?
3. ¿Cuánto gastó don Fernando en el banquete?
4. ¿Qué favores quiere pedirle don Fernando al presidente?
5. ¿Quiénes asistieron al banquete?
6. ¿Qué se sirvió en el banquete?
7. ¿Cómo recibió don Fernando al presidente? ¿Fue una recepción apropiada?
8. ¿Pudo hablar don Fernando con el presidente? ¿Cuándo?
9. ¿Qué respondió el presidente a lo que le pidió don Fernando?
10. ¿De qué se enteraron don Fernando y su mujer al día siguiente? ¿Qué había pasado durante el banquete?

Paso 2 Haga un breve resumen del cuento con sus propias palabras.

B. Diálogo   Con un compañero / una compañera, preparen un diálogo entre el presidente y don Fernando en el que hablen sobre lo que pasó durante el banquete. El presidente está furioso y don Fernando está preocupado. Cuando sea posible, utilicen las expresiones útiles presentadas en este capítulo.

C. Hipótesis

Paso 1 Haga una lista de tres cosas que Ud. haría después del golpe de estado si fuera don Fernando.

> MODELO: Si yo fuera Ud., contrataría (*I would hire*) a un guardaespaldas (*bodyguard*).

Paso 2 Ahora indique tres cosas que habría hecho de manera diferente si hubiera sido don Fernando. Luego, haga lo mismo con el presidente. Utilice acciones específicas del cuento.

MODELOS: Si hubiera sido don Fernando, no habría cambiado mi casa. Si hubiera sido el presidente, no habría descuidado mi gobierno.

Paso 3 Con un compañero / una compañera, comparen sus listas. ¿En qué se asemejan? ¿En qué se diferencian? ¿Qué habrían hecho Uds. si fueran protagonistas del cuento?

D. Los favores políticos ¿Cuál es la función de los favores políticos? ¿Qué opina Ud. de esta práctica?

Paso 1 Lea la siguiente lista de actividades que uno puede hacer para ganar favores políticos. Póngalas en orden, del 1 al 7, siendo el 1 la actividad más apropiada, en su opinión, y el 7 la actividad menos apropiada.

_____ conseguirle un puesto a un pariente de la persona favorecida
_____ dar una fiesta en su propia casa para una persona importante
_____ donar dinero a un partido político
_____ llevar a una persona importante a cenar en un restaurante exclusivo
_____ mandar un regalo de 100,00 dólares
_____ regalar boletos de avión y el uso de un chalet en Suiza
_____ regalar un par de las entradas más caras para el «Super Bowl»

Paso 2 Ahora lea la lista de los favores políticos que uno puede recibir como resultado de las actividades del Paso 1. Póngalas en orden, del 1 al 8, siendo el 1 el resultado más beneficioso, y el 8 el resultado menos beneficioso.

_____ dar dinero para reparar las calles de una ciudad
_____ darle trabajo de secretario al sobrino de alguien
_____ darle un puesto alto en el gobierno a alguien
_____ dejar que alguien se saque una foto con el presidente de los Estados Unidos
_____ establecer una ley que favorezca a una compañía internacional
_____ hacer «desaparecer» una multa de tráfico
_____ pedir que el gobierno le preste dinero a una compañía que está a punto de declararse en bancarrota
_____ presionar a un banco para que le preste dinero a alguien

Paso 3 Con un compañero / una compañera, hagan turnos explicando el por qué de sus selecciones, en los Pasos 1 y 2.

Paso 4 En grupos de cuatro, y luego con toda la clase, comenten lo siguiente.

1. ¿Han leído o han oído algo sobre favores políticos que se han hecho recientemente? ¿Cuáles son? ¿Cuál es su opinión sobre ellos?
2. ¿Son necesarios los favores políticos, o sería posible que nuestro sistema de gobierno pudiera funcionar sin ellos?
3. ¿Son los favores políticos indicio de la corrupción gubernamental? Expliquen su respuesta.
4. Si Ud. fuera político, ¿se aprovecharía del sistema de favores o rechazaría los favores y regalos? ¿Por qué?

¡A ESCRIBIR!

A. Lluvia de ideas   Entre todos, apunten algunas ideas sobre el siguiente tema.

¿Cuáles son algunas de las causas de las revoluciones mundiales de los últimos dos siglos?

B. Composición preliminar   Imagínese que un primo suyo acaba de anunciar que ha vendido todas sus posesiones y sale para San Cristóbal, México, la semana que viene. Ha decidido trabajar con el subcomandante Marcos contra la injusticia y la corrupción en el estado de Chiapas. El libro *Yo, Marcos* le ha servido de inspiración. Lea el siguiente fragmento de la introducción de *Yo, Marcos* y luego escríbale una carta en la que Ud. apoye su decisión o trate de convencerlo de que lo que piensa es una locura.

Introducción

A mediados de enero de 1994, cuando apenas se había decretado el cese al fuego[1] entre el Ejército Zapatista de Liberación Nacional y el ejército mexicano, un puñado[2] de estudiantes universitarios (en su mayoría de la UNAM[3]) nos lanzamos a Chiapas con ayuda humanitaria para los damnificados por el conflicto armado, rompiendo por primera vez el cerco[4] militar. Como homenaje póstumo a un sociólogo que amó y defendió a los indios, la caravana desde entonces se llama Ricardo Pozas. Además de llevar víveres[5] y medicinas, recogimos los testimonios de las personas más golpeadas por la guerra y difundimos[6] la palabra de aquellos a quienes milenariamente[7] se les ha negado: los indios.

Este libro es un esfuerzo por rescatar y exponer el pensamiento de los indígenas zapatistas...

No pretendo rendir culto[8] a la personalidad de Marcos como si fuera el inspirador o centro de la lucha zapatista, ni presentarlo como un «Tarzán de la Selva Lacandona[9] tirando línea[10] a los indígenas». La palabra del sub [comandante] es la palabra de la comunidad india; él es su intérprete, su traductor, el puente[11] entre dos mundos: el indígena y el nuestro. El sub es el autor de este libro. A través de su voz es posible escuchar a los choles, tzotziles, tojolabales, mames, tzeltales, motozintlecos, chujes, jacaltecos, zoques y lacandones.[12]

[1]cese... *cease-fire*   [2]*handful*   [3]Universidad Nacional Autónoma de México   [4]*seige*   [5]alimentos   [6]distribuimos   [7]para siempre   [8]rendir... *to pay homage*   [9]de Lacandón, región que comprende parte de Guatemala y México   [10]tirando... *throwing a line*   [11]*bridge*   [12]choles... pueblos indígenas de México

C. Composición final

Paso 1 Lea la carta de un compañero / una compañera que esté a favor de la misión revolucionaria de su primo y la carta de otra persona que esté en contra de las ideas revolucionarias. Tome apuntes sobre lo que dicen las dos cartas.

Paso 2 Ahora escriba un ensayo sobre alguna causa social en los Estados Unidos que le podría llevar a Ud. a ser revolucionario/a. Es decir, ¿por qué causa estaría dispuesto/a a entregar la vida?

HABLANDO DEL TEMA

Paso 1 Prepare una ficha sobre los siguientes temas para luego poder hacer comentarios sobre cada una de las preguntas o situaciones a continuación. Al lado de cada pregunta hay una lista de puntos clave que le pueden servir para contestarla.

El crimen

- ¿Qué problemas sociales contribuyen al crimen?
- Comente las ventajas y desventajas del sistema de rehabilitación de criminales.
- ¿Qué haría Ud. para disminuir el crimen en los Estados Unidos?

Hacer de voluntario/a

- Describa una ocasión en la que Ud. hizo de voluntario/a.
- ¿Qué actividades para voluntarios serán populares en el siglo XXI?
- ¿En qué actividades de voluntario/a participaría Ud. si tuviera más tiempo?

La justicia

- ¿Qué recomienda que haga el gobierno para conseguir una sociedad más justa?
- ¿Es la sociedad más o menos justa que hace cincuenta años? Explique.
- ¿Habrá igualdad y justicia para todos en el siglo XXI? Explique.

Los problemas actuales

- ¿Cuáles son los problemas actuales más graves?
- ¿Qué le gustaría que hiciera el gobierno para solucionar los problemas actuales? ¿Qué no le gustaría que hiciera?
- ¿Bajo qué circunstancias sería Ud. revolucionario/a? ¿Qué haría?

Paso 2 Prepare una pregunta para cada ficha, utilizando diferentes puntos clave. Luego, hágale las preguntas a un compañero / una compañera de clase.

El nuevo milenio: ¿Qué nos espera en el futuro?

A Diego le encanta México, D.F. ¿Le gustaría vivir allí en el futuro?

En este capítulo Ud. va a explorar el tema del nuevo milenio. ¿Cómo seremos? ¿Qué aspectos tecnológicos cambiarán la vida para siempre? ¿Viviremos en un mundo sin fronteras? ¿Qué papel desempeñará la población latina en el futuro? Ud. también leerá sobre la posibilidad de vida en otros planetas y va a reflexionar sobre cómo podemos resolver los problemas con los que nos enfrentamos en *este* planeta.

Punto clave
- hablar del futuro

Temas centrales
- predicciones para el futuro
- la tecnología
- un mundo sin fronteras

Zona de enfoque
- Centroamérica

S ITUACIONES

Preparativos

Situación: Como Ud. ya sabe, Sergio está ayudando con los preparativos para el congreso «Las Américas en el Siglo XXI», que se realizará pronto en Austin. Ahora Sergio está hablando con los demás para que le echen una mano. Lea el diálogo y conteste las preguntas que lo siguen. Preste especial atención al uso del vocabulario nuevo.

SERGIO: Todo esto es tan alucinante que no lo puedo creer. Poder participar en el congreso de manera tan comprensiva... estoy **alcanzando** mi sueño dorado.

LAURA: No sabes el gusto que nos da. Queremos **aportar** nuestro granito de arena.[1]

SARA: Pero primero, ¿nos podrías explicar un poco más sobre el congreso?

SERGIO: Sí, cómo no. Se llama «Las Américas en el Siglo XXI» y viene gente de todo el continente, desde el Canadá hasta la Argentina. Y yo, Sergio Wilson, el famoso promotor de grupos musicales, estoy a cargo del entretenimiento.

JAVIER: Chévere. ¿Y qué podemos hacer nosotros?

SERGIO: Serán una gran ayuda. Queremos aprovechar todos **los recursos disponibles.** Bueno, hay actividades para **recaudar fondos** antes del

---

[1]granito... *little grain of sand*

congreso. Luego, haremos publicidad en la radio y en los periódicos. También hay exposiciones...

SARA: Laura, para **la recaudación de fondos,** tú podrías hacer de **vidente,** como hiciste en el congreso sobre **la desforestación** del **bosque lluvioso.** ¿Te acuerdas?

LAURA: Claro que sí. Fue un éxito **inesperado.** Lo haré con todo gusto. Prepararé mi **bola de cristal** y estaré lista para **predecir** el futuro.

DIEGO: Me das miedo, Laura. ¿Recuerdas cuando me **predijiste** que yo me haría adicto al Internet y pasaría todo el día manejando por **la autopista de la información? Adivinaste** demasiado bien. Con todo el tiempo que he pasado frente a la computadora y todo el dinero que he gastado en **las novedades** de **la informática,** mi negocio casi se ha convertido en un **caos** completo.

SARA: Es cierto, Laura. Tienes un talento que **asusta.**

LAURA: Bueno, por ahora veo una **riqueza** inminente para nuestro amigo Sergio. Su fama va a llegar hasta la Tierra del Fuego. Tendrá su propio jet y todos sus amigos más íntimos viajarán con él alrededor del mundo...

SERGIO: No te rías de mis sueños. Estás pisando[2] tierra **sagrada,** ja, ja, ja.

[2]Estás... *You're stepping on*

Actividades

A. Comprensión   Conteste las siguientes preguntas, según el diálogo.

1. ¿Qué papel desempeña Sergio en la realización del congreso?
2. ¿De qué forma pueden ayudar los amigos?
3. ¿Qué pasó cuando Laura hizo de vidente en otro congreso?
4. ¿Qué le predijo Laura a Diego?
5. ¿Qué futuro ve Laura para Sergio?

B. Reacciones y recomendaciones   Complete las siguientes oraciones sobre el diálogo. Utilice un conector con cada oración.

MODELO: A Sergio le interesa que venga gente de todo el continente, aunque eso significa que tendrá que trabajar mucho.

1. A Sergio le interesa que...
2. Es posible que los amigos...
3. Es fascinante que Laura...
4. Recomiendo que Diego...

Conectores:

aunque
para que + *subjuntivo*
sin embargo
ya que

C. Diálogo   En parejas, preparen un diálogo que represente una de las siguientes situaciones y preséntenlo a la clase.

1. Vuelvan a crear el diálogo entre los amigos, utilizando sólo su memoria y sus propias palabras.
2. Hagan un diálogo entre Laura y Javier en el que Laura prediga el futuro de Javier. Acuérdese de los problemas que Javier tuvo con su madre en el Capítulo 2.

UOCABULARIO DEL TEMA

Para hablar del futuro

adivinar	to guess
agotar	to use up
alcanzar	to reach, attain
aportar (algo)	to contribute (something)
asustar	to frighten
curar	to cure
dejar de + *inf.*	to stop (doing something)
predecir (*like* **decir**)	to predict
recaudar fondos	to raise funds, fundraise
reemplazar	to replace
sobrevivir	to survive
superarse	to improve oneself; to overcome (*obstacles*)

Para describir el futuro

el caos	chaos
el porvenir	future

el ser humano	human being
el vidente	clairvoyant

COGNADOS: **la bola de cristal, el planeta**

disponible	available
horripilante	horrifying
inesperado/a	unexpected
ingenioso/a	ingenious
innovador(a)	innovative
insalubre	unhealthy
intrigante	intriguing
sagrado/a	sacred

Para hablar del medio ambiente

la amenaza	threat
la basura	garbage
el beneficio	benefit
el bosque lluvioso	rain forest
el crecimiento	growth
el daño	harm

la desforestación	deforestation
el reciclaje	recycling
los recursos naturales	natural resources
la riqueza	wealth
la sobrepoblación	overpopulation

Para hablar de la tecnología

el adelanto	advancement
la autopista de la información	information highway
la informática	computer science
la novedad	new development

las redes de comunicación	communication networks
el teletrabajo	telecommuting

COGNADOS: **el ciberespacio, la realidad virtual**

Para hablar de la colaboración mundial

la desigualdad	inequality
la frontera	border
la inversión	investment
la paz	peace
la toma de conciencia	awareness

Ampliación léxica

Paso 1 Mire las siguientes palabras y complete el cuadro con las palabras que faltan.

SUSTANTIVOS	VERBOS	ADJETIVOS
el adelanto	adelantar	adelantado/a
el alcance	**alcanzar**	alcanzado/a
la aportación	**aportar**	aportado/a
el daño	dañar	dañino/a
la inversión	¿ ?	¿ ?
¿ ?	**predecir**	¿ ?
el reciclaje	¿ ?	¿ ?

Paso 2 Lea el siguiente anuncio que Sara escribió para el congreso y traduzca las palabras indicadas, según el contexto. Luego, indique si cada palabra es un verbo, un adjetivo o un sustantivo.

Venga al primer congreso sobre «Las Américas en el Siglo XXI», para ver los más recientes **adelantos** en el área de la tecnología. Allí verá cómo muchos de los sueños para el futuro se están convirtiendo ya en metas **alcanzadas.** Por ejemplo, seguramente Ud. ya **recicla** porque no quiere **dañar** el medio ambiente. Pues, en el congreso encontrará las nuevas **aportaciones** a la tecnología para la conservación de los **recursos naturales.** Además, podrá ver las **novedades** más importantes para el nuevo milenio. ¿Quién sabe? A lo mejor Ud. encuentra el negocio ideal para **invertir** su dinero. De veras, será el evento del año. ¡No se lo pierda!

Paso 3 Con un compañero / una compañera, inventen preguntas, usando las siguientes palabras. Luego, háganles las preguntas a otra pareja de estudiantes.

alcanzado/a   dañar   aportación

Actividades

A. ¿Qué pasará? Indique si Ud. piensa que las siguientes predicciones se realizarán o no para el año 2050.

	SI, PASARA.	NO, NO PASARA.
1. Unos extraterrestres establecerán una colonia en Filadelfia.	☐	☐
2. El 25% de la población hará su trabajo por medio del teletrabajo.	☐	☐
3. Recibiremos todas las noticias por medio de las redes de comunicación de la autopista de la información.	☐	☐
4. Michael Jackson vivirá en un OVNI cerca del Gran Cañón.	☐	☐
5. Las fronteras entre los países de Latinoamérica desaparecerán.	☐	☐
6. Toda la comida insalubre dejará de ser popular.	☐	☐
7. Se descubrirá la cura para el cáncer por medio de una planta del bosque lluvioso de Costa Rica.	☐	☐
8. Los que hayan hecho inversiones en las compañías de reciclaje serán ricos.	☐	☐
9. Los videntes utilizarán computadoras para averiguar el porvenir.	☐	☐
10. Debido a la sobrepoblación y la explotación de los recursos naturales, la desforestación será tan intensa que los bosques lluviosos dejarán de existir.	☐	☐

B. Las posibilidades para el futuro

Paso 1 Para el año 2050, habrá muchos cambios significativos en el mundo, ¿no? Con un compañero / una compañera, hagan el papel de estudiantes universitarios que conversan sobre las cosas que pueden ocurrir en los próximos años. Pregúntenle a su compañero/a cómo se sentirá en las situaciones a continuación. Pueden utilizar la siguiente lista de adjetivos, si quieren.

agobiado/a	asustado/a	emocionado/a
aliviado/a	cauteloso/a	enojado/a
alucinado/a	confundido/a	nostálgico/a
apenado/a	deprimido/a	satisfecho/a
asqueado/a	desilusionado/a	

MODELO: —¿Cómo te sentirás si no puedes tener más de un hijo a causa de la sobrepoblación?
—Si no puedo tener más de un hijo a causa de la sobrepoblación, me sentiré aliviado, porque no quiero tener una familia numerosa.

¿Cómo te sentirás...

1. si no puedes tener más de un hijo a causa de la sobrepoblación?
2. si el teletrabajo reemplaza el trabajo de la oficina?
3. si la desforestación causa grandes problemas ecológicos?
4. si hay paz en el mundo?
5. si los extraterrestres toman el control de la Tierra?
6. si se inventan electrodomésticos (*appliances*) que hagan todos los quehaceres de la casa?
7. si las fronteras y naciones dejan de existir?
8. si la clonación (*cloning*) de seres humanos se convierte en un acto normal y corriente?

Paso 2 Ahora explíquele a su compañero/a cómo será la vida si tienen lugar los acontecimientos a continuación. Puede utilizar palabras de la siguiente lista, si quiere.

alarmante	emocionante	preocupante
alucinante	fascinante	relajante
degradante	horripilante	repugnante
deprimente		

MODELO: Si ofrecen viajes semanales a la luna (*moon*), la vida será relajante, porque habrá otro lugar para descansar de la vida cotidiana.

¿Cómo será la vida...

1. si ofrecen viajes semanales a la luna?
2. si no se puede comprar nada en las tiendas porque todo se compra a través de la autopista de la información?
3. si los coches llevan un sistema antiaccidente?
4. si todo el mundo puede asistir a Harvard o a cualquier universidad a través del Internet y la realidad virtual?
5. si aumenta tanto la basura que no hay donde ponerla?
6. si se puede tomar una pastilla para aumentar la inteligencia antes de tomar un examen?
7. si se puede clonar a un ser humano con los genes de cualquier persona?

C. ¿Qué quiere decir... ?

Paso 1 Imagínese que es el año 2050. Explíquele a un joven hispanohablante lo que eran las siguientes cosas que ya no existen.

1. a typewriter   2. a cassette tape   3. a telephone booth   4. ATM machines

Paso 2 Ahora explique por qué ya no existen estas cosas en el año 2050.

Tanto en Latinoamérica como en España se encuentran cibercafés y tiendas pequeñas desde donde uno puede mandar mensajes por correo electrónico y buscar información a través del Internet. En muchos países el precio del servicio telefónico es mucho más alto que en los Estados Unidos, y por eso la gente prefiere usar las computadoras públicas. En las grandes ciudades latinoamericanas hay tiendas en los centros comerciales que ofrecen servicio de correo electrónico. En Buenos Aires es fácil encontrar Web@Cafés donde se ofrecen combinaciones de cafés con medialunas[1] y tiempo de acceso al Internet.

Pero las ventajas de la autopista de la información también se encuentran en lugares inesperados. Por ejemplo, en un pueblo costarricense en medio del bosque lluvioso, hay una escuela primaria donde hay muy pocos libros para los estudiantes pero sí hay un salón con doce computadoras. En Quetzaltenango, Guatemala, hay una oficina pequeña a donde cualquier persona puede ir para mandar y recibir mensajes electrónicos.

Además del uso personal, el Internet sirve como foro[2] para proveerle información a un público internacional. Por ejemplo, los zapatistas[3] denunciaron a través del Internet el trato injusto que reciben los indígenas y Rigoberta Menchú (ver Rincón cultural, Actividad E) tiene su propia página de web. En la Argentina, la Asociación Madres de la Plaza de Mayo (organización cuyos miembros son madres de personas «desaparecidas» durante la dictadura militar de 1976–1983), también tiene su propia página. Esta es una manera eficaz de informar al público acerca de las necesidades y los derechos de la gente.

[1]*croissants* [2]*forum* [3]miembros del Ejército Zapatista de Liberación Nacional (EZLN)

Discusión en parejas

Con un compañero / una compañera, inventen un diálogo en el que uno/a de Uds. es dueño/a de un café tradicional. Su compañero/a trata de convencerlo/la de que convierta su café en un cibercafé. ¿Cuáles son las ventajas y desventajas de cumplir tal acción?

D. Pastillas de la inteligencia

Paso 1 Lea el siguiente artículo sobre la novedad de las pastillas de la inteligencia.

La fiebre[1] por los antidepresivos en Estados Unidos le valió el título de «la nación Prozac» para denotar a un país sumido[2] en el consumo de la fluoxetina.[3] Ahí, un alto porcentaje de las personas que pasan por un «bajón»[4] toman estas pastillas con la esperanza de que sean una receta fácil para la felicidad. De hecho, el consumo ha llegado a tal grado que hasta las mascotas[5] que muestran síntomas de depresión, como ladrar[6] o jugar menos, pueden llegar a tomar estas pastillas. Pero ahora, una nueva línea de fármacos[7] de «autoayuda» se está poniendo de moda: son las «Smart Drugs» o pastillas de la inteligencia.

Las nuevas «Smart Drugs»

Éstas sustancias fueron creadas para disminuir los efectos de enfermedades como el Parkinson o el Alzheimer. Sin embargo, en los últimos años su consumo por personas sanas[8] ha aumentado. El asunto se ha popularizado tanto que ya existen casi cincuenta bares que ofrecen verdaderos cócteles de aminoácidos y precursores de neurotransmisores, que prometen mejorar las capacidades intelectuales de sus consumidores. En pubs como el Smart Stuff de San Francisco, por ejemplo, cada sábado en la noche se venden en promedio[9] 1.200 copas con mezclas de hierbas, así como con sustancias químicas del tipo nootrópicas, que actúan a nivel cerebral.

[1]*fever* [2]*plunged* [3]*chemical basis of Prozac-type antidepressants* [4]*"slump"* [5]*pets* [6]*barking* [7]*drogas* [8]*healthy* [9]*en... on average*

Paso 2 Con un compañero / una compañera, hagan una lista de tres beneficios y tres posibles daños que podrían resultar de tomar estas pastillas para aumentar la inteligencia.

Paso 3 En grupos de tres o cuatro, contesten las siguientes preguntas.

1. ¿Cuáles serán las ventajas y desventajas de tomar estas pastillas?
2. En su universidad, ¿toman los estudiantes algún tipo de pastilla u otro estímulo para poder estudiar mejor y salir mejor en los exámenes? ¿Cuáles son?
3. ¿Ud. tomaría pastillas para aumentar la inteligencia antes de presentarse a un examen difícil?
4. Si Ud. creyera que las pastillas no eran insalubres y que lo/la ayudarían a funcionar mejor, ¿las compraría en otros países aunque fueran ilegales en los Estados Unidos?

E. **Preguntas personales** En parejas, contesten las siguientes preguntas, utilizando el vocabulario nuevo. Mientras escuche a su compañero/a, reaccione con algunas de las expresiones de Para conversar mejor.

> ## Para conversar mejor
>
> ¿En serio?   ¡Qué barbaridad!
> (No) Estoy de   ¡Qué chévere/
>   acuerdo.   guay/padre!
> Me sorprende   ¡Qué horror!
>   que creas eso.   ¿Tú crees?
> Puede ser.

1. ¿Cuáles son los beneficios de tener un teletrabajo?
   Si fuera un jefe / una jefa, ¿tendría miedo de que sus empleados perdieran el tiempo con los juegos de computadora y buscando información en el Internet que no esté relacionada con su trabajo? ¿Qué haría?

2. ¿Conoce a alguien adicto al Internet? ¿Cómo es? ¿Qué sugiere que haga un adicto al Internet para curarse?
   Si pudiera dejar de asistir a clases y aprender las mismas materias a través del Internet, ¿lo haría? ¿Por qué?
   ¿Piensa que las computadoras reemplazarán a los profesores y maestros algún día? ¿Qué puede aportar a la enseñanza la tecnología?

3. ¿Qué invención moderna le fascina más a Ud.? ¿Por qué?
   Si pudiera inventar algo ingenioso, ¿qué sería?
   ¿Qué invención moderna afectó más profundamente la vida de sus abuelos?
   ¿Qué invención o acontecimiento cambiará la vida de sus hijos?

RINCON CULTURAL

Lugares fascinantes: Centroamérica

1. **El canal de Panamá.** La construcción de este inmenso canal empezó en 1904 y terminó diez años después. Además de ser una maravilla de la ingeniería moderna, el canal ofrece otros atractivos. Un visitante puede ver cómo pasan los barcos por las esclusas[1] de Miraflores, Pedro Miguel y Gatún. Al lado del canal, hay algunos jardines botánicos, un zoológico[2] y caminos ecológicos. En medio del canal hay un lago artificial, creado por

[1]*locks* [2]*zoo*

la presa[3] Gatún, que contiene la Isla Barro Colorado, un bosque lluvioso donde se encuentra el Instituto de Investigación Tropical Smithsonian.

2. **Tikal, Guatemala.** Es la ciudad mejor restaurada de todas las ruinas de la civilización maya. En esa ciudad silvestre[4] se encuentran pirámides, templos y plazas enormes; el complejo en sí es tan grande que uno necesita varios días para visitarlo todo. Las excavaciones arqueológicas han descubierto dentro de los edificios tumbas de reyes con joyas, instrumentos y escritura jeroglífica. La mayoría de las tumbas data del siglo VIII d.C., y hay evidencia de que el lugar había sido ocupado desde 400 a.C.

3. **El Lago de Nicaragua.** Con una extensión de 8.157 km cuadrados, este es el lago más grande de Centroamérica y uno de los diez más grandes del mundo. También es el único lago de agua dulce[5] donde habitan tiburones.[6] Al sur del lago se encuentra el archipiélago Solentiname, donde el poeta nicaragüense Ernesto Cardenal fundó una vivienda colectiva para artistas, poetas y artesanos.

4. **Islas de la Bahía, Honduras.** Estas islas están rodeadas por el segundo arrecife más grande del mundo, el Arrecife de Belice, lo cual hace que sean un lugar ideal para bucear[7] y hacer *snorkeling*. A lo largo de su historia han sido habitadas por indios mayas; piratas ingleses, franceses y holandeses; y los garífunas, gente de descendencia afrocaribeña que llegó a las islas en 1795, escapándose durante una revolución de la isla inglesa de San Vicente. Debido a este último grupo de personas, la mayoría de los habitantes actuales de las islas es negra y de habla inglesa. El español se impuso en las escuelas a mediados del siglo XX.

5. **Parque Nacional Tortuguero, Costa Rica.** Santuario de flora y fauna, Tortuguero sirve de vivienda a siete especies de tortuga, tres tipos de mono, perezosos[8] y otros mamíferos y más de 300 especies de pájaro. También hay lagartos[9] de un metro de extensión que parecen pequeños dinosaurios. De pequeños, estos lagartos pueden correr sobre el agua, así que se los conoce como «lagartos de Jesucristo». Este es sólo uno de los muchos parques nacionales de Costa Rica dedicados a la conservación de la naturaleza y el ecoturismo.

6. **Metapán, El Salvador.** Es uno de los muchos pueblos pequeños de las montañas salvadoreñas. Está rodeado de una fauna exuberante y a distancia se pueden apreciar volcanes activos. Es una zona muy pobre y remota: para ir de casa a casa hay que caminar bastante lejos. A primera vista parecería un lugar deprimente, pero hay mucha actividad comunitaria en la zona que crea un ambiente de esperanza. Allí los salvadoreños, entre ellos muchas mujeres, trabajan juntos para promover proyectos sanitarios, ponerles vacunas[10] a los niños y luchar contra el analfabetismo y la desnutrición. También existe ayuda financiera para microempresarios que quieren aumentar sus negocios allí. Es un lugar ideal para cualquier persona con espíritu de voluntario/a.

[3]*dam*   [4]de la selva   [5]agua... *freshwater*   [6]*sharks*   [7]*scuba dive*   [8]*sloths*   [9]*lizards*   [10]*vaccinations*

Actividades

A. Localice los seis lugares fascinantes de Centroamérica y ponga un número del 1 al 6 para indicar el grado de interés que Ud. tiene en visitar estos lugares.

	CENTROAMERICA		
	COSTA RICA	**EL SALVADOR**	**GUATEMALA**
Gobierno	república unitaria	república democrática	república democrática, unitaria y representativa
Ciudades principales	San José, Cartago, Puerto Limón	San Salvador, Santa Ana, San Miguel	Ciudad de Guatemala, Quetzaltenango
Lengua oficial	el español	el español	el español
Otras lenguas	el inglés-criollo		varias lenguas mayas
Moneda(s)	el colón	el colón	el quetzal

	HONDURAS	NICARAGUA	PANAMA
Gobierno	república constitucional democrática	república unitaria	república democrática
Ciudades principales	Tegucigalpa, San Pedro Sula, La Ceiba	Managua, León, Granada	Ciudad de Panamá, Colón
Lengua oficial	el español	el español	el español
Otras lenguas	el negro-caribe	el misquito, el inglés	el inglés criollo
Moneda(s)	el lempira	el córdoba	el balboa, el dólar estadounidense

B. Con un compañero / una compañera, imagínense que desean hacer voluntarismo. Pónganse de acuerdo en cuáles son los dos lugares que más les gustaría visitar y hacer de voluntarios/as. Expliquen por qué escogieron esos lugares.

Islas de la Bahía, Honduras

El Parque Nacional Tortuguero, Costa Rica

Algunos artistas hispanos: Los artesanos de Centroamérica

A nivel mundial, los artistas más desconocidos y olvidados son los artesanos, los hombres y mujeres que trabajan en lo que se llama el arte «folclórico» o la artesanía. Aunque ésta se considera arte «menor», ocupa un lugar muy importante en cualquier país: aporta mucho a la economía de una región y sirve para mantener las tradiciones, creencias y leyendas de cualquier cultura. Se puede decir que el trabajo de los artesanos sirve para unir el pasado, el presente y el futuro de un pueblo.

Una artesana guatemalteca

A pesar de que Centroamérica parece ser una zona pequeña y homogénea, la verdad es que hay mucha variedad entre los países y entre sus habitantes. Cada zona ofrece su especialidad artesanal, aunque hay tipos de arte que se pueden apreciar en varios países. Por toda la región se pueden encontrar cerámicas, canastas,[1] suéteres, pinturas, esculturas de madera, máscaras rituales, joyería, etcétera, todo con el toque especial de la región y del individuo que lo creó. También es importante el hecho de que, mientras el mundo del arte formal suele estar dominado por los hombres, el mundo artesanal les brinda[2] oportunidades a artistas de ambos sexos. En Panamá, por ejemplo, las indias cuna hacen molas (telas bordadas con hilos[3] de muchos colores brillantes) y las mujeres mestizas e indias cosen[4] polleras (faldas bordadas con encaje[5] intricado). En todas partes, las mujeres elaboran los famosos tejidos que forman los tapices, las alfombras y los suéteres tan codiciados[6] en varias partes del mundo.

[1]baskets [2]ofrece [3]threads [4]sew [5]lace [6]coveted

Actividad

Con un compañero / una compañera, contesten las siguientes preguntas.

1. ¿Qué tipos de artesanía hay en su propia región?
2. ¿Hay artesanías que son hechas principalmente por hombres? ¿Y por mujeres? ¿Cuáles son?
3. ¿Ha hecho Ud. algún tipo de artesanía alguna vez? ¿Cuándo lo hizo y qué era?
4. Si un turista quiere comprar algo «típico» de su región, ¿qué le recomienda que compre? ¿Por qué?
5. ¿Hay algo que sirve para unir el pasado, el presente y el futuro en los Estados Unidos? ¿Qué es?

Lo hispano en los Estados Unidos:

Una celebración especial

Cada año los hispanos que viven en los Estados Unidos celebran el *Hispanic Heritage Month*. La celebración empieza con el Diez y Seis de Septiembre, fiesta que conmemora la Guerra de la Independencia de México (guerra contra España) y termina con el Día de la Raza, el 12 de octubre, también conocido como el Día de la Hispanidad o el Día de Colón. Los hispanos celebran activamente sus culturas con fiestas, bailes y programas educativos. Durante este mes, la atención se centra en los asuntos nacionales e internacionales de la comunidad hispana. Esta fiesta tan especial se celebra en casi todos los estados de la Unión. La meta es poner de relieve[1] las culturas latinoame-

La celebración del Diez y Seis de Septiembre en Austin, Texas

[1]poner... *to emphasize the importance of*

ricanas: su música, su comida, su artesanía, su literatura y su arte, con el fin de ampliar la red de personas comprometidas con la comunidad hispana.

Puesto que la participación hispana en las votaciones ha aumentado en un 30% desde el año 1992, muchos políticos dedican parte de su tiempo a asistir a estos festivales. Según las previsiones, para el año 2000 habrá 35 millones de hispanos en los Estados Unidos, lo que significa que esa comunidad va a requerir una mayor atención en todos los aspectos.

PUNTO CLAVE:

HABLAR DEL FUTURO

Antes de empezar esta parte del capítulo, estudie la explicación y los ejemplos sobre la narración en el futuro en las páginas verdes, al final del libro, para repasar este punto clave.

¿Cómo le va con este punto clave?

Laura y Sergio están hablando sobre sus planes para el congreso. Complete su diálogo con la forma correcta de los verbos entre paréntesis. **¡OJO!** El diálogo habla del futuro e incluye conjeturas e hipótesis que emplean conjugaciones en el futuro.

SERGIO: ¿Todavía no ha llegado Javi? ¿Dónde _____[1] (ser/estar)?

LAURA: No lo sé. Dijo que estaría aquí a las cinco en punto y ya son casi las seis. Bueno, cuando _____[2] (venir), nosotros le _____[3] (decir) de lo que hablamos.

SERGIO: Seguro. Bueno, hablé con Maite y me dijo que todo ya está en orden. Mañana _____[4] (ser) la apertura[a] del congreso. _____[5] (Llegar) más de 15.000 personas. Pero, si _____[6] (tener: nosotros) suerte, Maite nos _____[7] (poner) en la primera fila,[b] donde _____[8] (poder: nosotros) ver de cerca a la gente importante que aparezca en el escenario.

LAURA: Fenomenal. Con tal de que tú me _____[9] (presentar) a Mercedes Sosa y a los otros artistas que vienen, _____[10] (sentarme) en el suelo.

SERGIO: No te preocupes. Te los _____[11] (presentar) antes de que _____[12] (empezar) la ceremonia.

LAURA: Ay, ¡¿cómo _____[13] (ser/estar) conocer a la gran Mercedes Sosa en persona?!

[a]opening [b]primera... *front row*

Expresiones útiles

Para expresar lo indefinido

diga lo que diga	*no matter what he/she says*
haga lo que haga	*no matter what he/she does*
llame quien llame	*no matter who calls*
pase lo que pase	*no matter what happens*
sea quien sea	*no matter who it is*
venga quien venga	*no matter who comes*

Actividades

A. Las preocupaciones de Sergio Sergio está ocupadísimo trabajando en los últimos preparativos para el congreso. Ahora mismo se siente agobiado y no responde de la mejor manera a lo que le dice Felipe, su secretario.

Paso 1 Lea lo que Felipe le dice a Sergio y complete cada oración con la expresión más apropiada para indicar la respuesta de Sergio. Utilice las Expresiones útiles de esta sección.

1. FELIPE: El embajador de Costa Rica está en la línea dos y quiere felicitarlo por su trabajo en el congreso.
   SERGIO: Ya le dije que no me interrumpiera ahora, _____. Lo llamaré después.
2. FELIPE: Laura quiere que Ud. repase su propuesta.
   SERGIO: Laura lo hace todo bien. Dígale que, _____, me parecerá bien.
3. FELIPE: Su primo Diego está preocupado porque todavía no han llegado los fondos para comprar la artesanía de Guatemala.
   SERGIO: Dígale que, _____, habrá dinero para cubrir los gastos.
4. FELIPE: Llamó su madre y dijo que no se pusiera la camisa morada para la foto que le van a hacer para el artículo de la revista *Time*. Dice que le queda mal.
   SERGIO: Pues, _____, me pondré lo que me dé la gana.[a]

   [a]*lo... whatever I feel like*

Paso 2 Con un compañero / una compañera, lean los siguientes comentarios de Felipe e inventen respuestas descuidadas de Sergio. Utilicen por lo menos una de las expresiones útiles y el futuro en cada respuesta.

1. FELIPE: Javier está en la línea tres. Dice que es urgente.
2. FELIPE: Los dueños de Ruta Maya llamaron y dijeron que no habría bastante café hasta el segundo día del congreso.
3. FELIPE: La jefa de Sara dice que los anuncios costarán más de lo que habían pensado.

B. Algunas invenciones del futuro

Paso 1 Lea las siguientes descripciones de posibles invenciones del futuro.

Mascota de diseño

La ingeniería genética promete pasos de gigante. Siempre se han modificado animales para el placer o el negocio mediante cruces,[1] selección de razas… Lo que hace la tecnología genética es manipular los 'planos' con los que se crean los seres vivos, y eso permitirá —se cree— curiosas creaciones, como la jirafa-bonsái.

No sé qué ponerme

En el 2020 el armario ha sido sustituido por un vestidor electrónico que proporciona la imagen de la persona con distintos tipos de ropa. Cuando se realiza la elección, el traje, perfectamente adaptado a la talla[2] del usuario, aparece colgado en el armario. Pero la gente también querrá volver sobre ropa que ya ha llevado, con la que ha tenido éxitos o ha disfrutado momentos importantes. El sistema le informa de cuándo los llevó la última vez y en compañía de quién.

El chicle «antibaby»

Este llamativo invento, que se ha puesto a la venta en el 2020, puede ser utilizado tanto por hombres como por mujeres. Una sola barra[3] de chicle proporciona una semana de seguridad, que es efectiva en un 99,99% de las ocasiones. No tiene efectos secundarios, y viene en tres agradables sabores: fresa,[4] menta y limón.

El viaje pasivo

Las conquistas de la realidad virtual permitirán 'edificar' los grandes monumentos del mundo en cualquier esquina. Viajar perderá parte de su sentido, o, al menos, especializará sus objetivos. La visita a un castillo famoso, a una obra de arte, podrá realizarse sin salir de la ciudad, o incluso de la habitación. Viajar será más barato, pero ¿igual de agradable?

[1]hybrids [2]size [3]stick [4]strawberry

Conectores:

a menos que + *subjuntivo*
para que + *subjuntivo*
sin embargo
ya que

Paso 2 Complete las frases a continuación con la forma correcta de los verbos entre paréntesis. Para explicar su respuesta, utilice un conector en cada oración.

1. Cuando _____ (salir) el chicle «antibaby»,…
2. Tan pronto como _____ (inventarse) las mascotas de diseño,…
3. En cuanto _____ (haber) viajes virtuales,…
4. Cuando _____ (estar) disponibles los vestidores electrónicos,…

Paso 3 Ahora, en grupos de tres, escriban un anuncio de un minuto para uno de los productos. Luego, presenten sus anuncios a la clase.

Paso 4 En los mismos grupos, inventen un producto nuevo para el año 2050. Para empezar, sigan los siguientes pasos.

- Piensen en un problema que necesite solución.
- Imagínense una invención que pueda solucionar el problema.
- Piensen en quiénes estarían interesados en comprar el producto.
- Escriban un anuncio para vender su producto.
- Presenten el producto y el anuncio a la clase.

C. ¿Qué pasará? Diga lo que probablemente está pasando ahora con las siguientes personas en cada situación. Use el futuro de probabilidad. ¿Dónde estarán? ¿Cómo se sentirán? ¿Qué estarán haciendo? Haga dos o tres oraciones para cada situación.

1. Javi nunca llegó a la reunión que tenía con Sara y Sergio.
2. Sara y Laura conocieron a Mercedes Sosa. Laura metió la pata cuando habló con la cantante.
3. En el congreso, Diego conoció a un importante exportador de arte latinoamericano.
4. Una vidente le predijo a Sergio que habría una amenaza de bomba en el concierto que él organizó para el congreso.
5. Durante el congreso, Ruta Maya recaudó 100.000 dólares para mandar a los pobres de Chiapas.

D. Sus bolas de cristal

DESCRIBIR **D** COMPARAR **C**

Paso 1 ¿Qué pasará en las próximas décadas? En grupos de dos o tres, consulten sus bolas de cristal y predigan lo que pasará en cuanto a los siguientes temas para el año 2050. ¿En qué se parecerán a su estado actual? ¿En qué serán diferentes?

1. la familia
2. el romance
3. el ocio
4. el trabajo
5. la política
6. la tecnología
7. los OVNIs
8. la medicina

Paso 2 Ahora hagan predicciones sobre el futuro de algunos de los acontecimientos y lugares fascinantes que han estudiado a lo largo del semestre.

1. «La tomatina», Buñol, España (Capítulo 1)
2. La Habana, Cuba (Capítulo 2)
3. el Santuario de la Virgen de Guadalupe, México (Capítulo 3)
4. Viña del Mar, Chile (Capítulo 4)
5. las Islas Galápagos, Ecuador (Capítulo 5)
6. Metapán, El Salvador (Capítulo 6)

E. Dos Nobeles centroamericanos

Paso 1 Lea las siguientes biografías breves de dos centroamericanos que han recibido el Premio Nobel.

Nació en Heredia, Costa Rica, en 1940. Tuvo una niñez y juventud privilegiadas. Hizo sus estudios universitarios en Costa Rica y luego se doctoró en ciencias políticas en la Universidad de Essex en Inglaterra. Al regresar a su país natal, fue profesor de ciencias políticas en la Universidad de Costa Rica y ocupó varios puestos en el gobierno hasta 1986, cuando fue elegido presidente de Costa Rica. Debido a su famoso «Plan Arias», que acabó con[1] la guerra civil de Nicaragua y estableció un acuerdo de paz entre los guerrilleros de El Salvador, a Arias le fue otorgado[2] el Premio Nobel de la Paz en 1987. Actualmente trabaja en su Centro para la Paz de la Fundación Arias, fundado con el dinero que él recibió del Premio Nobel.

Oscar Arias Sánchez

[1]acabó... *ended* [2]a... *Arias was awarded*

Rigoberta Menchú

Nació en Chimel, un pueblo de la selva de Guatemala, en 1959. Es india maya de la tribu quiché. Durante su niñez, trabajó con sus padres cosechando[3] algodón[4] y café para la gente rica de las grandes fincas del sur del país. Después, pasó a la Ciudad de Guatemala para trabajar como sirvienta doméstica. Heredó de su padre una gran conciencia social. Debido a las confrontaciones constantes entre la gente indígena y las facciones de descendencia europea de su país, Menchú vio muchas atrocidades que la afectaron de manera personal: los soldados del ejército quemaron vivo[5] a su padre; unos paramilitares violaron[6] y asesinaron a su madre; sus hermanos murieron en una guerra civil. Después de pasar ocho años exiliada en México, regresó a Guatemala para participar de manera íntegra en la defensa de su gente. Su trabajo le mereció el Premio Nobel de la Paz en 1992. Usó el dinero del premio para crear una fundación a nombre de su padre, dedicada a la lucha por la justicia social y los derechos humanos de los indígenas de Guatemala. Cuenta su vida en un libro autobiográfico, *Me llamo Rigoberta Menchú y así me nació la conciencia.*

[3]*harvesting* [4]*cotton* [5]quemaron... *burned alive* [6]*raped*

Paso 2 Con un compañero / una compañera, escriban tres o cuatro oraciones para hacer una comparación entre Oscar Arias y Rigoberta Menchú. Utilicen **más... que, menos... que** y **tanto... como.**

Paso 3 Ahora comenten las siguientes oraciones y preguntas, prestando mucha atención al uso de los puntos clave.

1. Sin volver a mirar los artículos, hagan una descripción de Arias y de Menchú. Incluyan tanto lo físico como lo personal en sus descripciones.

2. Comparen a Arias o a Menchú con una figura política de los Estados Unidos.

3. Menchú quiere justicia e igualdad para la gente indígena de Guatemala. Escriban dos reacciones sobre la situación de los indígenas en Guatemala, en otro país latinoamericano que Uds. conozcan mejor, (piensen, por ejemplo, en Chiapas, México) o en los Estados Unidos. Luego, hagan dos recomendaciones para mejorar la situación.

4. ¿Qué hicieron Arias y Menchú para merecer el premio? ¿Hicieron Uds. algo alguna vez para merecer un premio? ¿Qué hicieron y cómo les resultó?

5. ¿Qué creen que les molesta a Arias y a Menchú de la situación de Centroamérica? ¿Y de la situación mundial? ¿Qué les molesta a Uds. de su propio país?

6. Si conocieran a Arias, ¿qué querrían preguntarle? ¿De qué hablarían? ¿Y si conocieran a Menchú?

7. ¿Qué creen que pasará con los sueños y esfuerzos de Arias y Menchú?

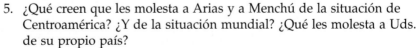

LECTURA

Sobre la lectura

El cuento que va a leer, «Primer encuentro», fue escrito por el salvadoreño Alvaro Menéndez Leal, conocido también por su pseudónimo «Menén Desleal». Este cuento de ciencia ficción relata el primer contacto entre seres de dos planetas distintos.

Antes de leer

Para comentar: Los OVNIs

Paso 1 Lea las opiniones de las siguientes personas sobre la existencia de los OVNIs.

> Claro que hay OVNIs.
> Los imagino redondos, llenos de luces. Y si existen extraterrestres, no tienen aspecto humano. Deben de ser más grandes y mejores que nosotros, pero no son verdes ni nada. Los de las fotos parecen ciencia ficción.
>
> **Mari Carmen Segovia**
> **21 años, niñera[1]**

> ¿Sí que hay OVNIs...?
> Quizás exista vida vegetal o incluso animal en otros planetas. Ya he tenido la oportunidad de leer algunos artículos sobre el caso Roswell y he visto las fotos de los presuntos extraterrestres. A mí, la verdad, me parece que son muñecas.[2]
>
> **Belén Rodríguez**
> **24 años, agente de viajes**

[1]*babysitter*   [2]*dummies*

Paso 2 Con un compañero / una compañera, comenten las siguientes preguntas, explicando sus opiniones.

1. ¿Creen Uds. que hay vida en otros planetas?
2. ¿Creen en los OVNIs?
3. ¿Creen que los extraterrestres nos han visitado ya?
4. ¿Habrá relaciones pacíficas entre los planetas?
5. ¿Les interesa la ciencia ficción?

Primer encuentro

no hubo explosión alguna. Se encendieron, simplemente, los retrocohetes,[1] y la nave[2] se acercó a la superficie[3] del planeta. Se apagaron los retrocohetes y la nave, entre polvo[4] y gases, con suavidad poderosa, se posó.[5v]

Fue todo.

Se sabía que vendrían. Nadie había dicho cuándo; pero la visita de habitantes de otros mundos era inminente. Así, pues, no fue para él una sorpresa total. Es más:[6] había sido entrenado, como todos, para recibirlos. «Debemos estar preparados —le instruyeron en el Comité Cívico—; un día de estos (mañana, hoy mismo...), pueden descender de sus naves. De lo que ocurra en los primeros minutos del encuentro dependerá la dirección de las futuras relaciones interespaciales... Y quizás nuestra supervivencia. Por eso, cada uno de nosotros debe ser un embajador dotado[7] del más fino tacto, de la más cortés de las diplomacias».

Por eso caminó sin titubear[8] el medio kilómetro necesario para llegar hasta la nave. El polvo que los retrocohetes habían levantado le molestó un tanto; pero se acercó sin <u>temor</u> alguno, y sin temor alguno se dispuso a esperar la salida de los lejanos visitantes, preocupado únicamente por hacer de aquel primer encuentro un trance grato[9] para dos planetas, un paso agradable y placentero.

Al pie de la nave pasó un rato de espera, la vista fija en el metal <u>dorado</u> que el sol hacía destellar[10] con reflejos que le herían los ojos; pero ni por eso parpadeó.[11]

Luego se abrió la escotilla,[12] por la que se proyectó sin tardanza una estilizada escala[13] de acceso.

No se movió de su sitio, pues temía que cualquier movimiento suyo, por inocente que fuera, lo interpretaran los visitantes como un gesto hostil. Hasta se alegró de no llevar sus armas consigo.

Lentamente, oteando,[14] comenzó a insinuarse,[15] al fondo de la escotilla, una figura.

Cuando la figura se acercó a la escala para bajar, la luz del sol le pegó de lleno.[16] Se hizo entonces evidente su horrorosa, su espantosa forma.[v]

Por eso, él no pudo reprimir[17] un grito de terror.

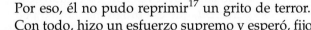

Con todo, hizo un <u>esfuerzo</u> supremo y esperó, fijo en su sitio, el corazón al galope.[18]

La figura bajó hasta el pie de la nave, y se detuvo frente a él, a unos pasos de distancia.

Pero él corrió entonces. Corrió, corrió y corrió. Corrió hasta avisar a todos, para que prepararan sus armas: no iban a dar la bienvenida a un ser con *dos* piernas, *dos* brazos, *dos* ojos, *una* cabeza, *una* boca... [v]

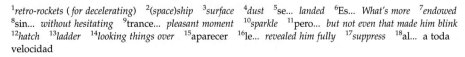

[1]*retro-rockets (for decelerating)* [2]*(space)ship* [3]*surface* [4]*dust* [5]*se... landed* [6]*Es... What's more* [7]*endowed*
[8]*sin... without hesitating* [9]*trance... pleasant moment* [10]*sparkle* [11]*pero... but not even that made him blink*
[12]*hatch* [13]*ladder* [14]*looking things over* [15]*aparecer* [16]*le... revealed him fully* [17]*suppress* [18]*al... a toda velocidad*

1. ¿Quiénes participan en la acción del cuento?
2. ¿Cuál es el punto o cuáles son los dos puntos principales del cuento?
3. ¿Qué acciones tienen lugar en el cuento? ¿Qué verbos de acción se usan?
4. ¿Hay mucha acción en el cuento o es su función principal la de dar des-

cripción e información de fondo? ¿Qué información de fondo nos da?
5. ¿Qué emociones se expresan en el cuento?
6. ¿Cómo puede Ud. expresar lo que pasa en el cuento con sus propias palabras?

Después de leer

A. Comprensión

Paso 1 Conteste las siguientes preguntas, según la lectura.

1. ¿Esperaba el protagonista del cuento la llegada de seres de otro mundo?
2. Según el Comité Cívico, ¿cómo deberían recibir a los visitantes?
3. ¿Cómo reaccionó el protagonista cuando vio al visitante?
4. ¿Cómo era el visitante? ¿Quién o qué era?

Paso 2 Con un compañero / una compañera, hagan un resumen del cuento. Incluyan tantos detalles como puedan.

B. Ud. y la ciencia ficción

Paso 1 Comente lo siguiente sobre Ud. y la ciencia ficción.

1. Describa un programa, un libro o una película de ciencia ficción que Ud. haya visto o leído.
2. Y ese programa, libro o película, ¿cómo describe las relaciones entre los extraterrestres y los seres humanos?
3. ¿Qué características tienen las diferentes razas de extraterrestres? ¿En qué se parecen a los seres humanos? ¿En qué son diferentes?
4. ¿Qué papel desempeña la Tierra en las relaciones interespaciales? ¿Qué papel desempeñan los Estados Unidos?
5. ¿Cree Ud. que ese programa, libro o película ofrece una visión realista o por lo menos factible (*feasible*) de las relaciones interespaciales del futuro? ¿Qué diferencias habrá entre esa visión y lo que Ud. cree que sucederá?

Paso 2 Comparta sus respuestas con un compañero / una compañera. ¿Tienen Uds. la misma visión del futuro?

C. El primer encuentro Escriba un diálogo en el que Ud. narre el primer encuentro entre un ser humano y un extraterrestre que acaba de llegar a la Tierra. ¿Cómo será ese encuentro? ¿Será placentero? ¿difícil? ¿horripilante? ¿ ? ¡Use su imaginación!

D. Las noticias de la llegada Imagínese que Ud. es un habitante del planeta representado en «Primer encuentro». El día después de la llegada de los seres humanos a su planeta, Ud. lee los siguientes titulares en el periódico local y los comenta con dos amigos. En grupos de tres, preparen una reacción, una recomendación y una hipótesis para cada titular.

1. Por fin llegan los visitantes de otro planeta
   a. reacción
   b. recomendación
   c. Si yo/ellos...

2. El ciudadano que los encontro se asusto ante la apariencia horripilante de los visitantes
   a. reacción
   b. recomendación
   c. Si yo/ellos...

3. Tienen solo dos piernas, dos brazos, dos ojos, una cabeza y una boca
   a. reacción
   b. recomendación
   c. Si yo/ellos...

4. El ciudadano que los encontro descansa en un hospital psiquiatrico
   a. reacción
   b. recomendación
   c. Si yo/él...

5. Dicen que quieren la paz, pero no debemos confiar en ellos
   a. reacción
   b. recomendación
   c. Si yo/ellos...

E. La inmigración y la discriminación Imagínese otro planeta que es mucho más avanzado que el nuestro. Allí los seres tienen una mejor calidad de vida que la de aquí: hay más trabajo con mejores sueldos, más acceso a la educación, un sistema médico más avanzado, etcétera.

Aquí en la Tierra se experimentan muchos problemas: la pobreza, el hambre, el desempleo, las enfermedades... Por eso, Ud. y su familia deciden emigrar al nuevo planeta en busca de una nueva vida. Pensando en lo que Ud. haya leído y discutido este semestre en cuanto a la experiencia de los inmigrantes, conteste las siguientes preguntas.

1. ¿Cómo se sentirá Ud. al dejar a sus amigos y a otros familiares? ¿Qué les prometerá?
2. ¿Cómo se sentirá cuando tenga que dejar sus viejas costumbres y aprender otras nuevas?

3. Ya que los del nuevo planeta consideran que la Tierra es un planeta inferior y subdesarrollado, se ofrecen a los seres humanos sólo los trabajos menos deseados. Ud. hizo estudios universitarios en la Tierra, pero ¿cómo se sentirá cuando tenga que realizar trabajos manuales? ¿Cómo se preparará para realizarlos?
4. ¿Qué hará si tiene que aprender un nuevo idioma porque está prohibido que hable su lengua materna?
5. ¿Cómo se sentirá si lo/la acusan de criminal, si lo/la marginan de la sociedad dominante o si lo/la tratan como un ser inferior?
6. ¿Cómo confrontará esos prejuicios?

¡A ESCRIBIR!

A. **Lluvia de ideas** Entre todos, comenten las siguientes preguntas y apunten sus ideas.

1. ¿Cuáles son algunos avances que en el futuro van a hacer que nuestro mundo sea mejor?
2. ¿Cuáles son algunos avances que van a cambiar nuestro mundo de una manera negativa?

B. **Composición preliminar** ¿Cómo será el mundo «perfecto» del futuro? ¿Habrá curaciones para todas las enfermedades? ¿Habremos eliminado la pobreza y el hambre? ¿Habrá necesidad de guerras u otros conflictos armados? Escriba una breve composición en la que describe los beneficios del mundo «perfecto» del futuro.

C. **Composición final** Lea la composición de un compañero / una compañera. Ahora imagínese que Ud. es crítico/a que escribe en un periódico local. Escriba sobre las desventajas de realizar un mundo «perfecto» tal como lo describió su compañero/a. ¿Por qué será, en su opinión, algo no tan perfecto? ¿Qué otras soluciones tiene Ud. para resolver los problemas del mundo?

HABLANDO DEL TEMA

Paso 1 Prepare una ficha sobre los siguientes temas para luego poder hacer comentarios sobre cada una de las preguntas o situaciones a continuación. Al lado de cada pregunta hay una lista de puntos clave que le pueden servir para contestarla.

La tecnología

- Describa los efectos dañinos que pueden resultar del uso de la tecnología en la vida humana.
- ¿Qué cosas o actividades serán obsoletas dentro de cincuenta años como consecuencia de los cambios en la tecnología?
- Haga una comparación entre la vida de hace cincuenta años y la vida que habrá dentro de cincuenta años. Piense en la aportación de la tecnología a la vida humana.

La ecología

- Describa las amenazas actuales con respecto al medio ambiente.
- ¿Qué recomienda que haga una persona para mejorar las condiciones del medio ambiente?
- Si Ud. trabajara en el gobierno, ¿qué haría para mejorar el medio ambiente?

Un mundo sin fronteras

- ¿Qué problemas causan las fronteras entre las naciones?
- ¿Qué problemas habría si no hubiera fronteras entre las naciones?
- ¿Qué perdería el mundo si se anularan (*were taken away*) todas las fronteras y las diferencias entre las culturas?

La inmigración

- ¿Cuáles son las ventajas y las desventajas de reducir el número de inmigrantes que entran cada año en los Estados Unidos?
- ¿Cree que es una buena idea permitir que los nuevos ciudadanos de este país mantengan la ciudadanía de su país natal? ¿Por qué sí o por qué no?

Paso 2 Prepare una pregunta para cada ficha, utilizando diferentes puntos clave. Luego, hágale las preguntas a un compañero / una compañera de clase.

EXPLICACION GRAMATICAL

LOS PUNTOS CLAVE

Punto clave: Descripción

The following grammar summaries on (A) agreement, (B) **ser** and **estar,** (C) past participles used as adjectives, and (D) uses and omission of articles will help you to make more accurate descriptions in Spanish.

A. Agreement

Although you learned about subject/verb agreement and noun/adjective agreement when you first started to learn Spanish, you may still have problems with agreement, or **concordancia,** especially when the person, place, or thing continues to be alluded to in a longer text. At this point, you are probably able to place adjectives with the correct gender when they are close to the noun they modify, but may lose sight of the gender if the sentence continues. Note the following examples.

> *Incorrect:* Las rosas amarillas que Javi le dio a Sara eran **bonitos.**
> *Correct:* **Las rosas amarillas** que Javi le dio a Sara eran **bonitas.**

Remember that adjectives agree in number and gender with the nouns they modify. Adjectives ending in **-e** agree in number only (**un chico amable, una chica amable**). The plural is formed by adding **-s** to nouns and adjectives that end in a vowel (**la rosa roja, las rosas rojas**) and **-es** to nouns and adjectives that end in a consonant (**un joven alto, unos jóvenes altos**).

One problem in students' mastering of agreement is the existence of words that are not obviously masculine or feminine. The following lists contain some common nouns and rules that should help you.

1. Most nouns that end in **-a** or that refer to females are feminine.

la brisa	la madre	la reina	la rosa

2. Most nouns that end in **-o** or that refer to males are masculine.

el libro	el padre	el rey	el viento

3. Most nouns that end in **-ción, -sión, -d, -z, -ie, -is** and **-umbre** are feminine.

la actitud	la incer-	la realidad	la universidad
la canción	tidumbre	la serie	la virtud
la costumbre	la pensión	la superficie	la voz
la crisis			

4. Most nouns that end in **-l, -r, -n,** and **-s** are masculine.

el amor	el color	el papel	el mes
el árbol	el fin	el perfil	el interés
el camión	el lunar	el tenedor	

5. Even though they end with **-a,** many words ending in **-ma, -pa,** and **-ta** are masculine.

el problema	el programa	el diploma	el mapa
el drama	el sistema	el clima	el poema
el cometa*	el idioma	el tema	el planeta

6. Feminine nouns that begin with a stressed **a-** or stressed **ha-** use masculine articles when they are singular, but feminine articles when they are plural. Remember that these feminine nouns always use feminine adjectives.

el agua fría	las aguas frías
un aula pequeña	unas aulas pequeñas
un hacha larga	unas hachas largas

- Note that this rule applies only when the stress is on the first syllable, hence: **la atmósfera, la audición.**
- Also note that the word **arte** is generally masculine when it appears in the singular and feminine when it appears in the plural, hence: **el arte moderno, las artes gráficas.**

7. Some common words are shortened from their original feminine form. Although the shortened form ends in **-o,** the gender is still feminine.

   la fotografía → la foto
   la motocicleta → la moto
   la radiografía → la radio

8. Many nouns ending in **-e** don't follow any specific gender rules. The gender of these nouns must be memorized. Most nouns ending in **-ante** or **-ente** that refer to a person can be masculine or feminine, depending upon the sex of the person to whom they refer.

el café	el/la estudiante
la gente	el/la gerente

9. Nouns and adjectives ending in **-ista** can be both masculine and feminine, depending on the gender of the person to whom they refer.

   el/la artista
   el/la dentista
   el/la periodista

   el presidente progresista
   la mujer realista

---

*Note that **el cometa** means *comet* but **la cometa** means *kite*.

¡A practicar!

A. For each of the following words, indicate the number of the corresponding rule of gender found in the preceding explanation. ¡OJO! If a word doesn't follow any of the rules of gender, indicate that fact with an **X**.

1. _____ el águila
2. _____ el archivo
3. _____ la crisis
4. _____ la cumbre
5. _____ el día
6. _____ la flor
7. _____ la foto
8. _____ la luz
9. _____ la mano
10. _____ la moto
11. _____ la mujer
12. _____ la nariz
13. _____ el pan
14. _____ el papel
15. _____ la playa
16. _____ la voz

B. Indicate the appropriate articles and adjectives for each of the following sentences.

1. _____ gente de mi barrio es muy _____. (simpático)
2. _____ aguas de los dos lagos son _____. (frío)
3. _____ fotos de mi novio, Francisco, son _____. (bonito)
4. _____ problema con _____ voz de Margarita es que es muy _____. (bajo)
5. _____ canciones que Leo canta son _____. (fabuloso)
6. _____ crisis con _____ clima en California es _____. (malo)
7. _____ nariz de Pepe, mi hermano menor, es muy _____. (largo)
8. _____ mapa de _____ ciudad que queremos visitar es _____. (pequeño)
9. _____ sol en las montañas es muy _____. (fuerte)
10. _____ árboles que están en _____ jardín son _____. (gigantesco)

B. *Ser* and *estar*

The irregular verbs **ser** and **estar** are used when describing people, places, and things. Here are some of the more common uses of **ser** and **estar**.

SER

1. to express inherent characteristics or the perceived norm with adjectives (I)

   Eva Perón **era** una mujer **elegante** y **sofisticada.**

2. with **de** to indicate origin (O)

   José **es de** Costa Rica.

3. with **de** to indicate possession (PO)

   Las flores **son de** Camila.

4. to indicate time (T)

   Eran las once cuando Sara llegó.
   Es la una y tenemos que salir.

ESTAR

1. to express the location of a physical entity (L)

   ¿Dónde está el bolígrafo?
   La foto **está en mi coche.**

2. to express a condition, such as health, mental state, or a change from the perceived norm (C)

   La profesora no puede hablar porque **está cansada.**
   Los niños **estaban** más animados ayer.
   Mariola, **¡estás lindísima** hoy!

5. to express where an event takes place (E)

¿Dónde **es** el examen final?
El concierto **es** en ese teatro.

3. to form the progressive (P)

Michael Jordan **estaba sudando** (*sweating*) profusamente.
María **está estudiando** con Pepe.

- Note how the use of **ser** or **estar** in the following sentences changes their meaning.

1. La paella **es** muy rica.
La paella **está** muy rica.

Paella is delicious. (it always is)
The paella tastes delicious. (This paella that I'm eating now)

2. Horacio **es** nervioso.

Héctor **está** nervioso.

Horacio is nervous. (he is a nervous person)
Héctor is nervous. (something must have happened to make him nervous)

3. Susana **es** guapa.

Lola **está** muy guapa.

Susana is pretty. (she's a pretty woman)
Lola looks very pretty. (she looks especially pretty today)

4. Ramón **es** aburrido.

Pepe **está** aburrido.

Ramón is boring. (he's a boring person)
Pepe is bored. (right now)

5. Paco **es** listo.

Juana **está** lista.

Paco is smart. (he's an intelligent person)
Juana is ready. (she's prepared to begin/go . . .)

¡A practicar!

A. Select the correct word or phrase from those given to complete each of the following sentences.

1. La familia de Diego es _____.
(en México, cerca de San Antonio, de México, tristes)
2. Los padres de Sergio estaban _____.
(ricos, de San Francisco, norteamericanos, preocupados)
3. Laura creía que Sara era _____.
(tímida, en otra tienda, llorando, con ella)
4. Sara estaba _____ cuando oyó las noticias.
(joven, tomando un café, cruel, una trabajadora)
5. Javier es _____.
(periodista, en Ruta Maya, frustrado, escribiendo un artículo)

B. Indicate the letter that explains why **ser** or **estar** is used in each of the following sentences.

E = event	O = origin	T = time
P = progressive	I = description of	L = location
PO = possession	inherent	
	characteristics	
	C = description of	
	state or condition	

1. _____ *Soy* de Miami. ¿Y tú?
2. _____ *¿Está* pensando en mudarse a Puerto Rico?
3. _____ Su casa natal *está* en San Juan.
4. _____ Tengo que irme; ya *son* las tres y media.
5. _____ La reunión *es* en la casa de Cristina.
6. _____ *Estamos* preparados para el examen.
7. _____ *Era* la una cuando Pepe llegó al laboratorio.
8. _____ Ellos *son* de Cuba pero sus antepasados *eran* de España.
9. _____ La reunión *fue* en la oficina del presidente.
10. _____ *Es* una mujer muy lista y capaz.
11. _____ El coche rojo *es* de Diego.
12. _____ Marisol *estaba* muy contenta de oír la voz de su esposo.
13. _____ *Estuvo* estudiando durante tres horas.
14. _____ Los muebles antiguos *son* de sus abuelos.
15. _____ La puerta *estaba* cerrada.

C. Past participles used as adjectives

The past participle can be used as an adjective to modify a noun. This type of adjective is frequently used with **estar,** as it often describes the state or condition that results from an action or change. Remember that the rules of agreement apply.

- Regular past participles are formed by adding **-ado** to the stem of **-ar** verbs and **-ido** to the stem of **-er** and **-ir** verbs.

  Laura está **frustrada** con Sara. (frustrar)
  Diego y Sergio estaban **sorprendidos** porque había tanta gente en el café aquel día. (sorprender)
  Javier estaba **dormido** durante la reunión porque era **aburrida.** (dormir, aburrir)

- Some verbs have irregular past participles while others simply add a written accent to maintain the appropriate stress.

IRREGULAR PAST PARTICIPLES		ADDED ACCENT
abrir: abierto	morir: muerto	caer: caído
cubrir: cubierto	poner: puesto	creer: creído
decir: dicho	resolver: resuelto	leer: leído
descubrir: descubierto	romper: roto	oír: oído
escribir: escrito	ver: visto	traer: traído
hacer: hecho	volver: vuelto	

¡A practicar!

Indicate the appropriate past participle form for each of the following sentences.

1. La comida está _____ para los invitados. (preparar)
2. Ya es tarde; los niños están _____. (dormir)
3. Las nuevas máquinas están _____ de metal. (hacer)
4. Los platos _____ están en la basura. (romper)
5. Los zapatos que llevas están _____ de moda. (pasar)
6. Los documentos estaban _____ en francés. (escribir)
7. La tienda estaba _____ cuando llegué. (abrir)

D. Uses and omission of articles

Definite articles

In Spanish, the definite article (**el/la/los/las**) is necessary in many cases in which no article is used in English. Although you will find exceptions, the following rules will serve as a general guideline to help you decide whether or not to use the definite article.

1. The definite article is needed before nouns that refer to concepts and abstract things and to nouns used in a general sense.

El amor nos ayuda a sobrevivir.	*Love helps us to survive.*
Los deportes son importantes para **la gente joven.**	*Sports are important for young people.*
El dinero puede causar problemas en vez de resolverlos.	*Money can cause problems instead of solving them.*

2. The definite article is used with nouns that refer to a general group.

La gente sin recursos necesita nuestra ayuda.	*People without resources need our help.*
Los inmigrantes han aportado mucho a nuestro país.	*Immigrants have contributed a lot to our country.*

3. The definite article is used for dates, seasons, meals, and hours.

Vamos a México **el tres de enero** para pasar **el invierno** en la playa.	*We're going to Mexico on January third to spend the winter at the beach.*
Sirven **la cena** a eso de **las ocho** de **la noche.**	*They serve dinner at about eight at night.*

4. The definite article is used in place of a possessive adjective for parts of the body and clothing.

Me puse **las sandalias** para ir a la playa.	*I put my sandals on to go to the beach.*
Rafael se lavó **la cara** con agua fría para despertarse.	*Rafael washed his face with cold water to wake up.*

5. The definite article precedes most professional titles or titles of respect, including **señor(a) (Sr[a].)** and **doctor(a) (Dr[a].)** when referring to or talking about these people. The masculine plural article **los** is used with surnames when referring to a family.

La Sra. Romo fue a ver al **Dr.** Peña.	*Mrs. Romo went to see Dr. Peña.*
Los Rivera y **los Smith** son amigos.	*The Riveras and Smiths are friends.*

6. The definite article is used before names of sciences, skills, school subjects, and languages when they are the subjects of a sentence or the object of a preposition other than **de** or **en**. When languages are objects of a verb, the article is also not used.

El español es mi clase favorita, pero tengo problemas con **la conjugación** de los verbos.	*Spanish is my favorite class, but I have problems with conjugation of the verbs.*
but No estoy muy interesado en **química.**	*I'm not very interested in chemistry.*
El libro de **alemán** cuesta más de 40 dólares.	*The German book costs more than $40.00.*
Estoy tomando historia, matemáticas y español.	*I'm taking history, math, and Spanish.*

7. The definite article is used with **cama, cárcel** (*jail*), **colegio, escuela, guerra, iglesia,** and **trabajo** when they are preceded by a preposition.

Si vuelves de **la escuela** antes de las 3:30, todavía estaré en **la iglesia.**	*If you return from school before 3:30, I will still be in church.*

8. The masculine singular definite article **el** forms a contraction with the prepositions **de** and **a.** These are the only such contractions in Spanish.

No encuentro las llaves **del coche.**	*I can't find the car keys.*
but No encuentro las llaves **de la casa.**	*I can't find the house keys.*
Ayer fui **al centro comercial** para comprar zapatos.	*Yesterday I went to the mall to buy shoes.*
but Ayer fui **a la zapatería,** pero no me gustaron los precios allí.	*Yesterday I went to the shoe store, but I didn't like the prices there.*

Indefinite articles

In Spanish, the indefinite article (**un/una/unos/unas**) is used less frequently than in English. Therefore, the rules in Spanish deal mostly with the omission of the article.

1. No indefinite article is used after the verb **ser** when referring to professions, nationalities, or political and religious affiliations. But whenever these items are modified with an adjective, the indefinite article must be used.

No quiere ser **administradora.**

She doesn't want to be an administrator.

Era republicano pero ahora es **un demócrata apasionado.**

He was a Republican but now he's a fervent Democrat.

2. No indefinite article is used before **otro/a, medio/a, cierto/a, mil, cien,** or **ciento.**

No hay **otra manera** de hacer la receta excepto con **media libra** de tomates frescos.

El libro cuesta **mil** ciento cincuenta nuevos **pesos.**

There's no other way to make the recipe except with a half pound of fresh tomatoes.

The book costs one thousand one hundred and fifty new pesos.

¡A practicar!

For the following narration, indicate the appropriate definite or indefinite article, according to the context of the story. **¡OJO!** In some cases no article is required.

_____[1] primo de Sara es _____[2] maestro en _____[3] escuela secundaria cerca de _____[4] frontera[a] entre España y Portugal. Enseña _____[5] inglés y _____[6] matemáticas. En total tiene _____[7] cien estudiantes en _____[8] inglés y _____[9] ciento veinte estudiantes en _____[10] matemáticas.

_____[11] Sr. Garrudo es _____[12] jefe de estudios[b] de _____[13] secundaria y insiste en que _____[14] maestros lleguen _____[15] hora antes de que empiecen _____[16] clases para hablar sobre _____[17] manera más satisfactoria de ayudar a _____[18] estudiantes con _____[19] problemas de _____[20] aprendizaje.[c] Es _____[21] administrador comprensivo y dedicado a _____[22] desarrollo académico y psicológico de _____[23] estudiantes de su escuela. El cree con todo _____[24] corazón[d] que _____[25] dedicación, _____[26] paciencia y _____[27] amor son _____[28] componentes necesarios para asegurar[e] _____[29] éxito[f] de todos _____[30] estudiantes.

[a]*border* [b]*jefe... principal* [c]*learning* [d]*con... wholeheartedly* [e]*assure* [f]*success*

Punto clave: Comparación

When describing people, places, things, emotions, and actions, we often compare them with others that are the same or different. In this section, you will review (A) comparisons of equality, (B) comparisons of inequality, (C) irregular comparative forms, and (D) superlatives.

A. Comparisons of equality

When you compare people, places, and things that are equal, use the following formulas.

1. **tan** + *adjective* + **como** (Note that the adjective always agrees with the subject.)

Laura es **tan lista como** Sergio.
Javi y Jacobo son **tan ambiciosos como** su padre.

2. **tan** + *adverb* + **como**

Javier habla **tan rápidamente como** Sara.
Laura duerme **tan profundamente como** Sara.

3. **tanto/a/os/as** + *noun* + **como** (Note that **tanto** agrees in number and gender with the noun.)

Su tío tiene **tanto dinero como** su padre.
Cristina ha traído **tantos regalos como** Diego.
Marisol tiene **tantas amigas como** Sean.

4. *verb* + **tanto como**

Felipe **gasta tanto como** yo.
Jorge no **come tanto como** su hermano.

B. Comparisons of inequality

When you compare people, places, or things that are not equal, use the following formulas.

1. **más/menos** + *adjective, adverb,* or *noun* + **que**

Marisol estaba **más contenta** con el Hotel Regina **que** tú.
Uds. viajan **más frecuentemente que** nosotros.
Este plan tiene **menos actividades que** el otro.

2. *verb* + **más/menos** + **que**

Pablo siempre **paga menos que** Roberto.
Los europeos **fuman más que** los norteamericanos.

3. **más de/menos de** + *number*

El viaje a Madrid le costará **menos de 1.000 dólares.**
Hay **más de 55 personas** apuntadas (*signed up*) para esta excursión.

C. Irregular comparative forms

Some adjectives have a regular and an irregular comparative form.

mejor	*better*
peor	*worse*
mayor	*older; greater*
menor	*younger; lesser*

¡OJO! Do not use **más bueno/malo** or **más joven/viejo** in these instances.

Esta clase es **mejor que** la del semestre pasado.
Carolina es **menor que** Sara.
Los efectos del terremoto (*earthquake*) son **mayores que** los del huracán.

D. Superlatives

1. Superlative comparisons rank one member of a group as the highest or lowest example of its kind. In general, superlatives are formed as follows.

    definite article + *noun* + **más/menos** + *adjective* + **de**

    Pancho es **el estudiante más entretenido** (*entertaining*) **de** todos.
    La solución más sensata ha sido el aumento (*increase*) **del** precio.

    - Note that irregular forms precede the noun in this type of comparison. Of course, **más/menos** is not used in these constructions.

    Dormir en la playa es **la peor idea del** mundo porque hay muchos mosquitos.

2. To indicate that someone or something is superlative without mentioning in relation to what or whom, you may use an *adjective* + **-ísimo/a/os/as** (known as an *independent superlative*). Note that the adjective drops the final vowel before adding the suffix.

    Las playas de Costa Rica son **bellísimas.**
    El tatuaje que se puso Ramón en el brazo es **feísimo.**

¡A practicar!

A. Write complete sentences, using the cues given and information in the chart.

NOMBRE	EDAD	HERMANOS	COCHE	GPA
Mario	23	3	Honda	2.75
Elena	24	2	VW Rabbit	3.5
Juan	25	3	Mercedes	3.5

1. Elena / Juan / ser / listo
2. Mario / Juan / ser / joven
3. Juan / Mario / Elena / tener / coche / bueno
4. Mario / Juan / tener / hermanos
5. Elena / Mario / tener / hermanos

B. Translate the following sentences.

1. María is the most serious student in the class.
2. This is the worst day of my life.
3. This city is extremely large.

Punto clave: Reacciones y recomendaciones

When reacting to situations or making recommendations in Spanish, you will often need to use the subjunctive mood. In order to help you master the concepts of the subjunctive, this section contains a review of (A) present subjunctive forms, (B) past subjunctive forms, (C) use of the subjunctive in noun clauses, and (D) formal and informal commands.

A. Formation of the present subjunctive

1. The present subjunctive is formed by dropping the **-o** from regular present-tense first-person singular indicative forms, then adding **-e** endings to **-ar** verbs and **-a** endings to **-er/-ir** verbs.

-ar		**-er/-ir**
ayudar	leer	vivir
ayud**o** → ayud-	le**o** → le-	viv**o** → viv-
ayud**e**	le**a**	viv**a**
ayud**es**	le**as**	viv**as**
ayud**e**	le**a**	viv**a**
ayud**emos**	le**amos**	viv**amos**
ayud**éis**	le**áis**	viv**áis**
ayud**en**	le**an**	viv**an**

2. Verbs that undergo spelling changes or are irregular in the first-person singular indicative retain this irregularity throughout the present subjunctive.

tener	hacer	conocer
teng**o** → teng-	hag**o** → hag-	conozc**o** → conozc-
tenga	haga	conozca
tengas	hagas	conozcas
tenga	haga	conozca
tengamos	hagamos	conozcamos
tengáis	hagáis	conozcáis
tengan	hagan	conozcan

3. There are six irregular verbs in the present subjunctive.

   dar: dé, des dé, demos, deis, den
   estar: esté, estés, esté, estemos, estéis, estén
   haber: haya, hayas, haya, hayamos, hayáis, hayan
   ir: vaya, vayas, vaya, vayamos, vayáis, vayan
   saber: sepa, sepas, sepa, sepamos, sepáis, sepan
   ser: sea, seas, sea, seamos, seáis, sean

4. Stem-changing **-ar** and **-er** verbs in the subjunctive do not include the stem change for the **nosotros** and **vosotros** forms. Stem-changing **-ir** verbs, however, do retain a stem change for those forms.

   -ar: sentarse (ie)
      me s**ie**nte, nos s**e**ntemos
   -er: volver (ue)
      v**ue**lva, v**o**lvamos

   -ir: pedir (i, i)
      p**i**da, p**i**damos
   sentir (ie, i)
      s**ie**nta, s**i**ntamos

B. Formation of the past subjunctive

1. The past subjunctive is formed by dropping the **-ron** from the third-person plural preterite form* and replacing it with endings that include **-ra**[†] for **-ar, -er,** and **-ir** verbs. Note the written accents on the first-person plural forms.

-ar	-er	-ir
ayudar	leer	vivir
ayuda**ron** → ayuda-	leye**ron** → leye-	vivie**ron** → vivie-
ayuda**ra**	leye**ra**	vivie**ra**
ayuda**ras**	leye**ras**	vivie**ras**
ayuda**ra**	leye**ra**	vivie**ra**
ayudá**ramos**	leyé**ramos**	vivié**ramos**
ayuda**rais**	leye**rais**	vivie**rais**
ayuda**ran**	leye**ran**	vivie**ran**

2. All irregular third-person plural preterite forms retain the irregularity in the past subjunctive.

dar: dieron → diera, dieras, diera, ...
estar: estuvieron → estuviera, estuvieras, estuviera, ...
saber: supieron → supiera, supieras, supiera, ...

C. Using the subjunctive in noun clauses

Sentences that use the subjunctive have two clauses: an independent (main) clause and a dependent (subordinate) clause. The two clauses are generally separated by the connector **que.**

INDEPENDENT CLAUSE   DEPENDENT CLAUSE

Yo recomiendo + **que** + ella tenga más paciencia.
I recommend + (that) + she have more patience.

Note that the English connector *that* is optional, whereas **que** is not.

1. Conditions for the use of subjunctive in Spanish

- The two clauses must have different subjects.

  (**Yo**) Quiero que **ellos** lleguen   *I want them to arrive early.*
  temprano.

- If there is no change of subject, use the infinitive in the dependent clause.

  Quiero llegar temprano.   *I want to arrive early.*

---

*See the next **Explicación gramatical** section, **Narración en el pasado,** for a complete reference of preterite forms.
[†]An alternate ending that includes **-se** is also possible, but less common. It is used mostly in Spain, in legal documents, and in literature. Here's an example of **escribir** conjugated in this manner: escribie**ron** → escribie**se**, escribie**ses**, escribie**se**, escribié**semos**, escribie**seis**, escribie**sen**.

- The verb in the independent clause must be in the indicative and express (W) willing/wish, (E) emotion, (I) impersonal expressions, (R) requests, (D) doubt or denial, or (O) ojalá (*I wish* or *Here's hoping*). If the verb in the independent clause does *not* indicate any of the WEIRDO categories, the verb in the dependent clause must be in the indicative (even if the two clauses have different subjects). Compare the following examples, also noting how the sequence of tenses comes into play.

  Quiero que ellos **estén** contentos en su casa nueva. (W: *wish expressed*)
  Sé que ellos **están** contentos en su casa nueva. (*certainty expressed*)

  Recomiendo que Loli **tenga** su propio dormitorio. (R: *request expressed*)
  Estoy seguro de que Loli **tiene** su propio dormitorio. (*certainty expressed*)

  Tenía miedo de que **hubiera** cucarachas en la cocina. (E: *emotion expressed*)
  Era cierto que **había** cucarachas en la cocina. (*certainty expressed*)

- Impersonal expressions or generalizations that express willing/wish, emotion, request, doubt, or denial are followed by an infinitive. When one of these generalizations is personalized (made to refer to a specific entity), it is followed by the subjunctive in the dependent clause.

  Es necesario matar las cucarachas. (*general*)
  Es necesario que **Javier mate** las cucarachas. (*personalized*)

  Era terrible tener cucarachas en casa. (*general*)
  Era terrible que **yo tuviera** cucarachas en casa. (*personalized*)

- Here are some expressions that always use the subjunctive.

  W: willing/wish; R: requests (these expressions indicate a direct or implicit command)

  (no) decir (*irreg.*) que (when **decir** means *to tell someone to do something*)
  (no) desear que

  (no) necesitar que
  (no) querer (*irreg.*) que
  (no) recomendar (ie) que
  (no) sugerir (ie, i) que

  E: emotion; O: ojalá

  (no) alegrarse de que
  (no) es una lástima que
  (no) esperar que
  (no) gustar que

  (no) sentir (ie, i) que
  (no) temer (*to fear*) que
  ojalá (que)

  I: impersonal expressions (indicate opinion or a subjective reaction)

  más vale que (*it's better that*)
  (no) es bueno que
  (no) es difícil que
  (no) es evidente que
  (no) es importante que
  (no) es imposible que

  (no) es increíble que
  (no) es mejor que
  (no) es necesario que
  (no) es posible que
  (no) es probable que
  (no) puede ser que

D: doubt or denial*

dudar (*to doubt*) que	no es verdad que
negar (ie)† que (*to deny*)	no estar seguro de que
no creer que	no pensar (ie) que
no es cierto que	

2. Sequence of tenses

If the verb in the main clause is in the present tense, you have three options of tenses to use in the subordinate clause. If the comment is in the present, but the action occurred in the past, you use the present perfect subjunctive or the past subjunctive.

Note, however, that if the comment in the main clause is in the past tense, then the past subjunctive or pluperfect subjunctive *must* be used in the subordinate clause.

MAIN CLAUSE   SUBORDINATE CLAUSE

PRESENT

Me alegro de que
{
tengas bastante dinero. (*present subjunctive*)
hayas tenido bastante dinero. (*present perfect subjunctive*)
tuvieras bastante dinero. (*past subjunctive*)
}

PRETERITE (PAST)

Me alegré de que
{
tuvieras bastante dinero. (*past subjunctive*)
hubieras tenido bastante dinero. (*pluperfect subjunctive*)
}

¡A practicar!

A. Complete the following sentences with the corresponding indicative, subjunctive, or infinitive forms.

1. Ellos insisten en que ella _____ (asistir) a la recepción.
2. Es ridículo que él _____ (comprar) otro coche caro.
3. Es imposible que Juanito no _____ (saber) leer ese libro.
4. Niegan que tú _____ (ser) extranjero.
5. Alguien me dice que Uds. no _____ (ser) hermanos.
6. ¿Te sorprende que tu hermano _____ (ser) mi enemigo?
7. Creemos que Bárbara _____ (ir) a la playa durante el verano.
8. Espero que ellos _____ (traer) los cuadernos de ejercicios.
9. Es necesario que nosotros _____ (trabajar) por la noche.
10. Dudan que yo _____ (poder) resolver el problema.

---

*Note that in cases where certainty or the definite knowing of something is expressed, the indicative is used: **No estoy segura de** que Elena **tenga** razón, pero **es cierto** que ella **sabe** mucho.
†With **no negar,** either the indicative or the subjunctive may be used, although the tendency is to use the subjunctive: **No niego** que **sea** verdad.

B. Complete the following sentences according to the context of each situation.

1. Luis fuma dos cajetillas (*packs*) de cigarrillos cada día.
   Es terrible que _____.
   El médico recomienda que _____.
2. Inés nunca sale con sus amigos porque siempre está estudiando.
   Es triste que _____.
   Es evidente que _____.
3. La novia de Héctor siempre coquetea con otros hombres.
   Sugiero que Héctor _____.
   Es obvio que su novia _____.
   A Héctor no le gusta que su novia _____.

D. Commands

1. Giving formal and informal commands is a more direct way of influencing the behavior of others. Study the following chart of regular command forms. Note that many commands share the present subjunctive forms. Regular affirmative **tú** commands share the third-person singular indicative form.

REGULAR COMMANDS				
		FORMAL (Ud., Uds.)		INFORMAL (tú)
-ar verbs	hablar	hable no hable	hablen no hablen	habla no hables
-er verbs	comer	coma no coma	coman no coman	come no comas
-ir verbs	escribir	escriba no escriba	escriban no escriban	escribe no escribas

- The following verbs have irregular command forms.

IRREGULAR COMMANDS		
FORMAL (Ud., Uds.)		**INFORMAL (tú)**
decir	diga no diga	digan no digan	di no digas
hacer	haga no haga	hagan no hagan	haz no hagas
ir	vaya no vaya	vayan no vayan	ve* no vayas
poner	ponga no ponga	pongan no pongan	pon no pongas
salir	salga no salga	salgan no salgan	sal no salgas
ser	sea no sea	sean no sean	sé[†] no seas
tener	tenga no tenga	tengan no tengan	ten no tengas
venir	venga no venga	vengan no vengan	ven no vengas

2. Pronouns (reflexive, direct object, indirect object) attach to the end of affirmative commands and precede the conjugated verb in negative commands. In the case of more than one pronoun, the indirect object pronoun or reflexive pronoun always precedes the direct object pronoun. (For more on the use of direct and indirect object pronouns, see the **Explicación gramatical** section on **Hablar de los gustos**.)

Hazlo.	*Do it.*
No lo hagas.	*Don't do it.*
Dámela.	*Give it to me.*
No me la des.	*Don't give it to me.*
¡Levántate ya!	*Get up at once!*
No te levantes todavía.	*Don't get up yet.*

Note that written accents are added when attaching pronouns. This is done in order to maintain the stress of the original conjugation of the verb.

---

*The affirmative informal command for **ir** has the same form as that of **ver: ve.** Context will determine meaning: ¡**Ve a casa!, ¡Ve esa película!**
[†]The informal command form of **ser** is the same as the first-person singular indicative form of **saber: sé.** Again, context will determine meaning.

3. The **Uds.** command form is used in formal *and* informal situations in Latin America. **Vosotros** command forms are used only in Spain where the informal plural is very common and appropriate in informal situations. Affirmative **vosotros** commands are formed by replacing the final **-r** from the infinitive with **-d.** Negative **vosotros** commands are expressed with the present subjunctive. Note in the following examples that there are no irregular **vosotros** command forms.

comer: comed
decir: decid
escribir: escribid

hablar: hablad
ir: id
tener: tened

decir: no digáis

hablar: no habléis

4. To express suggestions and collective commands, such as *Let's go, Let's leave, Let's speak,* and so forth, use the present subjunctive **nosotros** form, following the same rules for stem-changing verbs.

Cantemos. Volvamos. Salgamos. Comamos. Levantémonos.

Note that in reflexive verbs the final **-s** is dropped from the conjugated verb. This is to avoid an awkward pronunciation. Thus, **bañémosnos** becomes **bañémonos.**

¡A practicar!

A. Create and fill in charts like the ones below with commands, paying special attention to the **tú** affirmative commands. Place the affirmative commands in the first column and the negative commands in the second. Substitute the correct pronoun for the italicized words. Some have been done for you as a model.

	hacer *la tarea*		ponerse *la chaqueta*	
	afirmativo	*negativo*	*afirmativo*	*negativo*
tú Ud. Uds.		No la haga.	Póngansela.	

	escribir *a los padres*		castigar *al niño*	
	afirmativo	*negativo*	*afirmativo*	*negativo*
tú Ud. Uds.				

	decir *la verdad*		leer *los capítulos*	
	afirmativo	*negativo*	*afirmativo*	*negativo*
tú Ud. Uds.				

B. Translate the following commands.

1. Let's buy it. (**la alfombra**)
2. Let's sit down.
3. Bring it. (**la cerveza, tú**)
4. Play it. (**la guitarra, Ud.**)
5. Don't lose them. (**las llaves, Uds.**)
6. Let's not get up.
7. Wait for him. (**Ud.**)
8. Leave. (**tú**)
9. Don't do it. (**tú**)
10. Give it to them. (**la respuesta, Uds.**)

C. Give the subjunctive **tú** or the **tú** command form of the indicated verb necessary to complete the following sentences.

SUBJUNCTIVE   COMMANDS

1. salir: Quiero que _____.   _____.
                                               No _____.

2. trabajar: Los jefes recomien-
   dan que _____.   _____.
                                               No _____.

3. lavarse: Ella quiere
   que _____.   _____.
                                               No _____.

4. hacerlo: Sugiero que _____.   _____.
                                               No _____.

5. venir: Manolo prefiere
   que _____.   _____.
                                               No _____.

Punto clave: Narración en el pasado

Narrating in the past requires that you know the past-tense verb forms and that you study and practice using the preterite, the imperfect and the past perfect tenses. To help you master this **punto clave,** this section contains (A) a review of the verb forms for the preterite and imperfect, (B) hints for understanding the relationship and differences between them through the use of the **carne/columna** metaphor, an explanation chart, and symbols to show how events take place in time and in relation to each other, (C) a list of verbs with different meanings in the preterite and imperfect, and (D) a review of the perfect tenses.

A. Formation of the preterite and imperfect

1. Preterite forms

- Here is a review of preterite verb forms, including high frequency irregular forms.

REGULAR PRETERITE FORMS

hablar:	hablé,	hablaste,	habló,	hablamos,	hablasteis,	hablaron
comer:	comí,	comiste,	comió,	comimos,	comisteis,	comieron
vivir:	viví,	viviste,	vivió,	vivimos,	vivisteis,	vivieron

IRREGULAR PRETERITE FORMS

dar:	di	diste	dio	dimos	disteis	dieron
decir:	dije	dijiste	dijo	dijimos	dijisteis	dijeron
estar:	estuve	estuviste	estuvo	estuvimos	estuvisteis	estuvieron
hacer:	hice	hiciste	hizo*	hicimos	hicisteis	hicieron
ir:†	fui	fuiste	fue	fuimos	fuisteis	fueron
poder:	pude	pudiste	pudo	pudimos	pudisteis	pudieron
poner:	puse	pusiste	puso	pusimos	pusisteis	pusieron
querer:	quise	quisiste	quiso	quisimos	quisisteis	quisieron
saber:	supe	supiste	supo	supimos	supisteis	supieron
ser:†	fui	fuiste	fue	fuimos	fuisteis	fueron
tener:	tuve	tuviste	tuvo	tuvimos	tuvisteis	tuvieron
traer:	traje	trajiste	trajo	trajimos	trajisteis	trajeron
venir:	vine	viniste	vino	vinimos	vinisteis	vinieron

- Verbs that end in **-car, -gar,** and **-zar** show a spelling change in the first person singular of the preterite.

  buscar: bus**qué**, buscaste, ...
  pagar: pa**gué**, pagaste, ...
  empezar: empe**cé**, empezaste, ...

- An unstressed **-i-** between two vowels becomes **-y-** in the preterite.

  creer: creió → creyó   leer: leió → leyó
  creieron → creyeron   leieron → leyeron

- Although **-ar** and **-er** stem-changing verbs have no stem change in the preterite (**me acuesto** → **me acosté; pierde** → **perdió**), **-ir** stem-changing verbs do have a change in the preterite, but only in the third-person singular and plural. Thus, the stem vowels **e** and **o** change to **i** and **u,** respectively. You will notice in this text that some verbs are listed with two sets of letters in parentheses.

  divertirse (ie, i)   conseguir (i, i)   dormir (ue, u)

---

*The **-c-** in the preterite stem is replaced here with **-z-** in order to maintain the /s/ sound.
†Note that **ir** and **ser** share the same preterite forms. Context will determine meaning: Mis tíos **fueron** a Londres para las vacaciones. Hace mucho tiempo los dos **fueron** maestros.

The first set of letters indicates a stem change in the present tense and the second set represents a change in both the preterite and the present participle.

pedir (i, i)

PRESENT	PRETERITE
pido	pedí
pides	pediste
pide	pidió
pedimos	pedimos
pedís	pedisteis
piden	pidieron

PRESENT PARTICIPLE

pidiendo

dormir (ue, u)

PRESENT	PRETERITE
duermo	dormí
duermes	dormiste
duerme	durmió
dormimos	dormimos
dormís	dormisteis
duermen	durmieron

PRESENT PARTICIPLE

durmiendo

2. Imperfect forms

- Here is a review of imperfect forms.

hablar:	hablaba	hablabas	hablaba	hablábamos	hablabais	hablaban
comer:	comía	comías	comía	comíamos	comíais	comían
vivir:	vivía	vivías	vivía	vivíamos	vivíais	vivían

- There are only three irregular verbs in the imperfect.

ir:	iba	ibas	iba	íbamos	ibais	iban
ser:	era	eras	era	éramos	erais	eran
ver:	veía	veías	veía	veíamos	veíais	veían

B. Using the preterite and imperfect

A general rule of thumb to help you understand the distinction between the preterite and the imperfect is that the preterite is used to report events that were completed in the past. The focus may be on the beginning of an event (**Empezó a llorar.**), the end of an event (**Terminó de escribir el informe.**), or on the event from the beginning to the end (**Compró otro coche.**). On the other hand, when the focus is on the middle of the action, with no concern for when it started or ended, the imperfect is used. Think of the preterite verbs as those that move the storyline forward (the backbone of the story) and the imperfect as the descriptive filler (the flesh) used to enhance the listener's ability to picture more fully the circumstances of the past event being described. This distinction will be presented in three ways: (1) as a metaphor to guide you as you analyze and create past time discourse, (2) as a general explanation of when to use the preterite or the imperfect, and (3) as an explanation of how events take place in time.

1. The metaphor*

The backbone/flesh metaphor can help you understand the relationship between the preterite and the imperfect. Think of the backbone (**la**

---

*Metaphor created by Dr. Ruth Westfall of the University of Texas at Austin.

columna) as the information that moves a story forward, a series of completed actions (preterite). As each event ends (as represented with an **X**), a new event begins, which in turn moves the story forward in time. Notice that, in the events narrated below, each preterite verb moves the storyline forward from the point of waking up to the point of leaving for Santiago. The preterite is the backbone of the story.

Se despertó temprano.	X	X	
Comió rápidamente.	X	X	
Salió corriendo de la casa.	X	X	backbone
Llegó a la oficina a las ocho.	X	X	**(la columna)**
Firmó el documento.	X	X	
Salió para Santiago.	X	X	

Verbs in the imperfect do not introduce new events into the story and therefore do not move the storyline forward. The imperfect is connected to a time (which can be a moment or an extended interval of time) that has been or will be referred to in the preterite. In other words, the imperfect stops the storyline to fill in descriptive details or to "flesh out" the story. Hence, the reference to the imperfect as the flesh (**la carne**) of the story. Note how the imperfect adds details to the above story.

FLESH (**LA CARNE**)	BACKBONE (**LA COLUMNA**)	FLESH (**LA CARNE**)
	Se despertó temprano.	Era una mañana lluviosa.
	X	~~~~~
	Comió rápidamente.	No tenía mucha hambre.
	X	
Quería llegar temprano.	Salió corriendo de la casa.	Estaba un poco nervioso.
	X	~~~~~
~~	Llegó a la oficina a las ocho.	Su jefe lo esperaba.
	X	~~~~~
Temblaba un poco.	Firmó el documento.	Tenía que ser valiente.
~~	X	~~~~~
	Salió para Santiago.	

Notice how the imperfect refers to a time specified by the preterite storyline.

- At the time he woke up, it was a rainy morning.
- At the time of eating, he wasn't very hungry.
- He ran from his house because he wanted to arrive early. At the time of leaving, he was feeling a little nervous.
- At the time of his arrival at the office, his boss was waiting for him.
- He was shaking at the time of signing the document, but he had to be brave.
- Then he left for Santiago.

This metaphor is very helpful as you create your own stories in the past, and it is also helpful in analyzing existing texts in Spanish. Read the following narrative. On a separate sheet of paper, indicate the **columna** and the **carne** found in the narration, using the previous example as a model.

El año pasado, Sara fue a Andalucía para pasar las vacaciones de primavera. Hacía muy buen tiempo. El sol brillaba[1] cada día. Primero, Sara paró en Granada, donde visitó la Alhambra. Era un lugar impresionante. Tenía vistas increíbles. Después, se marchó[2] a Sevilla para ver la famosa Semana Santa. Había flores por todas partes y las calles estaban llenas de gente de todas partes. Decidió entonces volver allí para hacer un reportaje para la emisora de radio.

[1]*was shining* [2]*se... se fue*

This metaphor can be very useful when you are reading a text in Spanish. If you are confused about what happened in a particular passage, take out the preterite verbs so you have the backbone of the story. Each verb in the preterite accounts for the forward movement of the narrative.

2. Usage chart

Here is a brief summary of some of the more common uses of the preterite and the imperfect.

PRETERITE X	IMPERFECT 〜〜〜
a. completed action	a. middle of an action with no focus on beginning or end
Fui al concierto. Me **puse** furiosa y **decidí** irme. El picnic **terminó** cuando **empezó** a llover.	Lo **leía** con gran interés. **Dormía** tranquilamente. Mientras su padre **trabajaba,** ...
b. completed actions in succession	b. habitual action
Se **levantó, comió** y **llamó** a Ana.	Siempre **comía** rápidamente.
c. completed action with specific time period or number of times indicated	c. description of physical and emotional states, including past opinions and desires
Llamó tres veces. **Vivió** cuatro años en Madrid.	El chico **era** alto y delgado. **Tenía** miedo de todo. **Quería** escaparse.
d. Summary or reaction statement	d. background information such as time, weather, and age
Fue un verano perfecto.	**Eran** las dos de la tarde y ya **hacía** frío. En 1978, ella **tenía** trece años.

3. Uses of the preterite: expansion

   a. Completed action. Completed actions may refer to events that happened and ended quickly: *Se sentó* **en el sillón y** *cerró* **los ojos.** They may also refer to the beginning or end of an action: *Decidió* **investigarlo.** *Terminaron* **la investigación.** Or they may refer to actions that started and ended in the past: *Limpió* **la casa entera.**

   b. Completed actions in succession. A series of actions, in which one action ends before the other begins, is considered to be completed: *Tomó* **el desayuno,** *limpió* **la casa y** *cortó* **el césped** (*grass*). In each case where the preterite is used in this example, the action had a definite beginning and a definite end.

   c. Completed action with specific time period or number of times indicated. The preterite can be used to describe an event which took place a specific number of times or occurred throughout a closed interval of time (such as, for example, **por dos años**): **Pablo** *volvió* **a su pueblo cinco veces el año pasado** (he returned a specific number of times). **Diego** *estudió* **en Monterrey por cuatro años** (he studied there during a closed interval of time—four years).

   d. Summary or reaction statement. The preterite is also used to represent a summary statement or a reaction to a series of events packaged as a whole: **¿Qué tal la película? Me** *encantó.* **¡***Fue* **fenomenal!** (overall reaction to the picture as a whole) **¿Qué tal el viaje?** *Fue* **maravilloso** (the whole trip was wonderful).

4. Uses of the imperfect: expansion

   a. Middle of an action with no focus on the beginning or end. The imperfect is used to express what was in the process of happening (middle of an action) at the time of the story in the past.

Elena **preparaba** la comida mientras su esposo **bañaba** a los niños.	*Elena was preparing the meal while her husband was bathing the children.* (beginning and end of both actions are not specified)

   b. Habitual action. The imperfect is used to describe an activity that used to occur in the past when no definite length of time is mentioned.

Siempre **escuchaba** su música favorita en la sala.	*She always listened to her favorite music in the living room.* (habitual action)

   c. Description of physical and emotional states, including past opinions and desires. The imperfect is also used to describe characteristic states in the past.

Llevaba un traje elegante. Estaba guapísimo, pero **estaba** muy nervioso.	*He wore an elegant suit. He was looking extremely handsome, but he was very nervous.* (description of his physical and mental states)

Quería aprender más...	*He wanted to learn more . . .* (his desire was continuous in the past)

d. Background information such as time, weather, and age. The imperfect is used to set the scene by giving background information.

Era una noche oscura.	*It was a dark night.* (background information)

- Note that the imperfect can also be used to refer to the future in a past statement.

Me dijo que **iba** a romper con Diego.	*She told me she was going to break up with Diego (in the near future).*
Afirmó que **venía** a la fiesta.	*He stated that he was coming (would come) to the party.*

5. How events take place in time
You may use the following symbols to help describe the usage of the preterite and the imperfect in Spanish.

At a specific point in time	*Continuous, in progress*
Decidió mudarse.	De niño, **tocaba** el piano.
X	∿∿∿
Sequential	*Continuous, interrupted by another action*
Hice las tortillas, **cené** y **lavé** los platos.	Me **bañaba** cuando **sonó** el teléfono.
X X X	∿✗∿

¡A practicar!

A. In this exercise you will work only with the four uses of the preterite previously mentioned. List the appropriate letter (a–d) for each verb in italics to indicate which type of completed action is being expressed. Study the explanations again, if you wish.

1. _____ Marisol y Sean *abrieron* el café Ruta Maya en 1989.
2. _____ _____ El día en que *inauguraron* el café *fue* fenomenal para ellos.
3. _____ _____ _____ Todos sus amigos *llegaron, tomaron* café y los *felicitaron.*
4. _____ _____ La madre de Marisol no *pudo* asistir, pero la *llamó* tres veces durante aquel día.
5. _____ _____ _____ En 1994 *celebraron* el quinto aniversario del café; la madre de Marisol los *sorprendió* y *llegó* sin avisarlos.
6. _____ *Fue* una sorpresa muy especial.
7. _____ ¡La celebración *duró* tres días!

B. In this exercise you will work only with the four uses of the imperfect previously mentioned. List the appropriate letter (a–d) for each verb in italics to indicate which type of on-going activity or state is being described. Study the explanations again, if you wish.

1. _____ _____ El día de la apertura *(opening)* de Ruta Maya, Marisol *sentía* un orgullo tan grande que no *podía* contenerlo.
2. _____ _____ _____ *Era* un día perfecto: el sol *brillaba* pero no *hacía* demasiado calor.
3. _____ _____ Sean *limpiaba* el nuevo bar mientras Marisol *preparaba* las bebidas para la fiesta.
4. _____ _____ Marisol *llevaba* un vestido nuevo y Sean le dijo que *estaba* muy guapa.
5. _____ Siempre *encendían* unas velas especiales antes de cualquier ocasión importante.
6. _____ Los dos *pensaban* que su nuevo café *iba** a ser un gran éxito.

C. Verbs with different meanings in the preterite and imperfect

The meanings of the following verbs change depending on whether they are used in the preterite or the imperfect.

	PRETERITE X	IMPERFECT 〰〰
saber:	*to find out* **Supieron** la noticia. *They found out the news.*	*to know* **Sabían** que ella venía. *They knew that she was coming.*
no poder:	*to try but fail* **No pudo** traducirlo. *He couldn't (tried but failed to) translate it.*	*to be incapable of* **No podía** traducirlo. *He couldn't (wasn't capable of) translating it.*
querer:	*to try* (but ultimately not achieve) **Quisimos** comprarlo. *We tried to buy it (but weren't able to for some reason.*	*to want* **Queríamos** comprarlo. *We wanted to buy it.*
no querer:	*to refuse* **No quiso** terminar. *He refused to finish.*	*not to want* **No quería** terminar. *He didn't want to finish.*
tener:	*to receive* **Tuvo** dos cartas hoy. *He received two letters today.*	*to have* **Tenía** los gatos con él. *He had the cats with him.*
costar:	*to cost, be bought for* El suéter **costó** 150 pesos. *The sweater cost (and I bought it for) 150 pesos.*	*to cost, be available for* El abrigo **costaba** 500 pesos. *The coat cost (was priced at) 500 pesos.*

*Remember that the imperfect may be used to refer to the future in a past statement. None of the four uses of the imperfect as stated readily applies in this case.

¡A practicar!

For the following sentences, indicate the use of each verb. Use **P** for preterite and **I** for imperfect, plus the letter of usage (a–d) for each. Follow the model.

MODELO: Ayer *fue* un día fatal. → P:d

1. _____ Sara *vivió* en Salamanca de 1971 a 1988.
2. _____ Antes *vivía* en un pueblo que está cerca de Portugal.
3. _____ Su apartamento en Salamanca *era* pequeño pero muy acogedor (*cozy*).
4. _____ Casi todos los días, *tomaba* su cafecito en el bar de abajo.
5. _____ Un día mientras *desayunaba*, *recibió* la noticia de su beca (*scholarship*).
6. _____ _____ _____ _____ Cuando su hermana lo *supo*, *lloró*. Pero le *dijo* que *quería* lo mejor para ella.
7. _____ Sara *fue* a Madrid tres veces para arreglar sus papeles.
8. _____ _____ _____ La última vez que *estuvo* en Madrid, *había* mucha gente en la cola y *tuvo* que esperar mucho tiempo.
9. _____ Desafortunadamente, *llevaba* tacones altos (*high heels*).
10. _____ *Fue* un día horrible para ella.

D. Perfect tenses

1. Formation of the Perfect Tenses

The perfect tenses are formed by combining the auxiliary verb **haber** and the past participle (for a review of past participles, see the **Explicación gramatical** on **La descripción**). In contrast to the past participle used as an adjective, the past participle in perfect tenses never changes in number or gender.

PRESENT PERFECT	PAST PERFECT
he vivido	había hecho
has vivido	habías hecho
ha vivido	había hecho
hemos vivido	habíamos hecho
habéis vivido	habíais hecho
han vivido	habían hecho

- Note that the verb **ser** in the preterite, when used with the past participle, forms the passive construction. In the passive construction, the past participle functions as an adjective, changing number and gender.

| La casa **fue construida** por Ramón. | *The house was built by Ramón.* |
| Los poemas **fueron escritos** por Pablo Neruda. | *The poems were written by Pablo Neruda.* |

2. Using the Perfect Tenses

- The present perfect expresses an action that began in the recent past and has relevance to the present.

  ¡Qué sorpresa! Sara **ha terminado** el examen antes que los otros.
  Los padres de Sara **han decidido** venir a los Estados Unidos para pasar las Navidades con ella.

- On the other hand, the past perfect expresses an action that happened before another action took place in the past.

  Javi nos dijo que **había trabajado** ocho días seguidos antes de tomar un descanso.
  Desde que **había empezado** a trabajar en Ruta Maya, Javier no **había llamado** a sus padres. Por eso estaban muy preocupados.

¡A practicar!

A. Since the five friends in Austin met, some changes have occurred in their lives. For each of the following sentences, change the verb in parentheses into the present perfect.

1. Sergio (conseguir) un contrato con Tish Hinojosa.
2. Javier (romper) con An Li.
3. Sara (escribir) 200 páginas de su tesis.
4. Laura no (volver) a ver a Manuel en el Ecuador.
5. Diego (tener) mucho éxito con «Tesoros».

B. For each of the following sentences, change the verb in parentheses into the past perfect to indicate that the actions took place before the change mentioned in Exercise A.

1. Antes de trabajar con Tish Hinojosa, Sergio (trabajar) con grupos poco conocidos.
2. Antes de romper con An Li, Javier (soñar) con tener relaciones duraderas.
3. Antes de escribir 200 páginas, Sara (tener) dudas sobre su habilidad de hacerlo.
4. Antes de volver a los Estados Unidos, Laura le (prometer) a Manuel que volviera a Quito en tres meses.
5. Antes de tener éxito en su negocio, Diego (hacer) una inversión (*investment*) muy grande.

Punto clave: Hablar de los gustos

Expressing likes and dislikes in Spanish can present some confusion to English speakers, since the verb **gustar** is not used in the same way as other verbs you have learned. Indirect object pronouns are a necessary element in the construction with **gustar,** so before it is explained, we will review (A) direct object pronouns, (B) the personal **a,** (C) indirect object pronouns, and (D) double object pronouns. Then (E) **gustar** and other, similar verbs will be reviewed.

A. Direct object pronouns

1. A direct object receives the action of a verb and answers the questions *whom?* or *what?* in relation to that action. Note the direct objects in the following examples.

   Consiguió **el aumento.**   *He got the raise. (What did he get?* **el aumento***)*

   No vi a **Sara** anoche.   *I didn't see Sara last night. (Whom did I not see?* **Sara***)*

2. A direct object pronoun, like a direct object noun, receives the action of the verb and answers the questions *whom?* or *what?* These pronouns take the place of their corresponding nouns in order to avoid unnecessary repetition. Here is a complete list of direct object pronouns in Spanish.

DIRECT OBJECT PRONOUNS

me	*me*	nos	*us*
te	*you (fam., s.)*	os	*you (fam., pl., Sp.)*
lo	*him, it (m.)*	los	*them (m.)*
la	*her, it (f.)*	las	*them (f.)*
lo, la	*you (form., s.)*	los, las	*you (form., pl.)*

Third-person direct object pronouns should be used only after the direct object noun has been identified. That is, it is already known that the conversation is about Sara, so we can refer to her as *her* rather than say *Sara* each time she's mentioned.

3. Direct object pronouns are placed before a conjugated verb and after the word **no** when it appears in a sentence.

   (Consiguió **el aumento.**)   **Lo** consiguió ayer.   *He got it yesterday.*

   (No vi a **Sara** anoche.)   No **la** vi anoche.   *I didn't see her last night.*

4. Direct object pronouns *may* be attached to an infinitive and to the progressive form, but *must* be attached to affirmative commands. Remember that pronouns are not attached to negative command forms.

   Necesita conseguir **el aumento.** → Necesita conseguir**lo.**
              = **Lo** necesita   conseguir.

   No quería ver a **Sara** anoche. → No quería ver**la** anoche.
              = No **la**   quería ver anoche.

   Está preparando **el presupuesto.** → Está preparándo**lo.**
              = **Lo** está   preparando.

   Prepare **el presupuesto.** → Prepáre**lo.** ≠ No **lo** prepare.

   Remember that when you attach a pronoun to a progressive form or affirmative command, a written accent is used to keep the original stress of the word: preparando → preparándolo.

5. The following verbs are commonly associated with direct objects and direct object pronouns.

admirar	conseguir	mirar
adorar	escuchar	necesitar
ayudar	esperar*	querer
buscar*	invitar	ver
conocer	llamar	visitar

B. The personal *a*

In Spanish, the word **a** precedes the direct object of a sentence when the direct object refers to a specific person or personified thing. Pronouns such as **alguien, nadie,** and **quien,** indefinite pronouns that refer to people, are also preceded by the personal **a.** There is no equivalent for the personal **a** in English. Note the following examples in which the personal **a** is used.

> Sara buscó **a** Javier.   (*a specific person*)
> Perdí **a** mi perro en el mercado.   (*an animal that is close to you*)
> Tenemos que defender **a** nuestro país.   (*a personification of one's country*)
> ¿**A** quién llamaste?   (*the* who *refers to a person*)
> No llamé **a** nadie.   (**alguien** *and* **nadie** *always take the personal* **a** *when they are direct objects*)
> *but* Busco un tutor nuevo.   (*no personal* **a** *is used since the direct object refers to a hypothetical person, not a specific person*)

C. Indirect object pronouns

1. Like a direct object, an indirect object also receives the action of a verb, but it answers the questions *to whom?* or *for whom?* the action is performed.

Sergio **le** escribió a **Sara.**	*Sergio wrote to Sara.* (*To whom did Sergio write?* **Sara**)
No **les** mandó el cheque.	*He didn't send them the check.* (*To whom did he not send the check?* **ellos**)

2. Review the following complete list of indirect object pronouns. Note that indirect object pronouns have the same form as direct object pronouns except in the third person singular and plural, represented by **le** and **les,** respectively.

me	*to me, for me*	nos	*to us, for us*
te	*to you, for you (fam., s.)*	os	*to you, for you (fam., pl., Sp.)*
le	*to him, for him*	les	*to them, for them (m.)*
le	*to her, for her*	les	*to them, for them (f.)*
le	*to you, for you (form., s.)*	les	*to you, for you (form., pl.)*

3. The rules for placement of indirect object pronouns are the same as those for direct object pronouns.

---

*Note that **buscar** means *to look for* and **esperar** means *to wait for.* The *for* is already part of each verb, so the object pronoun is a direct object pronoun, not the pronoun object of a preposition.

Laura **me** dio su número.

Laura va a dar**me** su número. = Laura **me** va a dar su número.

Laura está buscándo**me** su número. = Laura **me** está buscando su
número.

Da**me** tu número. ≠ No **me** des tu número.

4. Since **le** and **les** have several equivalents, their meaning is often clarified with the preposition **a** followed by a noun or pronoun. **¡OJO!** While the clarifying noun or pronoun is often optional, indirect object pronouns are not.

Sergio **le** escribió (**a Sara**).	*Sergio wrote to Sara.*
Diego **les** prepara una buena sopa (**a Uds.**).	*Diego is preparing a good soup for you.*
Va a mandar**le** la receta (**a ella**).	*He's going to send her the recipe.*

5. When trying to figure out whether to use a direct or indirect object pronoun, if you can answer the question *to whom* or *for whom*, you know that the indirect pronoun **le** or **les** is required.

I help her every day.	Do you say "I help to her" or "I help for her"? No, so you use the direct object pronoun **la,** which answers the question *whom do I help?* not *to whom do I help?*: **La** ayudo cada día.
I send him letters often.	Do you say "I send letters to him often"? Yes, so you use the indirect object pronoun **le,** which answers the question *to whom do I send letters?*: **Le** mando cartas a menudo.

6. The following verbs are commonly associated with indirect objects and indirect object pronouns.

dar	mandar	prometer
decir	ofrecer	recomendar
escribir	pedir	regalar
explicar	preguntar	servir
hablar	prestar	traer

D. Double object pronouns

1. It is common in Spanish to have both a direct and an indirect object pronoun in the same sentence. When this occurs, the indirect object pronoun always precedes the direct object pronoun. A helpful way to remember the correct order is by thinking of the letters *ID* (indirect, direct).

Sara **nos** regaló **los dulces.** → Sara **nos los** regaló.
Sara gave them to us.

Diego **me** prestó **la receta.** → Diego **me la** prestó.
Diego lent it to me.

Javi quiere dar**me la foto.** → Javi quiere dár**mela.**
Javi wants to give it to me.

2. When both the indirect and direct object pronouns begin with the letter *l* (such as **le lo** or **les la**), the indirect object pronoun always changes to **se.** This is done in order to avoid an awkward pronunciation. The direct object does not change form.

> Laura **le** compró **unas galletas.** → Laura **se las** compró.
> > *Laura bought them for him.*
> Estoy trayéndo**les los libros.** → Estoy trayéndo**selos.**
> > *I'm bringing them to you.*

Since **se** can stand for **le** or **les,** easily referring to a number of referents, such as *to him, to her, to you* (singular or plural), or *to them,* it is often necessary to clarify its meaning by using **a** plus a noun or pronoun.

> Laura **se las** compró **a Sara.**   *Laura bought them for Sara.*
> Estoy trayéndo**selos a Uds.**   *I'm bringing them to you.*

E. *Gustar* and similar verbs

1. As you have learned in your prior Spanish studies, **gustar** means *to please* or *to be pleasing.* Thus, the subject of sentences with **gustar** and similar verbs is the person or thing that is pleasing, not the person to whom it is pleasing. Sentences with **gustar** and similar verbs use the following formula.

indirect object pronoun +	**gustar**	+	*subject*
me nos	**gusta**		*infinitive* (comer)
te os	**gusta**	+	(*article*) *singular*
			noun (el café)
le les	**gustan**		(*article*) *plural noun*
			(los tacos)

¿Te gusta cantar?	*Is singing pleasing to you? (Do you like singing / to sing?)*
Les gustó mucho la película.	*The movie was very pleasing to them. (They really liked the movie.)*
Me gustan los libros de Stephen King.	*Stephen King's books are pleasing to me. (I like Stephen King's books.)*

2. Note that subject pronouns are not generally used before the **gustar** construction and that the subject (the person, place, or thing which is pleasing) almost always follows the verb **gustar.** The most frequent mistake that students make with this construction is to forget that the person to whom something is pleasing is not the subject of the sentence. Note the following examples.

Incorrect: Ana le gustó el gato.
Correct: **A** Ana le gustó el gato. (**El gato** is the subject of the sentence, not **Ana:** *The cat was pleasing to Ana.*)

He likes those cookies.	=	(*Those cookies* [plural] *are pleasing to him* [**le**].)
		A él le gustan esas galletas.
Sergio and Diego like fried fish.	=	(*Fried fish* [singular] *is pleasing to them* [**les**].)
		A Sergio y a Diego les gusta el pescado frito.

3. Here are some other verbs that use the same construction as **gustar.** Note in all examples that the verb matches the person or thing that is interesting, delightful, fascinating, and so on.

dar asco (*to turn one's stomach*)	Me dan asco los mariscos.
dar igual (*to be all the same, not matter*)	—¿Quieres salir ahora?
	—Me da igual.
encantar (*to delight; to love*)	A Sara le encantan los discos de los Beatles.
fascinar (*to fascinate*)	Nos fascina su actitud tan liberada.
fastidiar (*to annoy; to bother*)	A Javi le fastidian las personas brutas.
importar (*to matter*)	A Juan Carlos no le importa el precio.
interesar (*to interest*)	¿Te interesan las noticias internacionales?
molestar (*to annoy; to bother*)	Yo sé que a Uds. les molesta el ruido.

¡A practicar!

A. For each of the following sentences, indicate the appropriate indirect object pronoun and the correct form of the verb in parentheses.

1. ¿A ti _____ (gustar: *preterite*) la comida que sirvió?
2. A mí _____ (gustar: *imperfect*) mirar la tele con mis padres cuando era joven.
3. A Laura y a Sara _____ (encantar: *present*) las películas de terror.
4. A mi hermana _____ (dar: *present*) asco la comida frita.
5. A sus abuelos _____ (molestar: *present*) la música de sus nietos.

B. Form complete sentences according to the model.

MODELO: mis vecinos / molestar / las fiestas que tenemos cada fin de semana → A mis vecinos les molestan las fiestas que tenemos cada fin de semana.

1. yo / dar asco / los perritos calientes (*hot dogs*) con mostaza (*mustard*)
2. los profesores / molestar / los estudiantes que no estudian
3. mi amigo / fascinar / las películas violentas
4. nosotros / encantar / estudiar astrología
5. los niños pequeños / interesar / los dibujos animados
6. los jóvenes / fastidiar / las reglas de las residencias universitarias

Punto clave: Hacer hipótesis

In this section, you will review how to express hypothetical situations. Hypothetical situations are those that express what you or someone else would do given certain circumstances, such as: *If I were president of the United States, I would first look for a diplomatic resolution to the conflict.* To form such hypothetical situations in Spanish, you will need to review (A) the past subjunctive, (B) the conditional, and (C) the various rules that govern the formation and use of hypothetical situations.

A. Past subjunctive and sequence of tenses

1. Past subjunctive

   For a review of the formation of the past subjunctive, see the **Explicación gramatical** section on **Reacciones y recomendaciones.**

2. Sequence of tenses

   Remember that, if the independent clause is in the past (and represents one of the WEIRDO categories), then the dependent clause will contain the past subjunctive.

   > **Es** importante que los niños **duerman** la siesta.
   > **Era** importante que los niños **durmieran** la siesta.

   > La maestra **recomienda** que Luis **coma** algo antes de venir a clase.
   > La maestra **recomendó** que Luis **comiera** algo antes de venir a clase.

   > No le **gusta** que sus hijos **vivan** tan lejos.
   > No le **gustaba** que sus hijos **vivieran** tan lejos.

B. The conditional

1. The conditional tense (*I would go, I would speak,* and so on) is formed by adding the conditional endings to the entire infinitive of the verb. Note that the endings are the same for all **-ar, -er,** and **-ir** verbs. Here are some regular verbs in the conditional.

VIAJAR	BEBER	DORMIR
viajar**ía**	beber**ía**	dormir**ía**
viajar**ías**	beber**ías**	dormir**ías**
viajar**ía**	beber**ía**	dormir**ía**
viajar**íamos**	beber**íamos**	dormir**íamos**
viajar**íais**	beber**íais**	dormir**íais**
viajar**ían**	beber**ían**	dormir**ían**

2. The following irregular verbs share the same irregular stems with the future tense (see the next **Explicación gramatical** section on **Hablar del futuro**). The endings are the same as those for verbs with regular stems. Irregular conditional verbs can be grouped into the following three categories.

| decir: dir- | diría | dirías | diría | diríamos | diríais | dirían |
| hacer: har- | haría | harías | haría | haríamos | haríais | harían |

-e- REMOVED FROM THE INFINITIVE

caber*: cabr-	cabría	cabrías	cabría	cabríamos	cabríais	cabrían
haber: habr-	habría	habrías	habría	habríamos	habríais	habrían
poder: podr-	podría	podrías	podría	podríamos	podríais	podrían
querer: querr-	querría	querrías	querría	querríamos	querríais	querrían
saber: sabr-	sabría	sabrías	sabría	sabríamos	sabríais	sabrían

-dr- ADDED TO THE STEM

poner: pondr-	pondría	pondrías	pondría	pondríamos	pondríais	pondrían
salir: saldr-	saldría	saldrías	saldría	saldríamos	saldríais	saldrían
tener: tendr-	tendría	tendrías	tendría	tendríamos	tendríais	tendrían
valer: valdr-	valdría	valdrías	valdría	valdríamos	valdríais	valdrían
venir: vendr-	vendría	vendrías	vendría	vendríamos	vendríais	vendrían

C. Hypothesizing

1. A major component of expressing hypothetical situations is wondering "what if?". *If* clauses in Spanish trigger or are the result of the hypothetical state or action expressed. In this section, you will work with two types of *if* clauses: (1) those that represent a situation that is likely to happen or one that represents a habitual action and (2) those that represent situations that are hypothetical (less likely to happen) or contrary to fact. Note the following examples.

   (1) Si estudio, recibiré una «A». (*there's still time for this to happen*)
   Si estoy preocupado, hablo con mi mejor amiga. (*habitual*)

   (2) Si **ganara** la lotería, **iría** a Tahiti. (*less likely to happen*)
   Si **estuviera** en México, **visitaría** las ruinas mayas. (*I'm not in Mexico, so the statement is contrary to fact*)

2. Here are some formulas that use *if* clauses. Note that not all of them express hypothetical situations.

   si + *present indicative* + *present* or *future* = probable or habitual

   | Si **tengo** tiempo, **iré** al cine contigo. | If I have time, I will go to the movies with you. (*probable*) |
   | Si ella **toma** buenos apuntes, **saca** buenas notas. | If she takes good notes, she gets good grades. (*habitual*) |

   si + *past subjunctive* + *conditional* = improbable or contrary to fact

   | Si **pudiera, compraría** un coche nuevo. | If I could, I would buy a new car. (*improbable*) |
   | Si yo **fuera** Laura, no **iría** a Colombia. | If I were Laura, I wouldn't go to Colombia. (*contrary to fact [I am not Laura]*) |

   *****caber** = to fit

3. To express hypothetical, contrary-to-fact situations about the past, use the following formulas. (Although you will not be working with this construction much in this text, you should learn to recognize it and know how it is used.)

si + *past perfect subjunctive* + *conditional perfect* = hypothetical and contrary to fact

Si yo **hubiera vivido** en el siglo XV, **habría sido** muy pobre.	*If I had lived in the fifteenth century, I would have been very poor. (hypothetical; contrary-to-fact [I didn't live then])*
Si **me hubiera casado** a los diecisiete años, no **habría terminado** mis estudios.	*If I had married at seventeen, I wouldn't have finished my studies. (hypothetical, contrary to fact [I didn't get married at 17])*

¡A practicar!

A. Complete the following sentences with the appropriate form of each verb in parentheses. **¡OJO!** Not all sentences express hypothetical situations.

1. Si yo hablara mejor el español, _____ (conseguir) un puesto en el Perú.
2. Si mi jefe me pagara más dinero, _____ (trabajar: yo) más horas.
3. Si no tomo el desayuno, _____ (tener) poca energía.
4. Si pudiera cambiar de nombre, me _____ (poner) el nombre de _____.
5. Si viera un asesinato, _____ (llamar) a la policía.
6. Si yo _____ (ser) presidente, cambiaría muchas cosas.
7. Si _____ (poder: yo) conseguir las entradas, te llamaré.
8. Si _____ (estar: yo) en Buenos Aires, iría a un tango bar.

B. Change the following sentences to indicate that the situation is less likely to happen. Then translate each sentence into English.

1. Si voy a España, visitaré el Museo del Prado en Madrid.
2. Si Luis tiene suficiente dinero, te mandará un boleto para ir a las Islas Galápagos.
3. Si estudio en Puerto Rico, asistiré a la Universidad Internacional de San Germán.

Punto clave: Hablar del futuro

As you know, the **ir** + **a** + *infinitive* construction is often used to express future actions and states, usually to take place in the immediate future. Spanish also has a future tense with its own set of endings, usually used to express long-term future plans or events. In this section, you will review (A) the future tense, (B) another use of the future tense: the future of probability, and (C) talking about pending future actions by using the subjunctive in adverbial clauses.

A. The future tense

1. The future tense, like the conditional (see the previous **Explicación gramatical** section on **Hacer hipótesis**) is easy to form, adding future endings to the infinitive for regular forms.

ESCUCHAR	COMER	VIVIR
escuchar**é**	comer**é**	vivir**é**
escuchar**ás**	comer**ás**	vivir**ás**
escuchar**á**	comer**á**	vivir**á**
escuchar**emos**	comer**emos**	vivir**emos**
escuchar**éis**	comer**éis**	vivir**éis**
escuchar**án**	comer**án**	vivir**án**

2. Irregular verbs in the future have the same irregularities as the conditional.

SHORTENED STEMS

decir:	dir-	diré	dirás	dirá	diremos	diréis	dirán
hacer:	har-	haré	harás	hará	haremos	haréis	harán

-e- REMOVED FROM THE INFINITIVE

caber:	cabr-	cabré	cabrás	cabrá	cabremos	cabréis	cabrán
haber:	habr-	habré	habrás	habrá	habremos	habréis	habrán
poder:	podr-	podré	podrás	podrá	podremos	podréis	podrán
querer:	querr-	querré	querrás	querrá	querremos	querréis	querrán
saber:	sabr-	sabré	sabrás	sabrá	sabremos	sabréis	sabrán

-dr- ADDED TO THE STEM

poner:	pondr-	pondré	pondrás	pondrá	pondremos	pondréis	pondrán
salir:	saldr-	saldré	saldrás	saldrá	saldremos	saldréis	saldrán
tener:	tendr-	tendré	tendrás	tendrá	tendremos	tendréis	tendrán
valer:	valdr-	valdré	valdrás	valdrá	valdremos	valdréis	valdrán
venir:	vendr-	vendré	vendrás	vendrá	vendremos	vendréis	vendrán

B. The future of probability

The future can also be used to express probability or conjecture about what is happening now. This can be tricky for speakers of English, because the English words and phrases used to indicate probability such as *must, probably, wonder,* and so on, are not directly expressed in Spanish.

—¿Dónde **estará** Javi?   —*I wonder where Javi is. (Where can Javi be?)*

—Es lunes. **Estará** trabajando en Ruta Maya.   —*It's Monday. He's probably (must be) working at Ruta Maya.*

¡A practicar!

A. Replace the **ir** + **a** + *infinitive* construction with the future in the following paragraph. **¡OJO!** Pay attention to your placement of the pronouns.

Mamá, mañana tú *vas a despertarme*[1] temprano para que yo tenga tiempo de hacerlo todo bien. *Voy a ponerme*[2] un traje muy elegante para causarle una buena impresión a la entrevistadora. Cuando llegue a la oficina, *voy a saludarla,*[3] y ella me *va a decir*[4] que me siente. *Va a hacerme*[5] muchas preguntas sobre mis estudios y mi experiencia, y yo las *voy a contestar*[6] con cuidado y cortesía. No *voy a ponerme*[7] nerviosa. Cuando termine la entrevista, ella y yo *vamos a despedirnos*[8] cordialmente. ¡Estoy segura de que *van a llamarme*[9] muy pronto para ofrecerme el puesto!

B. Use the future of probability to make a conjecture about the following situations. Then translate the sentences into English.

1. Mario tiene el pelo canoso y muchas arrugas. _____ (Tener) por lo menos 70 años.
2. Alicia me dijo que llegaría a las siete, pero ya son las siete y media. _____ (Haber) mucho tráfico.
3. Pablo tiene un Rolls Royce y una casa en Boca Ratón. _____ (Ganar) mucho dinero.
4. La nueva película de John Travolta ha sido un éxito maravilloso. _____ (Estar) muy contento.
5. Gloria Estefan y Jon Secada cantan en inglés y español. _____ (Vender) muchos discos en el mercado internacional.

C. Subjunctive in adverbial clauses

It is important to remember that talking about future events often involves the use of adverbial phrases (conjunctions) which refer to some pending time in the future or in the past. Here you will concentrate on two groups of frequently-used conjunctions. The first group (A SPACE) denotes contingency, or actions that are contingent upon the completion of other actions, and the second group (THE CD) contains conjunctions of time. A SPACE conjunctions are always followed by the subjunctive (present or past). The determining factor in deciding whether to use indicative or subjunctive after THE CD conjunctions is whether the action is habitual or completed (present or past indicative) or whether the action is pending or has not yet materialized (present or past subjunctive).

A SPACE		THE CD	
Antes de que		Tan pronto como	
Sin que		Hasta que	
Para que	always take	En cuanto	take indicative
A menos que	subjunctive	Cuando	or subjunctive
Con tal (de) que		Después de que	
En caso de que			

A SPACE (SUBJUNCTIVE)

Llámame **antes de que salgas** para el aeropuerto.
No voy a ir a Jamaica este año **a menos que** me **den** más días de vacaciones.
Saldré contigo este viernes **con tal (de) que** no **vayamos** al cine.

No iba a aceptar el puesto **sin que** le **ofrecieran** más dinero.

El Sr. Mercado trabajaba mucho **para que** sus hijos **tuvieran** más oportunidades de las que él tenia.

Te di el número de teléfono **en caso de que** lo **necesitaras**.

THE CD (INDICATIVE OR SUBJUNCTIVE)

Juanito se pone triste **tan pronto como sale** su mamá. (*habitual in present: present indicative*)

Te llamo **tan pronto como llegue** mi esposo. (*pending in present: present subjunctive*)

Nuestro perro siempre comía **hasta que se enfermaba.** (*habitual in past: past indicative*)

Hasta que no pagara la multa (*fine*), no saldría de la cárcel (*pending in past: past subjunctive*)

De niña, salía corriendo de la casa **en cuanto llegaba** su padre del trabajo. (*habitual in past: past indicative*)

Laura irá a Colombia **en cuanto tenga** suficiente dinero. (*pending in present: present subjunctive*)

Cuando llegó a Costa Rica, se fue al bosque lluvioso. (*completed actions: past indicative*)

Nos sentiremos mucho más aliviados **cuando deje** de llover. (*pending in present: present subjunctive*)

Después de que Ema **salió** de la casa, su amiga Frida la llamó por teléfono. (*completed actions: past indicative*)

Después de que aprendiera bien el español, le darían un aumento de sueldo. (*pending in past: past subjunctive*)

- Note that without the **que, después de, antes de, para,** and **sin** become prepositions and therefore are followed by the infinitive.

    Carmen vendrá **después de comer.**
    Antes de tomar la pastilla, sugiero que llames al médico.
    Para salir bien en el examen, debes estudiar más.
    No vas a salir bien en este examen **sin estudiar.**

¡A practicar!

Complete the following sentences with the appropriate form of the verb in parentheses. Then indicate whether the action is pending or not completed (**P**), whether the action is completed (**C**), or whether the action denotes habitual behavior (**H**).

1. Iré a comprar las entradas antes de que _____ (llegar) mi hermano.
2. Hasta que _____ (terminar) la tesis, Marta estaba muy nerviosa.
3. Marisa arregla su cuarto para que su madre _____ (estar) contenta.
4. Pensamos hacer caminatas (*to take long walks*) en las montañas a menos que _____ (llover) este fin de semana.
5. No me gusta viajar en avión cuando _____ (hacer) mal tiempo.
6. ¡Está bien! Iremos a Isla Mujeres con tal de que me _____ (ayudar: tú) con los niños.

7. Te dejo un poco de dinero en caso de que los niños _____ (querer) merendar algo.
8. Cuando era joven, yo salía de casa sin que me _____ (ver) mis padres.
9. Joaquín siempre se baña antes de _____ (desayunar).
10. Cuando _____ (escuchar: yo) música clásica, me pongo muy relajado.
11. Llámame tan pronto como _____ (saber: Ud.) algo, por favor.
12. Voy a estar en la biblioteca hasta que _____ (llegar: tú).
13. El otro día, después de que _____ (despedirse: nosotros), vi un accidente horrible.
14. Cuando _____ (mudarse: ella) a Nueva York el año pasado, no conocía a nadie.
15. Después de que _____ (firmar) el contrato, Sergio se sintió emocionado.

REFERENCIA DE GRAMATICA

OTROS PUNTOS GRAMATICALES

A. Reflexive and reciprocal pronouns

1. Reflexive verbs usually express an action that one does to or for oneself. In English, this is understood but not always stated. Here are some of the more common reflexive verbs in Spanish.

acostarse (ue)	*to go to bed*
bañarse	*to take a bath*
afeitarse	*to shave*
despertarse (ie)	*to wake up*
divertirse (ie, i)	*to have a good time*
ducharse	*to take a shower*
levantarse	*to get up; to stand up*
llamarse	*to be called*
ponerse	*to put on (clothing)*
quitarse	*to take off (clothing)*
sentarse (ie)	*to sit down*
vestirse (i, i)	*to get dressed*

- Note that the reflexive pronouns attached to these infinitives change to correspond with the subject performing the action.

me baño	**nos** bañamos
te bañas	**os** bañáis
se baña	**se** bañan

- The reflexive pronouns are placed directly before a conjugated verb and after the word **no** in a negative sentence: **No se bañan.**

  Reflexive pronouns may also be attached to an infinitive or progressive construction.

  Tienes que bañar**te** ahora. = **Te** tienes que bañar ahora.
  Los niños están bañándo**se**. = Los niños **se** están bañando.

2. The plural reflexive pronouns **nos, os,** and **se** can be used to express reciprocal actions that are expressed in English with *each other* or *one another*.

Nos queremos.	*We love each other.*
¿**Os** ayudáis?	*Do you help one another?*
Se admiran.	*They admire each other.*

3. Reflexive verbs may cease to be reflexive and instead take direct objects when the action is done to someone else.

acostar (ue) *to put (someone else) to bed*	acostarse (ue) *to go to bed*

  A las siete Marta **acuesta** a sus hijos. Ella no **se acuesta** hasta las once y media.

bañar *to bathe (someone or something else)*	bañarse *to take a bath*

  Primero la madre **baña** a su hijo. Mientras su hijo duerme, ella **se baña.**

levantar *to raise or pick up; to lift*	levantarse *to get up; to stand up*

  Rosa no puede **levantar** a su hijo porque es muy grande.
  Rosa **se levanta** a las siete pero nosotros no **nos levantamos** hasta las ocho.

- Some verbs can also change their meaning when a reflexive pronoun is added.

dormir (ue, u) *to sleep*	dormirse (ue, u) *to fall asleep*

  No **duermo** bien cuando bebo mucho. **Me duermo** en clase cuando bebo mucho la noche anterior.

poner *to put, place; to turn on*	ponerse *to put on (clothing)*

  Mi compañero de cuarto **pone** el aire acondicionado muy bajo. Por eso tengo que **ponerme** un suéter aunque estamos en agosto.

B. Prepositions and verbs that take prepositions

1. The only verb form that can follow a preposition is the infinitive.

a	*to; at*	con	*with*
antes de	*before*	de	*of; from*

después de	*after*	hasta	*until*
durante	*during*	para	*for; in order to*
en	*in; on*	por	*for*

¿Qué haces **para aprender** el vocabulario?
¿Lees **antes de dormir?**
¿Qué te gusta hacer **después de tomar** un examen?

2. Many Spanish verbs require no preposition before an infinitive. However, some verbs are usually accompanied by a preposition.

- Verbs accompanied by **a:**

acostumbrarse a	empezar (ie) a	ir a
aprender a	enseñar a	venir a
ayudar a	invitar a	volver (ue) a

- Verbs accompanied by **de:**

acabar de	dejar de	tener ganas de
acordarse (ue) de	olvidarse de	tratar de

- Two verbs require **que** before an infinitive.

Hay que salir temprano. **Tiene que** aumentar los sueldos.

C. *Saber* and *conocer*

1. Both **saber** and **conocer** have irregular first-person singular forms:

SABER		CONOCER	
sé	sabemos	**conozco**	conocemos
sabes	sabéis	conoces	conocéis
sabe	saben	conoce	conocen

2. **Saber** means *to know facts* or *pieces of information*. When followed by an infinitive, **saber** means *to know how to do something*.

No **saben** la dirección del jefe. *They don't know the boss's address.*

¿**Sabes** usar esa máquina? *Do you know how to use that machine?*

3. **Conocer** means *to know* or *to be acquainted (familiar)* with a person, place, or thing. It can also mean *to meet*. Note that the personal **a** is used before mention of a specific person.

Conocemos un café muy agradable. *We know (are familiar with) a very pleasant cafe.*

¿Quieres **conocer** a mis padres? *Do you want to meet my parents?*

No **conozco** a la dueña. *I don't know the owner.*

D. Relative pronouns

1. The English relative pronouns *that*, *which*, *who*, and *whom* are expressed in Spanish by the following relative pronouns.

   que   (*refers to things and people*)
   quien(es) (*refers only to people*)
   lo que   (*refers to a situation*)

   - **que** = *that; which; who*

Tengo el libro **que** querías.	*I have the book (that) you wanted.*
Es una persona **que** sabe mucho.	*He's a person who knows a lot.*

   - **quien(es)** = *who/whom* after a preposition or as an indirect object

El chico **con quien** ella se quedaba es rico.	*The guy with whom she stayed is rich.*
El jefe, **a quien** no le gustan las fiestas, está allí.	*The boss, who doesn't like parties, is there.*

   - **lo que** = *what, that which*

Lo que no quiero es meterme en más líos.	*What I don't want is to get into more trouble.*
Eso es **lo que** te dije.	*That's what I told you.*

2. The English word *whose* is expressed in Spanish by **cuyo/a/os/as.**

El niño **cuyos** padres se marcharon está llorando.	*The child whose parents left is crying.*
La dueña **cuyo** negocio fracasó quiere empezar de nuevo.	*The owner whose business failed wants to start again.*

E. *Hace... que*

1. To express that an action *has been going on* over a period of time and is still going on, use the phrase **hace** + *period of time* + **que** + *present tense.*

—¿Cuánto tiempo **hace que estudias** aquí?	—*How long have you been studying here?*
—**Hace dos años que estudio** aquí.	—*I've been studying here for two years.*

2. To express how long *ago* something happened, use the **hace... que** construction with the preterite.

Hace dos años que fui a Lima.	*I went to Lima two years ago.*

3. This type of construction may also be used without the **que.**

—¿Cuánto tiempo **hace que estudias** aquí?	—*How long have you been studying here?*
—**Hace dos años.**	—*(I've been studying here for) Two years.*

| Recibimos la revista **hace un mes.** | *We received the magazine a month ago.* |

F. *Por* and *para*

The Spanish prepositions **por** and **para** both mean *for*. Each has additional meanings, however, some of which are presented here.

1. Uses of **por**

by, by means of	Vamos **por tren.**
	Debemos hablar **por teléfono** primero.
through, along	Caminamos **por el parque** y **por la playa.**
during, in (time of day)	Nunca estudio **por la mañana.**
because of, due to	Estoy nerviosa **por la entrevista.**
for = in exchange for	Piden $55 **por el libro.**
	Gracias **por todo.**
for the sake of	Quiero hacerlo **por ti.**
for = duration (often omitted)	Vivieron en España (**por**) **cuatro años.**
per	Hay dos premios **por** grupo.

- In addition, **por** is used in a number of phrases, some of which are included here.

por ejemplo	*for example*
por eso	*that's why*
por favor	*please*
por fin	*finally*
por lo general	*generally, in general*
por lo menos	*at least*
por si acaso	*just in case*
¡por supuesto!	*of course!*

2. Uses of **para**

in order to	Vienen a las dos **para pintar** el cuarto.
for = destined for	El regalo es **para mi esposa.**
for = by (deadline, specified future time)	**Para mañana,** debe tenerlo listo.
for = toward, in the direction of	Salió **para Bolivia** ayer.
for = to be used for	Es **para guardar** la ropa.
for = as compared with others, in relation to others	**Para ellos,** no es importante.
	Para (ser) tan joven, es muy maduro.
for = in the employ of	Trabajan **para IBM** ahora.

Apéndice 1: ¡A practicar! Answer Key

Descripción

A. Agreement

A.
1. el águila, 6
2. el archivo, 2
3. la crisis, 3
4. la cumbre, 3
5. el día, X
6. la flor, X
7. la foto, 7
8. la luz, 3
9. la mano, X
10. la moto, 7
11. la mujer, 1
12. la nariz, 3
13. el pan, 4
14. el papel, 4
15. la playa, 1
16. la voz, 3

B. 1. La, simpática 2. Las, frías 3. Las, bonitas 4. El, la, baja 5. Las, fabulosas 6. La, el, mala 7. La, larga 8. El, la, pequeño 9. El, fuerte 10. Los, el, gigantescos

B. Ser and estar

A. 1. de México 2. preocupados 3. tímida 4. tomando un café 5. periodista

B. 1. O 2. P 3. L 4. T 5. E 6. C 7. T 8. O,O 9. E 10. I 11. PO 12. C 13. P 14. PO 15 C

C. Past participles as adjectives

1. preparada 2. dormidos 3. hechas 4. rotos 5. pasados 6. escritos 7. abierta

D. Uses and omission of articles

1. El 2. – 3. una 4. la 5. – 6. – 7. – 8. – 9. – 10. – 11. El 12. el 13. la 14. los 15. una 16. las 17. la 18. los 19. los 20. – 21. un 22. al 23. los 24. el 25. la 26. la 27. el 28. los 29. el 30. los

Comparación

A. 1. Elena es tan lista como Juan. 2. Mario es menor que Juan. 3. Juan tiene el mejor coche de los tres. 4. Mario tiene tantos hermanos como Juan. 5. Elena tiene menos hermanos que Mario.

B. 1. María es la estudiante más seria de la clase. 2. Este es el peor día de mi vida. 3. Esta ciudad es grandísima.

Reacciones y recomendaciones

C. Using the subjunctive in noun clauses

A. 1. asista   2. compre   3. sepa   4. seas   5. son   6. sea   7. va
8. traigan   9. trabajemos   10. pueda

B. 1. ... fume tanto; ... deje de fumar   2. ... no se divierta; ... le gusta estudiar   3. ... rompa con ella; ... es muy extrovertida; ... hable con otros hombres

D. Commands

A.

hazla	no la hagas	póntela	no te la pongas
hágala	no la haga	póngasela	no se la ponga
háganla	no la hagan	póngansela	no se la pongan
escríbeles	no les escribas	castígalo	no lo castigues
escríbales	no les escriba	castíguelo	no lo castigue
escríbanles	no les escriban	castíguenlo	no lo castiguen
dila	no la digas	léelos	no los leas
dígala	no la diga	léalos	no los lea
díganla	no la digan	léanlos	no los lean

B. 1. Comprémosla.   2. Sentémonos.   3. Tráela.   4. Tóquela.   5. No las pierdan.   6. No nos levantemos.   7. Espérelo.   8. Sal.   9. No lo hagas.
10. Dénsela.

C. 1. salgas; Sal; salgas   2. trabajes; Trabaja; trabajes   3. te laves; Lávate; te laves   4. lo hagas; Hazlo, lo hagas   5. vengas; Ven; vengas

Narración en el pasado

B. Using the preterite and imperfect

A. 1.a   2. a, d   3. b, b, b   4. a, c   5. a, a, a   6. d   7. c

B. 1. c, c   2. d, d, d   3. a, a   4. c, c   5. b   6. c

C. Verbs with different meanings in the preterite and imperfect

1. P:c   2. I:b   3. I:c   4. I:b   5. I:a, P:a   6. P:a, P:a; P:a, I:c   7. P:c   8. P:a, I:d, P:c   9. I:c   10. P:d

D. Los tiempos perfectos

A. 1. ha conseguido   2. ha roto   3. ha escrito   4. ha vuelto   5. ha tenido

B. 1. había trabajado   2. había soñado   3. había tenido   4. había prometido   5. había hecho

Hablar de los gustos

A. 1. te gustó   2. me gustaba   3. les encantan   4. le da   5. les molesta

B. 1. (A mí) Me dan asco los perritos calientes con mostaza.   2. A los profesores les molestan los estudiantes que no estudian.   3. A mi amigo le fascinan las películas violentas.   4. (A nosotros) Nos encanta estudiar astrología.   5. A los niños pequeños les interesan los dibujos animados.
6. A los jóvenes les fastidian las reglas de las residencias universitarias.

Hacer hipótesis

A. 1. conseguiría   2. trabajaría   3. tendré (tengo)   4. pondría   5. llamaría
6. fuera   7. puedo   8. estuviera

B. 1. Si fuera... visitaría (If I went to Spain, I would visit the Prado Museum in Madrid.)   2. Si Luis tuviera... te mandaría (If Luis had enough money, he would send you a ticket to...)   3. Si estudiara... asistiría (If I studied in Puerto Rico, I would attend the International University...)

Hablar del futuro

B. The future of probability

A. 1. me despertarás   2. Me pondré   3. la saludaré   4. dirá   5. Me hará
6. contestaré   7. me pondré   8. nos despediremos   9. me llamarán

B. 1. Tendrá... (He must be at least 70.)   2. Habrá... (There must be a lot of traffic.)   3. Ganará... (He must earn a lot of money.)   4. Estará... (He must be happy.)   5. Venderán... (They must sell a lot of records on the international market.)

C. Subjunctive in adverbial clauses

1. llegue, P   2. terminó, C   3. esté, P   4. llueva, P   5. hace, H   6. ayudes, P
7. quieran, P   8. vieron, H   9. desayunar, H   10. escucho, H   11. sepas, P
12. llegues, P   13. nos despedimos, C   14. se mudó, C   15. firmó, C

Apéndice 2: Verb Charts

A. Regular Verbs: Simple Tenses

INFINITIVE / PRESENT PARTICIPLE / PAST PARTICIPLE	PRESENT	IMPERFECT	PRETERITE	FUTURE	CONDITIONAL	PRESENT (Subj.)	IMPERFECT (Subj.)	IMPERATIVE
hablar / hablando / hablado	hablo hablas habla hablamos habláis hablan	hablaba hablabas hablaba hablábamos hablabais hablaban	hablé hablaste habló hablamos hablasteis hablaron	hablaré hablarás hablará hablaremos hablaréis hablarán	hablaría hablarías hablaría hablaríamos hablaríais hablarían	hable hables hable hablemos habléis hablen	hablara hablaras hablara habláramos hablarais hablaran	habla tú, no hables hable Ud. hablemos hablen
comer / comiendo / comido	como comes come comemos coméis comen	comía comías comía comíamos comíais comían	comí comiste comió comimos comisteis comieron	comeré comerás comerá comeremos comeréis comerán	comería comerías comería comeríamos comeríais comerían	coma comas coma comamos comáis coman	comiera comieras comiera comiéramos comierais comieran	come tú, no comas coma Ud. comamos coman
vivir / viviendo / vivido	vivo vives vive vivimos vivís viven	vivía vivías vivía vivíamos vivíais vivían	viví viviste vivió vivimos vivisteis vivieron	viviré vivirás vivirá viviremos viviréis vivirán	viviría vivirías viviría viviríamos viviríais vivirían	viva vivas viva vivamos viváis vivan	viviera vivieras viviera viviéramos vivierais vivieran	vive tú, no vivas viva Ud. vivamos vivan

B. Regular Verbs: Perfect Tenses

INDICATIVE

PRESENT PERFECT	PAST PERFECT	PRETERITE PERFECT	FUTURE PERFECT	CONDITIONAL PERFECT
he has ha hemos habéis han	había habías había habíamos habíais habían	hube hubiste hubo hubimos hubisteis hubieron	habré habrás habrá habremos habréis habrán	habría habrías habría habríamos habríais habrían

(each + hablado / comido / vivido)

SUBJUNCTIVE

PRESENT PERFECT	PAST PERFECT
haya hayas haya hayamos hayáis hayan	hubiera hubieras hubiera hubiéramos hubierais hubieran

(each + hablado / comido / vivido)

C. Irregular Verbs

INFINITIVE PRESENT PARTICIPLE PAST PARTICIPLE	INDICATIVE					SUBJUNCTIVE		IMPERATIVE
	PRESENT	IMPERFECT	PRETERITE	FUTURE	CONDITIONAL	PRESENT	IMPERFECT	
andar andando andado	ando andas anda andamos andáis andan	andaba andabas andaba andábamos andabais andaban	anduve anduviste anduvo anduvimos anduvisteis anduvieron	andaré andarás andará andaremos andaréis andarán	andaría andarías andaría andaríamos andaríais andarían	ande andes ande andemos andéis anden	anduviera anduvieras anduviera anduviéramos anduvierais anduvieran	anda tú, no andes ande Ud. andemos anden
caer cayendo caído	caigo caes cae caemos caéis caen	caía caías caía caíamos caíais caían	caí caíste cayó caímos caísteis cayeron	caeré caerás caerá caeremos caeréis caerán	caería caerías caería caeríamos caeríais caerían	caiga caigas caiga caigamos caigáis caigan	cayera cayeras cayera cayéramos cayerais cayeran	cae tú, no caigas caiga Ud. caigamos caigan
dar dando dado	doy das da damos dais dan	daba dabas daba dábamos dabais daban	di diste dio dimos disteis dieron	daré darás dará daremos daréis darán	daría darías daría daríamos daríais darían	dé des dé demos deis den	diera dieras diera diéramos dierais dieran	da tú, no des dé Ud. demos den
decir diciendo dicho	digo dices dice decimos decís dicen	decía decías decía decíamos decíais decían	dije dijiste dijo dijimos dijisteis dijeron	diré dirás dirá diremos diréis dirán	diría dirías diría diríamos diríais dirían	diga digas diga digamos digáis digan	dijera dijeras dijera dijéramos dijerais dijeran	di tú, no digas diga Ud. digamos digan
estar estando estado	estoy estás está estamos estáis están	estaba estabas estaba estábamos estabais estaban	estuve estuviste estuvo estuvimos estuvisteis estuvieron	estaré estarás estará estaremos estaréis estarán	estaría estarías estaría estaríamos estaríais estarían	esté estés esté estemos estéis estén	estuviera estuvieras estuviera estuviéramos estuvierais estuviera	está tú, no estés esté Ud. estemos estén
haber habiendo habido	he has ha hemos habéis han	había habías había habíamos habíais habían	hube hubiste hubo hubimos hubisteis hubieron	habré habrás habrá habremos habréis habrán	habría habrías habría habríamos habríais habrían	haya hayas haya hayamos hayáis hayan	hubiera hubieras hubiera hubiéramos hubierais hubieran	

C. Irregular Verbs (continued)

INFINITIVE PRESENT PARTICIPLE PAST PARTICIPLE	INDICATIVE PRESENT	IMPERFECT	PRETERITE	FUTURE	CONDITIONAL	SUBJUNCTIVE PRESENT	IMPERFECT	IMPERATIVE
hacer haciendo hecho	hago haces hace hacemos hacéis hacen	hacía hacías hacía hacíamos hacíais hacían	hice hiciste hizo hicimos hicisteis hicieron	haré harás hará haremos haréis harán	haría harías haría haríamos haríais harían	haga hagas haga hagamos hagáis hagan	hiciera hicieras hiciera hiciéramos hicierais hicieran	haz tú, no hagas haga Ud. hagamos hagan
ir yendo ido	voy vas va vamos vais van	iba ibas iba íbamos ibais iban	fui fuiste fue fuimos fuisteis fueron	iré irás irá iremos iréis irán	iría irías iría iríamos iríais irían	vaya vayas vaya vayamos vayáis vayan	fuera fueras fuera fuéramos fuerais fueran	ve tú, no vayas vaya Ud. vayamos vayan
oír oyendo oído	oigo oyes oye oímos oís oyen	oía oías oía oíamos oíais oían	oí oíste oyó oímos oísteis oyeron	oiré oirás oirá oiremos oiréis oirán	oiría oirías oiría oiríamos oiríais oirían	oiga oigas oiga oigamos oigáis oigan	oyera oyeras oyera oyéramos oyerais oyeran	oye tú, no oigas oiga Ud. oigamos oigan
poder pudiendo podido	puedo puedes puede podemos podéis pueden	podía podías podía podíamos podíais podían	pude pudiste pudo pudimos pudisteis pudieron	podré podrás podrá podremos podréis podrán	podría podrías podría podríamos podríais podrían	pueda puedas pueda podamos podáis puedan	pudiera pudieras pudiera pudiéramos pudierais pudieran	
poner poniendo puesto	pongo pones pone ponemos ponéis ponen	ponía ponías ponía poníamos poníais ponían	puse pusiste puso pusimos pusisteis pusieron	pondré pondrás pondrá pondremos pondréis pondrán	pondría pondrías pondría pondríamos pondríais pondrían	ponga pongas ponga pongamos pongáis pongan	pusiera pusieras pusiera pusiéramos pusierais pusieran	pon tú, no pongas ponga Ud. pongamos pongan
querer queriendo querido	quiero quieres quiere queremos queréis quieren	quería querías quería queríamos queríais querían	quise quisiste quiso quisimos quisisteis quisieron	querré querrás querrá querremos querréis querrán	querría querrías querría querríamos querríais querrían	quiera quieras quiera queramos queráis quieran	quisiera quisieras quisiera quisiéramos quisierais quisieran	quiere tú, no quieras quiera Ud. queramos quieran

C. Irregular Verbs (continued)

INFINITIVE PRESENT PARTICIPLE PAST PARTICIPLE	INDICATIVE					SUBJUNCTIVE		IMPERATIVE
	PRESENT	IMPERFECT	PRETERITE	FUTURE	CONDITIONAL	PRESENT	IMPERFECT	
saber sabiendo sabido	sé sabes sabe sabemos sabéis saben	sabía sabías sabía sabíamos sabíais sabían	supe supiste supo supimos supisteis supieron	sabré sabrás sabrá sabremos sabréis sabrán	sabría sabrías sabría sabríamos sabríais sabrían	sepa sepas sepa sepamos sepáis sepan	supiera supieras supiera supiéramos supierais supieran	sabe tú, no sepas sepa Ud. sepamos sepan
salir saliendo salido	salgo sales sale salimos salís salen	salía salías salía salíamos salíais salían	salí saliste salió salimos salisteis salieron	saldré saldrás saldrá saldremos saldréis saldrán	saldría saldrías saldría saldríamos saldríais saldrían	salga salgas salga salgamos salgáis salgan	saliera salieras saliera saliéramos salierais salieran	sal tú, no salgas salga Ud. salgamos salgan
ser siendo sido	soy eres es somos sois son	era eras era éramos erais eran	fui fuiste fue fuimos fuisteis fueron	seré serás será seremos seréis serán	sería serías sería seríamos seríais serían	sea seas sea seamos seáis sean	fuera fueras fuera fuéramos fuerais fueran	sé tú, no seas sea Ud. seamos sean
tener teniendo tenido	tengo tienes tiene tenemos tenéis tienen	tenía tenías tenía teníamos teníais tenían	tuve tuviste tuvo tuvimos tuvisteis tuvieron	tendré tendrás tendrá tendremos tendréis tendrán	tendría tendrías tendría tendríamos tendríais tendrían	tenga tengas tenga tengamos tengáis tengan	tuviera tuvieras tuviera tuviéramos tuvierais tuvieran	ten tú, no tengas tenga Ud. tengamos tengan
traer trayendo traído	traigo traes trae traemos traéis traen	traía traías traía traíamos traíais traían	traje trajiste trajo trajimos trajisteis trajeron	traeré traerás traerá traeremos traeréis traerán	traería traerías traería traeríamos traeríais traerían	traiga traigas traiga traigamos traigáis traigan	trajera trajeras trajera trajéramos trajerais trajeran	trae tú, no traigas traiga Ud. traigamos traigan
venir viniendo venido	vengo vienes viene venimos venís vienen	venía venías venía veníamos veníais venían	vine viniste vino vinimos vinisteis vinieron	vendré vendrás vendrá vendremos vendréis vendrán	vendría vendrías vendría vendríamos vendríais vendrían	venga vengas venga vengamos vengáis vengan	viniera vinieras viniera viniéramos vinierais vinieran	ven tú, no vengas venga Ud. vengamos vengan

C. Irregular Verbs (continued)

INFINITIVE / PRESENT PARTICIPLE / PAST PARTICIPLE	INDICATIVE					SUBJUNCTIVE		IMPERATIVE
	PRESENT	IMPERFECT	PRETERITE	FUTURE	CONDITIONAL	PRESENT	IMPERFECT	
ver	veo	veía	vi	veré	vería	vea	viera	
viendo	ves	veías	viste	verás	verías	veas	vieras	ve tú,
visto	ve	veía	vio	verá	vería	vea	viera	no veas
	vemos	veíamos	vimos	veremos	veríamos	veamos	viéramos	vea Ud.
	veis	veíais	visteis	veréis	veríais	veáis	vierais	veamos
	ven	veían	vieron	verán	verían	vean	vieran	vean

D. Stem-changing and Spelling Change Verbs

INFINITIVE / PRESENT PARTICIPLE / PAST PARTICIPLE	INDICATIVE					SUBJUNCTIVE		IMPERATIVE
	PRESENT	IMPERFECT	PRETERITE	FUTURE	CONDITIONAL	PRESENT	IMPERFECT	
construir (y)	construyo	construía	construí	construiré	construiría	construya	construyera	
construyendo	construyes	construías	construiste	construirás	construirías	construyas	construyeras	construye tú,
construido	construye	construía	construyó	construirá	construiría	construya	construyera	no construyas
	construimos	construíamos	construimos	construiremos	construiríamos	construyamos	construyéramos	construya Ud.
	construís	construíais	construisteis	construiréis	construiríais	construyáis	construyerais	construyamos
	construyen	construían	construyeron	construirán	construirían	construyan	construyeran	construyan
dormir (ue, u)	duermo	dormía	dormí	dormiré	dormiría	duerma	durmiera	
durmiendo	duermes	dormías	dormiste	dormirás	dormirías	duermas	durmieras	duerme tú,
dormido	duerme	dormía	durmió	dormirá	dormiría	duerma	durmiera	no duermas
	dormimos	dormíamos	dormimos	dormiremos	dormiríamos	durmamos	durmiéramos	duerma Ud.
	dormís	dormíais	dormisteis	dormiréis	dormiríais	durmáis	durmierais	durmamos
	duermen	dormían	durmieron	dormirán	dormirían	duerman	durmieran	duerman
pedir (i, i)	pido	pedía	pedí	pediré	pediría	pida	pidiera	
pidiendo	pides	pedías	pediste	pedirás	pedirías	pidas	pidieras	pide tú,
pedido	pide	pedía	pidió	pedirá	pediría	pida	pidiera	no pidas
	pedimos	pedíamos	pedimos	pediremos	pediríamos	pidamos	pidiéramos	pida Ud.
	pedís	pedíais	pedisteis	pediréis	pediríais	pidáis	pidierais	pidamos
	piden	pedían	pidieron	pedirán	pedirían	pidan	pidieran	pidan
pensar (ie)	pienso	pensaba	pensé	pensaré	pensaría	piense	pensara	
pensando	piensas	pensabas	pensaste	pensarás	pensarías	pienses	pensaras	piensa tú,
pensado	piensa	pensaba	pensó	pensará	pensaría	piense	pensara	no pienses
	pensamos	pensábamos	pensamos	pensaremos	pensaríamos	pensemos	pensáramos	piense Ud.
	pensáis	pensabais	pensasteis	pensaréis	pensaríais	penséis	pensarais	pensemos
	piensan	pensaban	pensaron	pensarán	pensarían	piensen	pensaran	piensen

D. Stem-changing and Spelling Change Verbs (continued)

INFINITIVE / PRESENT PARTICIPLE / PAST PARTICIPLE	INDICATIVE					SUBJUNCTIVE		IMPERATIVE
	PRESENT	IMPERFECT	PRETERITE	FUTURE	CONDITIONAL	PRESENT	IMPERFECT	
producir (zc, j) produciendo producido	produzco produces produce producimos producís producen	producía producías producía producíamos producíais producían	produje produjiste produjo produjimos produjisteis produjeron	produciré producirás producirá produciremos produciréis producirán	produciría producirías produciría produciríamos produciríais producirían	produzca produzcas produzca produzcamos produzcáis produzcan	produjera produjeras produjera produjéramos produjerais produjeran	produce tú, no produzcas produzca Ud. produzcamos produzcan
reír (i, i) riendo reído	río ríes ríe reímos reís ríen	reía reías reía reíamos reíais reían	reí reíste rió reímos reísteis rieron	reiré reirás reirá reiremos reiréis reirán	reiría reirías reiría reiríamos reiríais reirían	ría rías ría riamos riáis rían	riera rieras riera riéramos rierais rieran	ríe tú, no rías ría Ud. riamos rían
seguir (i, i) (g) siguiendo seguido	sigo sigues sigue seguimos seguís siguen	seguía seguías seguía seguíamos seguíais seguían	seguí seguiste siguió seguimos seguisteis siguieron	seguiré seguirás seguirá seguiremos seguiréis seguirán	seguiría seguirías seguiría seguiríamos seguiríais seguirían	siga sigas siga sigamos sigáis sigan	siguiera siguieras siguiera siguiéramos siguierais siguieran	sigue tú, no sigas siga Ud. sigamos sigan
sentir (ie, i) sintiendo sentido	siento sientes siente sentimos sentís sienten	sentía sentías sentía sentíamos sentíais sentían	sentí sentiste sintió sentimos sentisteis sintieron	sentiré sentirás sentirá sentiremos sentiréis sentirán	sentiría sentirías sentiría sentiríamos sentiríais sentirían	sienta sientas sienta sintamos sintáis sientan	sintiera sintieras sintiera sintiéramos sintierais sintieran	siente tú, no sientas sienta Ud. sintamos sientan
volver (ue) volviendo vuelto	vuelvo vuelves vuelve volvemos volvéis vuelven	volvía volvías volvía volvíamos volvíais volvían	volví volviste volvió volvimos volvisteis volvieron	volveré volverás volverá volveremos volveréis volverán	volvería volverías volvería volveríamos volveríais volverían	vuelva vuelvas vuelva volvamos volváis vuelvan	volviera volvieras volviera volviéramos volvierais volvieran	vuelve tú, no vuelvas vuelva Ud. volvamos vuelvan

Vocabulario español–inglés

The **Spanish-English Vocabulary** contains all the words that appear in the text, with the following exceptions: (1) most close or identical cognates that do not appear in the thematic vocabulary lists; (2) most conjugated verb forms; (3) diminutives in **-ito/a;** (4) absolute superlatives in **-ísimo/a;** (5) most adverbs in **-mente;** (6) most numbers; (7) subject and object pronouns and possessive and demonstrative adjectives; (8) glossed vocabulary from realia and authentic readings. Only meanings that are used in the text are given. Numbers following definitions indicate the chapter in which that definition was presented as active vocabulary.

The gender of nouns is indicated, except for masculine nouns ending in **-o** and feminine nouns ending in **-a.** Stem changes and spelling changes are indicated for verbs; **dormir (ue, u); llegar (gu).**

Words beginning with **ch** and **ll** are found within the letters **c** and **l,** respectively. Similarly, **ch** and **ll** within words are found within **c** and **l,** respectively.

The following abbreviations are used:

adj.	adjective	*n.*	noun
adv.	adverb	*neut.*	neuter
Arg.	Argentina	*obj. (of prep.)*	object (of a preposition)
conj.	conjunction	*p.p.*	past participle
d.o.	direct object	*pl.*	plural
f.	feminine	*poss.*	possessive
fam.	familiar	*prep.*	preposition
form.	formal	*pron.*	pronoun
ger.	gerund	*refl. pron.*	reflexive pronoun
gram.	grammatical term	*rel. pron.*	relative pronoun
i.o.	indirect object	*s.*	singular
inf.	infinitive	*sl.*	slang
inv.	invariable in form	*Sp.*	Spain
irreg.	irregular	*sub. pron.*	subject pronoun
L.A.	Latin America	*subj.*	subjective
m.	masculine	*v.*	verb
Mex.	Mexico		

A

abajo below; downstairs; **de arriba abajo** from top to bottom; **echar abajo** to demolish, knock down
abalanzarse (c) to throw oneself
abandonar to abandon
abierto/a (*p.p. of* **abrir**) open, opened; frank; free
abogado/a lawyer
abrazadera bracket, support
abrazar (c) to embrace, hug (3)
abrazo *adj.* hug
abrigo coat
abrir (*p.p.* **abierto/a**) to open; to open up; **abrir(se) camino** to make (one's) way
absoluto/a absolute, complete; **en absoluto** (not) at all
absurdo/a absurd, ridiculous
abuelo/a grandfather, grandmother; *pl.* grandparents

abultado/a swollen
abundar to abound
aburrido/a bored; boring
aburrir to bore; **aburrirse** to get bored; **me aburre(n)** I'm bored by
abusivo/a abusive
abuso abuse
acabar to end; **acabar + *ger.*** to end up (*doing something*); **acabar con** to destroy; **acabar de + *inf.*** to have just (*done something*); **acabarse** to end; to run out (of)
academia academy
académico/a academic
acaso: por si acaso just in case
acceso access
accesorio accessory
accidente *m.* accident
acción *f.* action; **acción afirmativa** affirmative action

acelerar to accelerate
acento accent; accent mark
aceptable acceptable
aceptación *f.* acceptance
aceptar to accept
acerca de *prep.* about, concerning
acercarse (qu) (a) to approach
acogedor(a) cozy; inviting
acomodarse to find a place for oneself
acompañar to accompany, go with
acondicionado/a: aire (*m.*) **acondicionado** air conditioning
aconsejar to advise (2)
acontecimiento event
acordarse (ue) (de) to remember
acosado/a harassed (4)
acostar (ue) to put to bed; **acostarse** to go to bed
acostumbrarse to get accustomed, used to; to adapt

acre *m.* acre
actitud *f.* attitude, outlook
actividad *f.* activity
activismo activism
activista *n.m.,f.; adj.* activist
activo/a active
acto action, act
actor *m.* actor
actriz *f. (pl.* actrices) actress
actual present, current
actualidad *f.* present *(time);* en la actualidad currently
actualmente currently
actuar (actúo) to behave, act
acudir (a) to go (to); to come (to)
acueducto aqueduct
acuerdo agreement; acuerdo de paz peace accord; ¿de acuerdo? OK?; de acuerdo con in accord with; estar *(irreg.)* de acuerdo (con) to agree, be in agreement (with); ponerse *(irreg.)* de acuerdo to agree, come to an agreement
acusación *f.* accusation
acusado/a *n.* accused (person); *adj.* accused
acusar to accuse
adaptar to adjust; adaptarse (a) to adapt, adjust (to)
adecuado/a suitable
adelantar to advance
adelanto advancement (6)
además besides, moreover; además de besides, in addition to
adicto/a *n.* addict; *adj.* addicted
adivinar to guess; to predict the future (6)
adjunto/a attached, enclosed
administración *f.* administration, management; administración de empresas business administration
administrador(a) administrator, manager
admiración *f.* wonder, surprise
admirado/a admiring
admirar to admire
admitir to admit
adolescencia adolescence (2)
adolescente *n.m.,f.; adj.* adolescent
adonde *conj.* (to) where; to which
¿adónde? *adv.* (to) where?
adoptivo/a adopted; hijo adoptivo / hija adoptiva adopted son, daughter (2)
adorar to adore
adquerir (ie, i) to acquire
adquirido/a: síndrome de inmunodeficiencia adquirida (SIDA) acquired immunodeficiency syndrome (AIDS) (5)
adular to flatter
adulterino/a resulting from adultery
adulto/a *n.; adj.* adult
advertencia warning

advertir (ie, i) to warn, notify
aéreo/a: controlador(a) de tráfico aéreo air traffic controller
aeróbico/a aerobic
aeropuerto airport
afectado/a putting on airs
afectar to affect
afecto affection
afeitarse to shave
afiche *m. poster*
afición *f.* pastime; inclination
afirmación *f.* assertion
afirmar to affirm, assert
afirmativo/a affirmative; acción *(f.)* afirmativa affirmative action
aflojar el paso to slow down
afrancesado/a taking on French characteristics
africano/a *n.; adj.* African
afrocaribeño/a *n.; adj.* Afro-Caribbean
afrontar to face
afuera *adv.* outside, beyond
afueras *n.pl.* suburbs; outskirts
agarrar to grab onto
agasajado/a guest of honor
agente *m.,f.* agent; agente secreto/a secret agent
agobiado/a overwhelmed, exhausted (4)
agobiarse to overwork; to exhaust oneself
agotado/a exhausted (4)
agotamiento exhaustion
agotar to use up (6); agotarse to be used up, run out
agradable pleasant, agreeable (1)
agradar to please
agradecer (zc) to thank (2)
agradecimiento gratitude
agrandar to enlarge
agrario/a agrarian
agravar to aggravate, make worse
agregar (gu) to add
agresión *f.* provocation
agresivo/a aggressive
agricultor(a) farmer
agua *f. (but* el agua) water; agua de coco coconut milk; agua dulce fresh water
aguafiestas *m.,f.* party-pooper (4)
aguantar to stand, bear (5)
agujerado/a pierced
ahí there
ahogar (gu) to extinguish; ahogarse to drown
ahora now; ahora mismo right now; desde ahora from now on
aimara *m.* Aymara, language of the indigenous Aymara of Bolivia and Peru
aire *m.* air; appearance; aire acondicionado air conditioning; aire libre open air; sacarse (qu) el aire to work hard (4)

aislado/a isolated
ajeno/a aloof; free from; different
ajustarse to adjust (2)
ajuste *m.* adjustment
al + *inf.* upon *(doing something)*
ala *f. (but* el ala) brim (of a hat); de anchas alas wide-brimmed
alabanza praise
alabar to praise (2)
alarma alarm
alarmante alarming (5)
alarmar to alarm
alba *f. (but* el alba) daybreak, dawn
alcance *m.* reach; range
alcanzar (c) to attain (6), reach; to catch up with
alcohol *m.* alcohol
alcohólico/a alcoholic
alegoría allegory, symbol
alegrarse to be glad, happy
alegre happy
alegría joy
alejado/a distant
alemán *m.* German (language)
Alemania Germany
alfombra carpet, rug
algo *pron.* something; *adv.* somewhat; aportar algo to contribute something (6)
algodón *m.* cotton
alguien *pron.* someone; caerle bien/mal a alguien to be liked/disliked by someone (1); dejar a alguien to leave someone (3)
algún, alguno/a *adj.* some; any; *pl.* some; a few; alguna vez sometime, ever
alguno/a *pron.* someone; one; *pl.* some; a few
aliarse (me alío) to form an alliance
alienar to alienate
aliento: dar *(irreg.)* aliento to encourage
alimentación *f.* food
alimentado/a fed, nourished
alimento food, nourishment
aliviar to relieve (4)
alivio: ¡qué alivio! what a relief!
allá there; más allá de beyond
allí there
alma *f. (but* el alma) soul; alma gemela kindred spirit (3)
almacén *m.* store
almacenar to store
almuerzo lunch
alojamiento lodging
alojarse to lodge
alrededor *adv.* around; alrededores *n.m.pl.* surroundings
alternativo/a alternate
alto/a tall; high; loud; late; serious; alta sociedad high society; en lo alto in the heights; en voz *(f.)* alta aloud; tacón *(m.)* alto high-heeled shoe

altura height
alucinado/a amazed (3)
alucinante amazing, incredible, impressive (1)
aludido/a referred to
aludir to allude
amable amiable, pleasant
amanecer *m.* dawn
amante *m.,f.* lover
amar to love
amargo/a bitter; embittered
amazonia Amazon region
ambición *f.* ambition
ambicioso/a ambitious
ambiente *m.* surroundings, ambience; atmosphere; **medio ambiente** environment
ambos/as *pl.* both
amenaza threat (6)
amenazador(a) *adj.* threatening
amenizador(a) *n.* stimulant
americanizarse (c) to become (North) Americanized
americano/a *n.; adj.* (North) American
amigable friendly
amigo/a friend
aminoácido amino acid
amistad *f.* friendship (3)
amistoso/a friendly
amodorrado/a drowsy; stupified
amor *m.* love; loved one; **amor** (*f.*) **no correspondido** unrequited love
amoroso/a amorous, loving
ampliación *f.* expansion
ampliar (amplío) to expand, widen
amplio/a wide, broad
analfabetismo illiteracy (5)
analisis *m.* analysis
analizar (c) to analize
ancho/a wide; **de anchas alas** wide-brimmed (*hat*)
anciano/a old, elderly
andaluz(a) (*m.pl.* andaluces) Andalusian; of or pertaining to Andalusia in southern Spain
andar *irreg.* to walk (around)
andino/a Andean; of or pertaining to the Andes Mountains; **ecuatoriano/a-andino/a** of or pertaining to the Andean region of Ecuador
anfitrión, anfitriona host, hostess
ángulo corner
angustia anguish
animado/a lively (4), animated; living; **dibujo animado** (animated) cartoon
animal *n.m.; adj.* animal
animar to encourage, cheer up; **animarse** to become lively
ánimo energy; mind; **estado de ánimo** spirits, mood (4)

aniversario anniversary
anoche last night
anónimo/a anonymous
anotar to make a note of
ansia worry, anxiety
ansiedad *f.* anxiety
ante *prep.* before, in front of; in the presence of; **ante todo** above all
antepasados/as ancestors (2)
anterior previous
antes *adv.* before; previously; **antes de** *prep.* before; **antes de que** *conj.* before; **cuanto antes** immediately
anticipación *f.* anticipation
anticipar to anticipate
anticipo anticipation
anticuado/a out-of-date
antidepresivo antidepressant
antiguo/a old, old-fashioned; former
antipartidos *adj. inv.* antiparty (*political*)
anualmente annually
anunciar to announce
anuncio advertisement; announcement
añadir to add
año year; **a los... años** at the age of . . . ; **los años veinte (treinta,...)** the twenties (thirties, . . .); **tener** (*irreg.*)... **años** to be . . . years old
apagar (gu) to turn off
aparato apparatus, device
aparatoso/a ostentatious
aparecer(se) (zc) to appear
aparición *f.* appearance
apariencia appearance; **aparencias engañan** looks deceive (1)
apartar to push aside
aparte *n.m.* aside; *adj.* separate; *adv.* separately; **punto y aparte** (begin a) new paragraph
apasionado/a emotional
apatía apathy
apático/a apathetic (5)
apellido last name, family name
apenado/a pained, sad (3)
apenas hardly, barely
apertura opening
apetecer (zc) to please, appeal to; **me apetece(n)** I feel like
apetecible appealing
apetito appetite
aplatanado/a lethargic
aplicar (qu) to apply
apodo nickname (2)
apoplejía: **dar** (*irreg.*) **un ataque de apoplejía** (*fig.*) to have a fit
aportación *f.* contribution
aportar (algo) to contribute (something) (6)
aporte *m.* contribution
apostado/a stationed

apóstol *m.* apostle
apoyar to support; to rest
apoyo support, aid (2)
apreciar to appreciate, value
aprender to learn
aprendizaje *m.* learning
aprobar (ue) to approve
apropiado/a appropriate
aprovechar(se) (de) to take advantage of (4)
aproximarse to draw near
apuesta pact, agreement (*political*)
apuntado/a signed up
apuntar to write down, make a note of
apuntes *m.pl.* notes
apurarse to hurry
aquel: **en aquel entonces** in those days
aquí here; **he aquí** here is/are
aquietarse to calm down
árabe *n.m.,f.; adj.* Arab
aragonés, aragonesa Aragonese, of or pertaining to Aragon, in northeastern Spain
araña spider
árbol *m.* tree; **árbol de Navidad** Christmas tree
archipiélago archipelago
archivo *s.* files; **archivo general** national historical records
arco iris rainbow
arder to be ablaze, burn
área *f.* (*but* el área) area; field
arena sand
arete *m.* earring (1)
argentino/a *n.; adj.* Argentine
argumento argument
arma *f.* (*but* el arma) weapon (5), arm
armado/a armed
armario wardrobe
armonía harmony (2)
arqueado/a arched
arqueológico/a archaeological
arquitectónico/a architectural
arquitectura architecture
arrancar (qu) to yank
arrastrar to drag
arrebatar to snatch
arrecife *m.* reef
arreglar to arrange; to put in order
arremolinarse to crowd around
arrestado/a arrested, detained
arresto arrest; imprisonment
arriba above; **de arriba abajo** from top to bottom
arriesgar(se) (gu) to risk; to venture
arrodillarse to kneel down
arrojar to throw
arruga wrinkle (1)
arrugarse (gu) to wrinkle up, crumple
arruinar to ruin

arte *m.,f.* art; **arte menor** minor art; **artes gráficas** graphic arts; **bellas artes** fine arts; **por arte de** by means of
artesanal of or pertaining to crafts
artesanía crafts, handicrafts
artesano/a artisan, craftsperson
artículo article; item
artificial artificial; **fuegos artificiales** fireworks
artista *m.,f.* artist
artístico/a artistic
asa *f.* (*but* el asa) handle
asamblea assembly
ascendencia ancestry
asco: dar (*irreg.*) asco to disgust; **me da(n) asco...** I'm disgusted by 20 . . .
asegurar to insure; to assure
asemejarse to resemble
asentarse (ie) to settle down
asesinar to assassinate, murder
asesinato murder
asesor(a) advisor
así *adv.* thus; that's how; in that way; *adj.* like that; **así como** the same as; **así pués** and so; **así que** therefore; **y así sucesivamente** and so forth
asiático/a Asiatic
asimilación *f.* assimilation
asimilar to assimilate
asistencia aid; **asistencia familiar** child support; **asistencia pública** welfare (5)
asistente *m.,f.* assistant
asistir to attend
asociación *f.* association
asociado/a: **estado libre asociado** free associated state
asombrado/a amazed
aspecto aspect; appearance; trait
aspirante *m.,f.* candidate
asqueado/a repulsed (3)
astrología astrology
astrólogo/a astrologist
astronauta *m.,f.* astronaut
asueto: **día** (*m.*) **de asueto** day off
asumir to assume, take
asunto matter; **el asunto es** + *inf.* the trick is (*to do something*)
asustado/a frightened (3)
asustar to frighten (6); **asustarse** to be frightened
atacado/a attacked
ataque *m.* attack; **ataque cardíaco** heart attack; **ataque de nervios** nervous breakdown; **dar** (*irreg.*) **un ataque de apoplejía** (*fig.*) to have a fit
atascar (qu) to block, impede
atemorizar (c) to terrify
atención *f.* attention
atender (ie) to take care of

atentado criminal assault (*against life or property*) (5)
atentamente attentively
atentar (ie) **contra** to attack, assault
aterrizar (c) to land
atisbo hint
atlántico/a Atlantic
atmósfera atmosphere
atracción *f.* attraction
atractivo/a *n.m.* attraction; *adj.* attractive
atraer (*like* traer) (*p.p.* atraído) to attract; to draw
atrás *adv.* back, behind; **de atrás** back
atreverse to dare
atrevido/a daring (1)
atributo attribute
atrocidad *f.* atrocity
aula *f.* (*but* el aula) classroom
aumentar to increase (4)
aumento *n.* increase, raise
aun even
aún still, yet
aunque although, even though
aura *f.* (*but* el aura) aura
auspicioso/a auspicious
austeridad *f.* restraint
auto: **corredor(a) de autos** racecar driver
autoayuda self-help
autobiográfico/a autobiographic
autobús *m.* bus
autoestima self-esteem
automático/a automatic
automovilística *m.,f.* of or pertaining to automobiles
autónomo/a autonomous, self-governing; **Universidad** (*f.*) **Nacional Autónoma de México (UNAM)** National Autonomous University of Mexico
autopista de la **información** information superhighway (6)
autor(a) author
autoridad *f.* authority
avance *m.* advance
avanzar (c) to advance
avaro/a miser
aventura adventure
aventurero/a *n.* adventurer; *adj.* adventurous
avergonzado/a embarrassed (3)
averiguar (gü) to ascertain; to verify
aversión *f.* aversion
aviación *f.* aviation
avión *m.* airplane
avisar to inform; to warn
avistamiento sighting
¡ay! oh!
ayer yesterday
ayuda help, assistance; **ayuda humanitaria** humanitarian aid
ayudante *m.,f.* assistant

ayudar to help
azteca *m.,f.* Aztec
azul blue
azulosidad *f.* blueness

B

bacalao codfish
bahía bay
bailar to dance
bailarín, bailarina dancer
baile *n.m.* dance; (act of) dancing
baja fall; **en voz** (*f.*) **baja** in a low voice; **sube** (*m.*) **y baja** rise and fall
bajar to come/go down; to get down; to lower; **bajarse** to come/go down
bajo *prep.* under, beneath
bajo/a *adj.* short; low; **barrio bajo** slum
bajón *m.* slump, depression
balancear to swing
balboa *m. monetary unit of Panama*
balcón *m.* balcony
ballet *m.* ballet
balneario/a *n.m.* spring (of water); *adj.* resort
banco bank; seat
bandido/a bandit
banquete *m.* banquet
bañar to bathe (*someone or something*); **bañarse** to take a bath
baño bath; **baño de burbujas** bubble bath
bar *m.* bar
barato/a cheap
barba beard (1)
barbaridad *f.* gross remark; **¡qué barbaridad!** how awful!
barco boat, ship
barquillo de helado ice-cream cone
barra stick
barranca ravine, gorge
barrio neighborhood; **barrio bajo** slum
barro colorado red clay
basar(se) en to base on
basquetbol *m.* basketball
bastante *adj.* enough; quite a bit of; *adv.* rather; quite
bastar to be sufficient, enough
basura garbage, trash (6)
batalla battle, struggle
bebé *m.* baby
beber to drink
bebida drink; drinking
beca scholarship
belleza beauty
bello/a beautiful; eloquent; **bellas artes** fine arts
beneficiar(se) to benefit
beneficio benefit (6); advantage
beneficioso/a beneficial
benjamín, benjamina baby of the family (2)

besar to kiss (3)

beso kiss

biblioteca library

bibliotecario/a librarian

bicicleta bicycle

bien *adj.* good; *adv.* well; **bien recibido/a** well received; **caerle bien a alguien** to be liked by someone (1); **llevarse bien con** to get along well with (1); **lo pasé muy bien** I had a very good time (4); **me cae(n) bien** I really like (*a person/people*); **(no) verse bien** (not) to look good; **pasarlo bien** to have a good time (4); **¡que lo pase bien!** have a good time! (4); **salir bien** to succeed, do well

bienestar *m.* well-being (4)

bienvenida: **dar** (*irreg.*) **la bienvenida** to welcome

bienvenido/a *adj.* welcome

bigote *m.* moustache (1)

bilingüismo bilingualism

billón *m.* trillion

biografía biography

biográfico/a biographical

biológico/a biological

blanco target

blanco/a white

bloque *m.* bloc, political alliance

boca mouth

boda wedding

bodega warehouse

bola de cristal crystal ball (6)

boleto ticket

bolívar *m. monetary unit of Venezuela*

bolsillo pocket

bomba bomb; **carro-bomba / coche-bomba** (*Sp.*) car bomb

bombero/a firefighter

bondad *f.* kindness

bonito/a *adj.* pretty; *adv.* nice

bonsai (*m.*): **jirafa bonsai** *dwarf potted plant, trained to grow in the shape of a giraffe*

bordado/a embroidered

borde *m.* edge, verge

borracho/a drunk

borrador *m.* first draft; **cartucho borrador** erasing cartridge

bosque *m.* forest; **bosque lluvioso** rainforest (6)

botánico/a botanical; **jardín** (*m.*) **botánico** botanical garden

botella bottle

brazo arm

brecha generacional generation gap (2)

breve short, brief

brillante brilliant

brillar to shine

brindar to offer

brisa breeze

broma practical joke (4)

bromear to joke

bromista *m.,f.* joker; *adj.* joking

bronca quarrel; **buscar bronca** to pick a fight; **montar broncas** to raise complaints

brujo, bruja sorcerer, witch; **día de las brujas** Halloween

brújula compass

bruto/a stupid; brutish (1)

bucear to scuba dive

bucólico/a pastoral, rural

buen, bueno/a good; **bueno** (*interj.*) well; **estar** (*irreg.*) **de buen humor** to be in a good mood (4); **hacer** (*irreg.*) **buen tiempo** to be good weather; **¡qué bueno que** + *subj.* how great that . . . !; **sacar** (**qu**) **buenas notas** to get good grades; **ser** (*irreg.*) **buena gente** to be a good person / good people (1); **tener** (*irreg.*) **buena pinta** to have a good appearance (1)

buganvilla bougainvillea (*flowering vine*)

bullicio bustle, hubbub

bulto bundle, package

burbuja: **baño de burbujas** bubble bath

burgués, burguesa *n.; adj.* bourgeois, middle-class (person)

burlarse de to make fun of

burlón, burlona mocking

busca search

buscar (**qu**) to look for; to seek; **buscar bronca** to pick a fight

búsqueda search

C

caballero gentleman

caballo: **montar a caballo** to ride/go on horseback

cabaña wood or grass hut

caber (*irreg.*) to fit (on or into)

cabeza head; **dolor** (*m.*) **de cabeza** headache; **echarse de cabeza** to dive headfirst; **mal de la cabeza** weak in the head

cabezudo *n.* huge-headed figure

cabildeo lobbying

cabo: **al cabo de** at the end of; **llevar a cabo** to carry out (4)

cada *inv.* each; every; **cada vez más** more and more

cadáver *m.* corpse

caer (*irreg.*) (*p.p.* **caído**) to fall; **caerle bien/mal a alguien** to be liked/disliked by someone (1); **me cae(n) bien/fenomenal** I really like (*a person/people*); **me cae(n) mal/fatal** I don't like (*a person/people*) (4)

café *m.* coffee; café, coffee shop

caja box; **caja de cartón** cardboard box

cajetilla de cigarrillos pack of cigarettes

cajón *m.* case

calabaza squash

calavera skull

calcetín *m.* sock

cálculo calculation

cálido/a warm

calidad *f.* quality

caliente hot; **perrito caliente** hotdog

calificar (**qu**) to judge

californiano/a Californian

callado/a quiet (1)

callar to be quiet

calle *f.* street; **salir a la calle** to leave the house

calma composure

calmar to sooth, calm (down)

calor *m.* heat; **hacer** (*irreg.*) **calor** to be hot (*weather*)

calvo/a bald (1)

calzoncillo *s.* undershorts

cama bed

cambiar *v.* to change; to exchange

cambio *n.* change; **a cambio** in exchange; **en cambio** on the other hand

caminante *m.,f.* walker

caminar to walk

caminata hike

camino route; trail; path (*fig.*); **abrir(se) camino** to make (one's) way

camión *m.* truck

camisa shirt

camiseta T-shirt

campaña campaign (5)

campeonato championship

campesino/a rural, rustic

camping: **hacer** (*irreg.*) **camping** to go camping

campo area, field

canal *m.* canal

canapé *m.* sofa

canario/a *n.; adj.* Canarian, of the Canary Islands

canasta basket

cáncer *m.* cancer

canción *f.* song

candidato/a candidate

candombe *m. dance of African origin*

cangrejo crab

canoa canoe

canoso/a gray (*hair*) (1)

cansado/a tired

cansancio fatigue

cansar to tire

cantante *m.,f.* singer

cantar to sing; to crow (*rooster*)

cante (*m.*) **jondo** *Flamenco song of Andalusian gypsy origin*

cantera pit
cantidad *f.* quantity
canto (act of) singing
caña glass of beer (*Sp.*)
cañón canyon; cannon
caos *m.* chaos (6)
capacidad *f.* capacity
capaz (*pl.* **capaces**) capable, able (4)
caperuza cover
capital *n.f.* capital (city); *adj.* deadly; **siete pecados capitales** seven deadly sins
capitolio capitol (building)
capítulo chapter
captar to capture
cara face; **cara a cara** face to face; **cara real** true face; **tener** (*irreg.*) (**mucha**) **cara** to have (a lot of) nerve (1)
carácter *m.* character, nature
característica *n.f.* characteristic, feature
característico/a characteristic, typical
caracterizar (c) to characterize
caradura *m.,f.* shameless person; **ser** (*irreg.*) **un(a) caradura** to have a lot of nerve (1)
caramelo candy
caravana caravan
carcajada: reírse (**i, i**) (**me río**) **a carcajadas** to laugh loudly (4)
cárcel *f.* jail, prison
cardíaco/a: ataque (*m.*) **cardíaco** heart attack
carga task, responsibility
cargar (**ue**) to load; to charge; **cargar las pilas** to recharge one's batteries (4)
cargo: a cargo de in charge of
caribe: negro caribe *m.* Black Carib (language)
caribeño/a *n.; adj.* Caribbean
caricatura caricature
caricaturesco/a like a caricature
cariño affection
cariñoso/a loving, affectionate (2)
carnaval *m.* Mardi Gras celebration
carne *f.* flesh; **de carne y hueso** (*fig.*) of flesh and blood
carnet *m.* ID card
caro/a expensive
carrera career, profession; race
carretera: oficial (*m.,f.*) **de la policía de carreteras** highway patrol officer
carro car; **carro-bomba** car bomb (5)
carroza *n.* float (*parade*)
carta letter
cartel (*m.*): **obra en cartel** show currently playing
cartelera (*s.*) **teatral** theater listings
cartón (*m.*): **caja de cartón** cardboard box
cartucho borrador eraser cartridge
casa house; **casa natal** birthhome; **en casa de** at (*someone's*) house; **tirar la casa**

por la ventana to go all out, spend lavishly
casado/a *n.* married person; *adj.* married
casarse (**con**) to marry, get married (to) (3)
cascada waterfall
casero/a *adj.* household
caserón *m.* large ramshackle house
casi almost; **casi no** hardly
caso case, circumstance; question; **en caso de que** in case; **hacer** (*irreg.*) **caso a** to pay attention to (2)
castellano Spanish (language)
castigar (**gu**) to punish (2); to mortify
castigo punishment
castillo castle
casualidad (*f.*): **por casualidad** by chance
catalán, catalana *n.; adj.* Catalan, of or pertaining to Catalonia in northeastern Spain; *n.m.* Catalan (language)
¡cataplún! crash!
catarata waterfall
catastrófico/a catastrophic
categoría category
católico/a *n.; adj.* Catholic
causa cause; **a causa de** because of
causante *adj.* causing
causar to cause; to produce; **causar daño** to harm
cauteloso/a cautious (3)
cautivar to capture
cecear to lisp
ceiba ceiba, kapok tree
ceja eyebrow (1)
celebración *f.* celebration
celebrar to celebrate; to hold (*a meeting*)
celoso/a jealous (3)
celular: (teléfono) celular cellular telephone
cementerio cemetery
cena dinner, supper; meal
cenar to have dinner
cenicero ashtray
censura censorship
centenar *m.* (one) hundred
central central; main
centrar to center, focus
centro center; downtown; heart (*of a town*); **centro comercial** shopping center
centroamericano/a *n.; adj.* Central American
ceñudo/a frowning
cerámica pottery
cerca de near, close to; **de cerca** close-up
cercano/a *adj.* close
cerco militar siege
cerdo pig
cerebro brain
ceremonia ceremony
cero zero
cerradura lock

cerrar (**ie**) to close
cerro large hill
cerrojo bolt
certeza certainty
cerveza beer
cesanteado/a laid-off, fired
cesar: sin cesar unceasingly
cese (*m.*) **al fuego** cease-fire
césped *m.* grass, lawn
cha-cha-cha *dance that combines rhythms of rumba and mambo*
chalet *m.* chalet
champán *m.* champagne
chaqué *m.* morning coat, tailcoat
chaqueta jacket
charanga brass band
charco (*fig.*) Atlantic Ocean (*lit.* puddle)
charlar to chat (4)
charretera epaulet
chato/a snub-nosed
cheque *m.* check
chévere awesome; **¡qué chévere!** how awesome!
chibcha *m.,f. member of an indigenous, pre-Columbian people of Colombia; m.* Chibcha (language)
chicha *alcoholic beverage made by fermenting corn*
chicle *m.* chewing gum
chico/a boy, girl; young person
chileno/a *n.; adj.* Chilean
chimenea fireplace
chisme *m.* gossip (4), rumor
chispa spark
chiste *m.* joke (4)
chistoso/a funny (1)
chocante shocking
chocar (**qu**) **con** to collide, crash with (5)
chocolate *m.* chocolate
chofer(a) driver
choque *m.* shock; clash
chulo/a "cool" (1)
cibercafé *m.* cybercafe, (*coffee house with computers*)
ciberespacio cyberspace (6)
cicatriz *f.* (*pl.* **cicatrices**) scar (1)
cielo sky
cien, ciento (a) hundred; **por ciento** percent
ciencia science; **ciencia ficción** science fiction; **ciencias políticas** (*pl.*) political science
científico/a scientist
cierto/a true; **a certain** (*thing*); **por cierto** indeed; for certain
cifra number, figure
cigarrillo cigarette; **cajetilla de cigarrillos** pack of cigarettes
cima peak

cine *m.* cinema, movies; movie theater; **estrella de cine** *m.,f.* movie star; **operador(a) de cine** projectionist

cineasta *m.,f.* movie director

cinismo cynicism

ciprés *m.* cypress (tree)

circuito network

circular to circulate

círculo circle

circunlocución *f.* circumlocution, rephrasing

circunstancia circumstance

cirujano/a surgeon

cita quote; appointment, date

citar to summon; to quote

ciudad *f.* city

ciudadano/a citizen (5)

cívico/a civic

civil civilian; **guerra civil** civil war

civilización *f.* civilization

clandestino/a underground, secret

claro/a clear, distinct; **a las claras** openly; **claro (que sí / que no)** of course (not)

clase *f.* class; type; **clase media** middle class; **clases populares** the masses

clásico/a classic; remarkable

clausula clause

clave *n.f.* key; *adj. inv.* key; **punto clave** key point

cliente *m.,f.* client, customer

clientela *s.* customers, clientele

clima *m.* climate

clonación *f.* (the act of) cloning

clonar to clone

club *m.* club; nightclub

coalición *f.* coalition

cobre *m.* copper

coca cocaine

cocaína cocaine

coche *m.* car; **coche-bomba** car bomb (*Sp.*); **coche descapotable** convertible

cochinillo/a piglet

cocina kitchen; cooking

cocinar to cook

cocinero/a cook

coco: **agua** (*f. but* **el agua**) **de coco** coconut milk

cocotte *f.* prostitute

coctel *m.* cocktail

codiciado/a coveted

codo elbow (1); **hablar por los codos** to talk a lot (1)

cofradía religious brotherhood

coger (j) to pick up

cognado cognate

cohibido/a inhibited

cola line (of people)

colaborar (con) to help (with); to work with (5)

colapsar to collapse

colapso nervioso nervous breakdown

colección *f.* collection

colectivo/a communal

colegio primary or secondary school

cólera rage

colgar (ue) (gu) to hang; to hang up

collar *m.* necklace

colmado/a at the peak, limit

colmo *coll.* last straw; **para colmo** to top it all off

colocar (qu) to put, place

colombiano/a *n.; adj.* Colombian

colón *m. monetary unit of Costa Rica and of El Salvador;* **día** (*m.*) **de Colón** Columbus Day

colonia colony

color *m.* color; **color neón** Day-Glo; **color vivo** brilliant color

colorado/a: **barro colorado** red clay

columna column; spinal column

coma *m.* coma

comandante *m.* commander

combatir to fight, combat

combinación *f.* combination

combinar to combine

comensal *m.,f.* mealtime companion

comentar to comment on

comentario commentary; remark

comenzar (ie) (c) to begin

comer to eat

comercial: **centro comercial** shopping center

cometa *m.* comet; *f.* kite

cometer to commit (*a crime*) (5)

comicio election

cómico/a comic, funny; **tira cómica** comic strip

comida food; meal

comienzo *n.s., pl.* beginning

comilona feast

comisión *f.* commission

comité *m.* committee

como like; as; **así como** the same as; **como el demonio** as the devil; **como es de imaginar** as you can imagine; **tal y como** such as; **tan/tanto... como** as . . . as

cómo how; **¿cómo?** how?; **¿cómo lo pasó?** how did it go? (4); **¿cómo somos?** what are we like?

compadecer (zc) to sympathize with (5)

compadre (*m.*): **impulso de compadre** feeling of kinship

compañero/a partner, companion; **compañero/a de clase** classmate; **compañero/a de cuarto** roommate; **compañero/a de trabajo** colleague

compañía company

comparación *f.* comparison

comparar to compare

compartir to share (2)

compás *m.* beat, rhythm

compatriota *m.,f.* compatriot

competencia competition

competir (i, i) to compete

complejo complex

complementario/a having two parts; **reforma complementaria** finishing touch

completo/a complete; in its/their entirety; **de jornada completa / a tiempo completo** full-time; **por completo** completely; **se me olvidó por completo** I totally forgot

complicado/a complicated

componer (*like* poner) (*p.p.* compuesto) to put together, create

comportamiento behavior (2)

composición *f.* composition

compra: **ir** (*irreg.*) **de compras** to go shopping

comprar to buy

comprender to understand; to include; **hacerse** (*irreg.*) **comprender** to make oneself understood

comprensión *n.f.* understanding (2)

comprensivo/a *adj.* understanding (2)

comprobar (ue) to verify

comprometerse to commit oneself

comprometido/a committed; engaged

compromiso commitment (3)

computadora computer; **ingeniero/a programador(a) de computadoras** computer programmer; **servicio de computadoras** computer service

común common, ordinary; **en común** in common, shared; **fuera de lo común** out of the ordinary

comunicación *f.* communication; **medios de comunicación** media (5); **redes** (*f.*) **de comunicación** communication networks (6)

comunicar (qu) to communicate; to convey

comunicativo/a communicative

comunitario/a community; of or pertaining to the community

comunista *n.m.,f.; adj.* communist

conceder to grant

concentración *f.* concentration

concentrarse to focus, concentrate

concepto concept

concha (scallop) shell

conciencia conscience; **toma de conciencia** awareness (6)

concierto concert

conclusión *f.* conclusion

concordancia agreement

concurrir to attend

concurso contest, competition

condenado/a condemned

condición *f.* condition
condiscípulo/a fellow student
condor *m.* condor
conducir *irreg.* to lead; to drive (*a vehicle*); licencia de conducir driver's license
conectado/a connected
conexión *f.* connection
confección *f.* creation
conferencia conference
confianza confidence, trust
confiar (confío) en to trust (in) (3)
confidencia: hacer (*irreg.*) confidencias a to confide in
confirmación *f.* confirmation
confirmar to confirm
conflicto conflict
confrontación *f.* confrontation
confrontar to confront
confundido/a confused (3)
confundirse to get mixed up
confuso/a unclear
congraciarse to ingratiate oneself
congresista *m.,f.* representative in congress
congreso conference
conjetura conjecture, guess
conjunto group; band
conmemorar to commemorate
conmigo with me
conmover (ue) to move, touch; conmoverse to be moved, touched
conmovido/a moving
connotación *f.* connotation
conocer (zc) to know; to meet; to become acquainted with; to be familiar with
conocido/a *n.* acquaintance; *adj.* known; well-known, famous; poco conocido/a little-known
conocimiento knowledge
conquista conquest
conquistador(a) conqueror
consciente aware
consecuencia consequence
conseguir (i, i) (ga) to get, obtain; to achieve; to manage
consejero/a counselor
consejo (piece of) advice; council; consejo de ministros cabinet (meeting)
conserje (*m.,f.*) de un edificio concierge; janitor
conservación *f.* preservation
conservador(a) *n.; adj.* conservative (2)
considerar to consider; to regard
consigo with him; with it; with them
consistente consistent; de manera consistente consistently
consistir en to consist of
consola console table
conspiración *f.* conspiracy
constante *adj.* constant
constatar confirmed

constituir (y) to constitute; to be
construcción *f.* construction
construir (y) to construct, build
consultar to consult
consultorio doctor's office
consumidor(a) consumer
consumo consumption
contacto contact; entrar en contacto to get in touch
contar (ue) to count; to tell, recount; contar con to count on (2); to have
contemplar to contemplate, gaze upon
contemporáneo/a contemporary, current
contener (*like* tener) to contain
contento/a happy, contented
contestar to answer, reply; to respond to
contexto context
contigo with you
contiguo/a adjacent, next
continente *m.* continent
continuación *f.* continuation; a continuación following, next
continuar (continúo) to continue
continuo/a uninterrupted
contra against; atentar (ie) contra to attack, assault; en contra de opposing, against
contraer (*like* traer) (*p.p.* contraído) matrimonio to get married
contrario opposite; al/de lo contrario on the contrary
contraste: en contraste in contrast
contratar to hire
contrato contract
contribución *f.* contribution
contribuir (y) to contribute
control *m.* control
controlador(a) de tráfico aéreo air traffic controller
controlar to control
controversista *m.,f.* controversial
convencer (z) to convince
convencimiento conviction
convencional conventional
convencionalismo conventionality
convenio agreement
convenir (*like* venir) to be agreeable, suit; me conviene + *inf.* it's a good idea for me (*to do something*); it's to my advantage (*to do something*)
conventillo tenement house
conversación *f.* conversation
conversar to converse
convertir(se) (ie, i) en to change, turn into
convincente convincing
convivir to live together
convocado/a summoned
coñac *m.* (*pl.* coñacs) cognac, brandy
copa stemmed glass; glassful; drink
copiar to copy

coquetear to flirt (3)
coqueteo flirtation
coquetería flirtatiousness
coral *m.* coral
corazón *m.* heart
cordialmente cordially
coreografía choreography
correcto/a correct
corredor(a) de autos racecar driver
correo electrónico electronic mail (e-mail)
correr to run
corresponder to correspond; amor (*m.*) no correspondido unrequited love
correspondiente *adj.* corresponding
corresponsal *m.,f.* news correspondent
corrida bullfight
corrido *type of popular Mexican song*
corriente *f.* current; *adj.* ordinary
corrupción *f.* corruption
corrupto/a corrupt
cortar to cut
corte *f.* (royal) court
cortejar to court
cortés *adj. m.,f.* polite, courteous
cortesano/a (*fig.*) hanger-on (*lit.* courtier)
cortesía courtesy
cortina curtain
corto/a brief; short; shortened; pantalones (*m.pl.*) cortos shorts
cosa thing
cosechar to harvest
coser to sew
cosmopolita *adj. m.,f.* cosmopolitan
costa coast
costar (ue) to cost
costarricense *n.m.,f.; adj.* Costa Rican
costumbre *f.* custom; habit
cotidiano/a everyday, daily
cráneo skull
cráter *m.* crater
creación *f.* creation
creador(a) creator
crear to create
crecer (zc) to grow up
crecimiento growth (6)
crédito credit
creencia conviction, belief
creer (y) to believe; to think, be of the opinion
cremà *burning of the fallas in Valencia, Spain*
cresta peak
crianza *n.* rearing
criar (crío) to bring up (2), rear; criarse to be raised (2), reared
criatura (*fig.*) petite, delicate woman (*lit.* baby)
crimen *m.* crime
criminal *n. m.,f.; adj.* criminal
crío/a tiny child

criollo/a: francés (m.) criollo French Creole (language); inglés (m.) criollo English Creole (language)

crisis f.s., pl. crisis

cristal (m.): bola de cristal crystal ball (6)

cristalino/a crystalline

cristiano/a Christian

criticar (qu) to criticize

crítico/a n. critic; adj. critical

crudo/a harsh

cruz f. (pl. cruces) cross; hybrid; Cruz Roja Red Cross

cruzar (c) to cross

cuaderno notebook; workbook

cuadrado/a squared

cuadrilla crew

cuadro painting; table

cual pron. which, what, who

cuál pron. which (one), what (one), who; ¿cuál? which (one)?, what (one)?, who?

cualidad f. quality

cualquier, cualquiera (pl. cualesquiera) pron. any one; adj. any

cuando when; siempre y cuando as long as

cuándo when; ¿cuándo? when?

cuanto how much; cuanto antes as soon as possible; cuanto más the more; en cuanto as soon as; en cuanto a as far as . . . is concerned

cuánto/a how much; pl. how many; ¿cuánto/a? how much?; pl. how many?

cuarto room; compañero/a de cuarto roommate

cuatro: trébol (m.) de cuatro hojas four-leaf clover

cubano/a n.; adj. Cuban

cubierta: cubiertas repujadas (book) covers patterned with designs in relief

cubierto/a (p.p. of cubrir) covered

cubrir (p.p. cubierto) to cover

cucaracha cockroach

cuello neck (1)

cuenta bill; a fin de cuentas when all is said and done; darse (irreg.) cuenta de to realize (1); tener (irreg.) / tomar en cuenta to take into account

cuentista m.,f. short-story writer

cuento story

cuerpo body; company; Cuerpo de Paz Peace Corps

cuestión f. question, issue

cuestionar to debate, argue with

cuidado care; tener (irreg.) cuidado to be careful

cuidadosamente carefully

cuidar to take care of

culpa: por culpa de on account of; tener (irreg.) la culpa to be to blame (5)

culpabilidad f. guilt

culpable n. m.,f. culprit; adj. guilty (5)

cultivar to develop

culto/a n. m. worship; adj. well-educated (1); rendir (i, i) culto a to worship

cultura culture

cumbia typical dance of Colombia

cumbre f. summit; high point

cumpleaños m. s. birthday

cumplir to carry out

cuna indigenous people of Panama, related to the Chibcha

cura cure

curación f. cure, treatment

curar to cure (6)

curiosidad f. curiosity

curioso/a odd, curious

cursi tacky, tasteless (1)

curso course; noveno curso ninth grade

cuy m. guinea pig

cuyo/a whose

D

dado que given that

dama: primera dama first lady, president's wife

damnificado/a n. victim; adj. injured, harmed

danza n. dance

dañar to harm, hurt; to damage

dañino/a harmful (3)

daño harm (6); injury; causar daño to harm; hacer (irreg.) daño to hurt

dar irreg. to give; to give up; to present; to carry out; dar a to look out on; dar aliento to encourage; dar espacio a to make space/time for; dar la bienvenida to welcome; dar miedo to frighten; dar un ataque de apoplejía (fig.) to have a fit; darle la gana to feel like; darse cuenta de to realize (1); me da(n) asco I'm disgusted by; me da(n) ganas I feel like; me da(n) igual it's all the same to me; me da(n) lo mismo I don't care about; me dio escalofríos it gave me goosebumps

datar de to date from

dato fact, item; pl. data, information

debajo de under, underneath

debate f. debate

deber n.m. duty, obligation; cumplir con un deber to fulfill an obligation

deber v. ought to, should; must; deber de + inf. to probably (do something)

debido a owing to; because of

decada decade

decadencia decadence

decano/a dean

decepcionado/a disappointed (2)

decepcionar to disappoint

decibelio decibel

decidir to decide; to resolve

decir irreg. (p.p. dicho) to say; to tell; to pronounce; decir un piropo to make a flirtatious remark; es decir that is to say; ¿qué quiere decir... ? What does . . . mean?

decisión f. decision; tomar la decisión to make the decision

declarar to declare, state; to express; declararse to declare one's love

decoración (f.) de fondo backdrop

decorado/a decorated

decretar to order

dedicación f. dedication

dedicar (qu) to dedicate, devote; dedicarse to commit oneself

dedo finger

defecto defect

defender (ie) to defend

defensa defense

defensor(a): santo defensor / santa defensora protecting saint

definir to define

definitivamente definitively, without question

defraudar to cheat, defraud (5)

degradante degrading (1)

dejar to leave; to let, allow; to give up; dejar a alguien to leave someone (3); dejar a un lado to leave aside; dejar de + inf. to stop (doing something) (6); dejar en paz to leave alone; dejar plantado/a to stand someone up (3)

delante de in front of

deletrear to spell

delgado/a thin, slim

delicado/a touchy

delicioso/a delicious

delincuencia delinquency

delito crime; offense (5)

demanda demand; request

demás: los/las demás others

demasiado adj. too much; pl. too many; adv. too; too much

democracia democracy

demócrata m.,f. democrat

democrático/a democratic; inclusive

demonio demon; como el demonio as the devil

demostrar (ue) show, demonstrate

denominar to designate

denotar to designate

dentista m.,f. dentist

dentro de in, inside of, within

departamento department

depender to depend

deporte m. sport

deportista n.m.,f. athlete

depositar to set down

depresión *f.* depression

deprimente depressing (1)

deprimido/a depressed (3)

deprimirse to get depressed

derecho *n.* right, privilege; derechos humanos human rights (5)

desafío challenge

desafortunadamente unfortunately

desagradable disagreeable

desaparecer (zc) to disappear, vanish

desaparición *f.* disappearance, kidnapping

desarrollar to develop (5)

desarrollo development; en vías de desarrollo *adj.* developing

desayunar to eat breakfast

desayuno breakfast

desbaratar to break up

descansar to rest

descanso *n.* rest

descapotable: coche (*m.*) descapotable convertible

descendencia descent

descender (ie) to descend

desconcierto discomposure

desconfiar (desconfío) to distrust

desconocer (zc) to be ignorant of

desconocido/a unknown

descorchamiento uncorking

describir (*p.p.* descrito/a) to describe

descripción *f.* description

descriptivo/a descriptive

descrito/a (*p.p. of* describir) described

descubrir (*p.p.* descubierto/a) to discover

descuento *n.* discount

descuidado/a neglected; careless

descuidar to neglect

desde from; since; desde ahora from now on; desde entonces since then; desde pequeño/a from the time he (she, they, etc.) was/were small; desde que since

desdeñar to look down on

desdeñoso/a scornful

desear to want, desire

desempeñar to carry out; desempeñar un papel to play a role

desempleado/a unemployed

desempleo unemployment (4)

desesperado/a despairing

desespero despair

desfilar por to parade past

desfile *m.* parade

desforestación *f.* deforestation (6)

desgracia: por desgracia unfortunately; ¡qué desgracia! what a disgrace!

desgraciadamente unfortunately

desierto *n.m.* desert

desierto/a deserted

desigualdad *f.* inequality (6)

desilusión *f.* disappointment, disillusion

desilusionado/a disappointed (5), disillusioned

desilucionar to disappoint, disillusion

desleal disloyal, traitorous

deslizar (c) a to slip into

desnutrición *f.* malnutrition (5)

desocupado/a idle; unemployed

desorbitado/a bulging

desordenado/a excessive

desorganización *f.* disorganization

despacho office

despedirse (i, i) to say good-bye

despertado/a awakened

despertador(a): llavero despertador keyring with an alarm

despertarse (ie) (*p.p.* despierto/a) to wake up

despistado/a absent-minded (1)

despojos remains

despreciable despicable

despreciar to disdain; to look down on (5)

desprecio disdain

después *adv.* after, afterwards; later; después de *prep.* after; después de que *conj.* after; poco después a little later

destacar(se) (qu) to stand out

destellar to flash, glitter

destinado/a intended; destined

destreza skill

destrozado/a crushed; shattered

destruir (y) to destroy

desvanecerse (zc) to faint; to fade away

desventaja disadvantage

detallado/a detailed

detalle *m.* detail

detectar to detect

detener (*like* tener) to put a stop to; detenerse to stop; to dwell upon

detrás de behind, in back of

deuda debt (5)

devastar to devastate

devolver (ue) (*p.p.* devuelto) to return

devorar to devour

devoto/a devoted

día *m.* day; al día up to date; per day; día de asueto day off; Día de Colón / la Hispanidad / la Raza Columbus Day; Día de las brujas Halloween; Día de los enamorados Valentine's Day; Día de San José St. Joseph's Day (March 19); Father's Day (in many Spanish-speaking countries); Día de San Patricio St. Patrick's Day; Día del Maestro Teacher's Day; Día del Padre Father's Day; hoy (en) día nowadays; mantenerse (*like* tener) al día to stay up-to-date; ocho días one week; ponerse (*irreg.*) al día to catch up (4); quince días two weeks; todo el día all

day; todos los días every day; un día de estos one of these days

diablo devil

diadema tiara

diálogo dialogue

diario *n.m.* diary, journal

diario/a daily

dibujar to draw, sketch

dibujo drawing, sketch; dibujo animado animated cartoon

dicha happiness, good fortune

dicho/a (*p.p. of* decir) said, aforementioned; verdad (*f.*) sea dicha truth be told

dictador(a) dictator

dictadura dictatorship (5)

diente *m.* tooth

diferencia difference; a diferencia de unlike

diferenciar to distinguish; diferenciarse to differ

diferente different

diferir (ie, i) to differ

difícil difficult; hacerse (*irreg.*) difícil + *inf.* to be hard to (*do something*)

difundir to spread

digestión *f.* digestion

digestivo digestive aid

dilema *m.* dilemma

dimitir to resign

dinero money

dinosaurio dinosaur

Dios (*m.*): God; ¡válgame Dios! God help me!

diploma *m.* diploma

diplomacia diplomacy

diplomático/a diplomat

dirección *f.* address; direction; management

directo/a direct; de manera directa directly

director(a) director; director(a) de escuela principal

dirigir(se) (j) to direct; to address; dirigir la palabra a to communicate with

disciplina discipline

disco *m.* record; *f.* discotheque

discoteca discotheque

discreto/a discreet

discriminación *f.* discrimination

disculpa: mil disculpas a thousand pardons

discurso speech (5)

discusión *f.* debate; argument

discutir to argue (3); to debate

diseño design; mascota de diseño designer pet

disfraz *m.* (*pl.* disfraces) costume

disfrazarse (c) to dress in costume

disfrutar de to enjoy (4)

disgustar to annoy, displease; me disgusta(n) I don't like

disgusto disgust

disidencia dissidence

disimular to dissimulate, cover up (*feelings*)

disminución *f.* diminution, decrease

disminuir (y) to decrease (4), diminish

disparar to shoot

disparo *n.* shot

dispendio extravagance

disponer (*like* poner) (*p.p.* dispuesto) de to have; disponerse to prepare

disponible available (6)

disposición *f.* disposition

dispuesto/a (*p.p. of* disponer) willing (to) (4)

distancia distance; a distancia at a distance; a larga distancia long-distance; a unos pasos de distancia a few yards away

distintivo/a distinctive

distinto/a different, distinct

distraer (*like* traer) (*p.p.* distraído) to distract

distraído/a (*p.p. of* distraer) inattentive

distribuir (y) to distribute

distrito district; distrito federal seat of federal government

diversión *f.* diversion

diverso/a diverse; *pl.* various

divertido/a amusing, entertaining

divertirse (ie, i) to have a good time; ¡que se divierta! have a good time! (4)

divinidad *f.* (figurine of) a pagan diety

divisas *pl.* hard currency

divorciado/a divorced

divorciarse (de) to get a divorce (from)

divorcio divorce

doble double

docena dozen

doctor(a) doctor

doctorarse to receive a doctor's degree

documento document; documento de identidad proof of identity

dolar *m.* dollar

dolor *m.* pain; dolor de cabeza headache

doméstico/a household; quehacer (*m.*) doméstico household chore

dominar to dominate

domingo de Resurrección Easter Sunday

dominicano/a *n.; adj.* Dominican, of the Dominican Republic

don, doña *title of respect used before a person's first name;* don Juan ladykiller

donar to donate

donde where; por donde through which

dónde where; ¿dónde? where?

dondequiera wherever

dorado/a golden; sueño dorado life's dream

dormir (ue, u) to sleep; dormir siesta to take a nap; dormirse to fall asleep

dormitorio bedroom

dotado/a endowed

dote *f.* dowry

drama *m.* play

droga drug

ducha shower

ducharse to take a shower

duda doubt, uncertainty

dudar to doubt

dueño/a owner; proprietor

dulce *n.m.* candy, sweet; *adj.* sweet; gentle; agua (*f.* but el agua) dulce fresh water

duradero/a lasting (3)

durante during; for

durar to last, endure

duro/a hard, difficult; harsh (4)

E

ebrio/a inebriated, drunk

echar to emit; to slide (*a bolt*); to begin to grow; echar a + *inf.* to start (*doing something*); echar abajo to demolish, knock down; echar de menos to miss (*someone/something*); echar la culpa to blame; echar raíces to start putting down roots; echar un piropo to make a flirtatious remark; echar un vistazo to take a look; echar una mano to lend a hand; echar una siesta to take a nap; echarse to throw oneself; echarse de cabeza to dive headfirst

ecléctico/a eclectic, diverse

ecología ecology

ecológico/a ecological

economía economy

económico/a economic; concerning money

ecoturismo ecotourism

ecuatoriano/a *n.; adj.* Ecuadorian; ecuatoriano-andino/a of or pertaining to the Andean region of Ecuador

edad *f.* age; edad de oro golden age; menor (*m.,f.*) de edad minor, underage person

edificar (qu) to construct

edificio building; conserje (*m., f.*) de un edificio concierge; janitor

editor(a) editor

editorial *m.* editorial (*newspaper*)

educación *f.* education; de mala educación bad manners

educado/a polite (1); de manera educada politely

educar (qu) to educate; educarse to be educated

educativo/a educational

efectivo/a effective; functional; hacer (*irreg.*) efectivo/a to issue

efecto effect; efecto secundario side effect; en efecto in fact

eficaz (*pl.* eficaces) effective

eficiente efficient

egoísta *adj., m.,f.* egotistic, selfish (2)

ejecución *f.* execution; creation

ejecutivo/a *n.; adj.* executive

ejemplar exemplary, model

ejemplo example; por ejemplo for example

ejercer (z) to practice (*a profession*); to exert

ejercicio exercise; hacer (*irreg.*) ejercicio to exercise

ejército army

elaborar to create; to work out

elástico/a: pantalones (*m. pl.*) elásticos stretch pants

edecán *m.* assistant

elección *f.* election; selection

elector(a) voter

eléctrico/a electric

electrodoméstico household appliance

electrónico/a electronic; correo electrónico electronic mail (e-mail)

elegir (i, i) (j) to choose; to elect

elemento element

elevar to raise

eliminación *f.* elimination

eliminar to eliminate

ello: por ello on that account

elocuencia eloquence

elogio eulogy, praise

embajada embassy

embajador(a) ambassador

embarazo pregnancy

embargo: sin embargo nevertheless

embriagarse (gu) to get drunk

embriaguez *f.* drunkenness

emigrado/a emigrant

emigrante *m.,f.* emigrant

emigrar to emigrate, to leave one's country to live elsewhere

emisora (radio) station

emitir to broadcast

emoción *f.* emotion

emocionado/a moved; excited (3)

emocional emotional

emocionante touching; exciting (1)

emocionar to move, make emotional; to excite; me emociona(n) I'm touched/excited by

empanada turnover, stuffed pastry

empezar (ie) (c) to start, begin; empezar a + *inf.* to begin to (*do something*)

empleado/a employee

emplear to use, employ

empleo job, employment

empobrecido/a impoverished

empresa firm, company; **administración** (*f.*) **de empresas** business administration
empresarial managerial
empresario/a manager, director
enamorado/a : día de los enamorados Valentine's Day
enamorarse (de) to fall in love (with) (3)
enarcar (qu) to arch, raise
encaje *m.* lace
encantado/a delighted; pleased to meet you
encantador(a) charming (1)
encantar to charm, delight; **me encanta(n)** I love, really like
encanto delight; magic
encarcelar to imprison
encargar (gu) to put in charge; to order
encender (ie) to light; **encenderse** to fire up; to start to glow
encerrar (ie) to confine
enchufe *m.:* **tener** (*irreg.*) **enchufe** (*fig.*) to have pull, influence (*lit.* to be plugged in)
encima de above; **pasar por encima** to go over one's head
encontrar (ue) to find; **encontrarse con** to meet up with, run into
encuentro meeting, encounter; contact with an extraterrestrial being or object
encuesta poll, survey (5)
enemigo/a enemy
energía energy
enérgico/a energetic, vigorous
enfadado/a angry (3)
enfatizar (c) to stress, emphasize
enfermar to make sick; **enfermarse** to get sick
enfermedad *f.* illness
enfocarse (qu) to focus
enfoque *m.* focus
enfrentarse (con) to confront, face; to be faced (with)
engancharse to get caught on
engañar: las aparencias engañan looks deceive (1)
enjuagar (gu) to rinse
enlodado/a covered with mud
enloquecido/a crazed
enojado/a angry (3)
enojo *n.* anger
enorme enormous
enormemente extremely
enriquecer (zc) to enrich (2)
ensayo essay
enseñanza education; teaching
enseñar to teach; to show; **enseñar a +** *inf.* to teach to (*do something*)
entender (ie) to understand; **entenderse (con)** to get along (with)
enterado/a well-informed
enterarse (de) to become informed (about) (5), to find out (about)

entero/a entire
entierro burial
entonces then; **desde entonces** since then; **para entonces** by then
entorno environment
entrada entrance; admission ticket
entrar to enter; to be admitted; to get into; **entrar en contacto** to get in touch
entre between; among; in
entregar (gu) to deliver; to give over; **entregarse** to dedicate oneself
entrenar to train
entretener(se) (*like* tener) to amuse, entertain (oneself) (4)
entretenido/a entertaining
entretenimiento entertainment
entrevista interview
entrevistado/a *n.* interviewee; *adj.* interviewed
entrevistador(a) interviewer
entrevistar to interview
entrometido/a meddlesome (2), interfering
envejecer (zc) to grow old
envergadura wingspan
enviar (envío) to send
envidiar to envy
envidioso/a jealous (2), envious
envuelto/a (*p.p. of* envolver) enveloped
épico/a (*fig.*) extraordinary
epigrama *m.* witty remark
época era; period (*time*)
equilibrio balance
equinoccio equinox
equipo team
equivocarse (qu) to make a mistake; **perdón, me equivoqué** sorry, I made a mistake
era age, era
error *m.* error
eructar to burp
escala ladder
escalar to climb; **escalar montañas** to climb mountains
escalera staircase; ladder
escalofrío: me dio escalofríos it gave me goosebumps
escándalo scandal; uproar
escandaloso/a scandalous
escaparse to escape; to slip away
escape *m.* escape; getaway
escarlato/a scarlet
escaso/a scant, scarce (5)
escena scene
escenario stage
esclarecer (zc) to clarify
esclusa lock (*canal*)
escoger (j) to choose, pick
escogido/a chosen
escolar *adj.* school, of or pertaining to school

escoltado/a escorted
esconder to hide (2)
escotilla hatch; hatchway
escribir (*p.p.* escrito/a) to write; **máquina de escribir** typewriter
escrito/a (*p.p. of* escribir) written; **por escrito** in writing
escritor(a) writer, author
escritorio desk
escritura writing; script; document
escuchar to listen (to); to hear
escuela school; **escuela primaria** elementary school; **escuela secundaria/superior** high school; **director(a) de escuela** principal
escultor(a) sculptor
escultura sculpture
esencial essential
esforzarse (ue) (c) to try very hard; to strive
esfuerzo effort; **hacer** (*irreg.*) **un esfuerzo** to make a concerted effort
eso *pron.* that; that matter; **ni por eso** not even for that; **por eso** therefore, that's why
espacio space; time; **dar** (*irreg.*) **espacio a** to make space/time for
espantoso/a terrifying; dreadful
español *m.* Spanish (language)
español(a) *n.* Spaniard; *adj.* Spanish
especial special
especialidad *f.* specialty
especialista *m.,f.* specialist
especializar(se) (c) to specialize
especie *f.* species (*s.,pl.*); type
específico/a specific
espectacular spectacular
espectáculo show, performance (4)
espectador(a) spectator
espera *n.* waiting
esperanza hope
esperar to wait; to wait for, await; to hope (for)
espía *m.,f.* spy
espíritu *m.* spirit; soul
espiritual spiritual
espiritualidad *f.* spirituality
espléndido/a magnificent
esposo/a husband, wife; spouse
esqueleto skeleton
esquina (street) corner
esquirla piece of shrapnel
estabilidad *f.* stability (2)
estable stable (2)
establecer (zc) to establish; **establecerse** to settle
estación *f.* station; **estación** (*f.*) **de servicio** service station
estacionado/a parked
estadio stadium

estadísticas statistics (5)

estado state; condition; **estado de ánimo** spirits, mood (4); **estado libre asociado** free associated state; **golpe** (*m.*) **de estado** coup d'etat (5); **secreto de estado** state secret

estadounidense *n.m.,f.* United States citizen; *adj.* of, from the United States

estallar to erupt

estampado/a embossed

estancia stay, visit

estar *irreg.* to be; **estar de buen/mal humor** to be in a good/bad mood (4); **(no) estar de acuerdo (con)** to (dis)agree, (not) be in agreement (with); **estar de moda** to be in style (1); **estar en + mes/año/período** it is (*month/year/period*)

estatua statue

estereotipo stereotype

estética *s.* esthetics, sense of beauty

estilizado/a stylized

estilo style; **estilo de vida** lifestyle

estrategia stategy

estrechar to make closer; **estrechar la mano** to offer your (one's) hand (as a greeting)

estrechez *f.* (*pl.* **estrecheces**) closeness; shortage

estrecho/a close (*relationship*) (2); narrow

estrella star; **estrella de cine/televisión** movie/TV star

estrenar to wear for the first time, debut

estreno opening (*play, film*) (4)

estrés *m.* stress

estricto/a strict (2)

estrofa stanza

estructurar to structure

estudiante *m.,f.* student

estudiantil *adj.* student, of or pertaining to students

estudiar to study

estudio *n.* study; studio; **estudio de grabación** recording studio; **estudios negros/puertorriqueños** Black/Puerto Rican studies; **jefe/a de estudios** principal

estupendo/a terrific

estupor *m.* stupor

etapa stage, phase

etiqueta etiquette

étnico/a ethnic

eufemismo euphemism

eufemístico/a euphemistic

europeo/a *n., adj.* European

evasión *f.* evasion

evasiva *n.f.* evasive comment

evasivo/a evasive

evento event

evidencia evidence

evidente evident; obvious; visible

evitar to avoid (4)

evocar (qu) to recall

evolución *f.* evolution

exacto/a exact

exagerado/a exaggerated

examen *m.* exam, test

examinar to investigate

excavación *f.* excavation

exceder to go beyond; **excederse** to outdo oneself

excelente excellent

excentricidad *f.* excentricity

excepción *f.* exception; **con excepción** except for

exceptico/a skeptical

excesivo/a excessive

exclamación *f.* exclamation

exclamar to exclaim

exclusivo/a exclusive

excursión *f.* excursion

exhausto/a exhausted

exhibir to display

exigencia *n.* demand

exigente demanding (2)

exigir (j) to demand, require

exilio *n.* exile

exiliado/a *n.* person in exile; *adj.* exiled

existencia existence

existir to exist, be

éxito success; **tener** (*irreg.*) **éxito** to be successful (4)

exitoso/a successful (3)

exótico/a foreign, not native; different from the familiar

expediente *m.* record, file

experiencia experience

experimentar to experience (4); to experiment

experto/a *n., adj.* expert

explicación *f.* explanation

explicar (qu) to explain

explorar to explore

explosión *f.* explosion

explotación *f.* exploitation

explotar to explode; to erupt

exponer (*like* **poner**) (*p.p.* **expuesto**) to exhibit; to make public; to expound

exportación *f.* exportation

exportador(a) exporter

exposición *f.* exhibition

expresar to express

expresión *f.* expression

expuesto/a (*p.p. of* **exponer**) expounded

expurgado/a expurgated, having anything considered offensive removed

exquisito/a exquisite

extenderse (ie) to spread

extensión *f.* length; expanse

extenso/a extensive

extenuar (extenúo) to weaken, debilitate

extranjero: en el extranjero abroad, in other countries

extranjero/a *n.* foreigner; *adj.* foreign

extrañar to miss (*someone/something*) (2); to surprise

extraordinario/a extraordinary

extraterrestre *m.,f.* extraterrestrial

extroversión *f.* extroversion

extrovertido/a extroverted, outgoing

F

fábula tale

fabuloso/a fabulous

facción *f.* faction

fácil easy

facilidad *f.* facility

factible feasible

factor *m.* factor

faena chore

faisán *m.* pheasant

falda skirt; lap

fallas *pl. Valencia, Spain:* St. Joseph's Day (March 19) *celebrations in which gigantic figures are burned*

fallecido/a deceased

fallero/a of or pertaining to **las fallas**

falso/a false

falta lack; **hacer** (*irreg.*) **falta** to need

faltar to need; **no falta más** don't mention it

fama fame; reputation; **tener** (*irreg.*) **fama** to be famous, well known

familia family

familiar *n.m.* family member; close friend; *adj.* family, of the family; **asistencia familiar** child support

famoso/a famous

fanático/a fanatic

fantasía fantasy; imagination

fantasma *m.* ghost

fantástico/a fantastic

farmacéutico/a pharmacist

fármaco medicine, drug

fascinado/a fascinated

fascinante fascinating; **¡qué fascinante!** how fascinating!

fascinar to fascinate; **me fascina(n)** I'm fascinated by

fastidiar to annoy, bother; **me fastidia(n)** I'm bothered by

fasto: de fasto splendid

fatal unfortunate; awful; **lo pasé fatal** I had a terrible time (4); **me cae(n) fatal** I don't like (*a person/people*)

fatigar (gu) to tire

favor *m.* favor; **a favor de** in favor of; **por favor** please

favorecido/a favored
favorito/a favorite
fax *m.* fax
faz *f.* (*pl.* faces) face
federal federal; distrito federal seat of federal government
felicidad *f. happiness*
felicitar to congratulate
feliz (*pl.* felices) happy
femenino/a female; feminine
fenomenal phenomenal; me cae(n) fenomenal I really like (*a person/people*)
fenómeno phenomenon
feo/a ugly; unpleasant
ferrocarril *m.* railway
festejar to celebrate
festejo celebration, festival
festín *m.* feast
festival *m.* festival
ficción *f.* fiction; ciencia ficción science fiction
ficha index card
fiebre *f.* fever, excitement
fiesta party; festival; holiday; fiesta religiosa holy day celebration; hacer (*irreg.*) una fiesta to have a party
fiestero/a *n.* party animal, partier; *adj.* party-going (4)
figura figure
fijarse en to pay attention to; to notice
fijo/a fixed; steady
fila line; row; primera fila front row
filmación *f.* filming
filósofo/a philosopher
fin m. end; objective; purpose; a fin de cuentas when all is said and done; al fin finally; en fin in short; fin de semana weekend; poner (*irreg.*) fin a to put an end to; por fin finally
final *n.m.* end, ending; *adj.* final; a finales de at the end of
financiero/a financial
finca property; ranch
fino/a fine, sensitive
firmar to sign
firme steady, steadfast
firmemente firmly
fiscal *m.,f.* district attorney
físico/a physical
flaco/a skinny
flamante brand-new
flamboyán *tropical tree with brilliant red flowers*
flamenco *type of Spanish dance and music*
flan *m.* caramel custard
flexibilidad *f.* flexibility
flor *f.* flower
floresta forest
florista *m.,f.* florist

flotar to float
fluidez fluidity
fobia phobia
folclórico/a *adj.* folk
fondo background; rear; foundation; *pl.* funds; decoración (*f.*) de fondo backdrop; en el fondo at heart; información (*f.*) de fondo background information; recaudación (*f.*) de fondos fund-raising; recaudar fondos to raise funds (6)
forcejear to struggle
foro forum
forjado/a: hierro forjado wrought iron
forma form; figure; way
formación *f.* formation; training
formar to form; to make up; formarse to take shape
formular to formulate
fortalecer (zc) to strengthen (5)
fortuna fortune
forzado/a forced; compulsory
forzar (ue) (c) to compel, make happen
fosforescente phosphorescent
foto(grafía) *f.* photo(graph); sacar (qu) fotos to take pictures
fotógrafo/a photographer
fracasar to fail
fracaso failure (3)
fragmento excerpt; scrap
franco/a frank
francamente frankly
francés, francesa *n.m.* French (language); *adj.* French; francés criollo French Creole (language)
franqueza frankness
frase *f.* phrase
fraternidad *f.* fraternity
fraude *m.* fraud
frecuencia: con frecuencia frequently
frecuentar to frequent, "hang out in"
frecuentemente frequently
fregadero kitchen sink
frente *f.* forehead; *m.* (battle)front; frente a facing, opposite; opposing
fresa strawberry
fresco/a fresh
frío/a cold; hacer (*irreg.*) frío to be cold (*weather*)
frito/a (*p.p. of* freír) fried
frontera border (6); limit
frustrar to frustrate
fruta fruit
fuego fire; cese (*m.*) al fuego cease-fire; fuegos artificiales fireworks
fuente *f.* fountain; source
fuera de lo común out of the ordinary
fuerte strong, powerful; forceful; harsh
fuerza force; vigor; strength
fulano/a: aquello de fulana whorishness

fumar to smoke
función *f.* function; event; duty
funcionar to function, work
fundación *f.* foundation
fundar to found; to establish
furia fury
furioso/a furious
fusta riding crop
fútbol *m.* soccer
futuro/a *n.m.* future; *adj.* future

G

galápago *sea turtle of the Galapagos Islands*
gallego/a *n.; adj.* of or pertaining to Galicia, in northwestern Spain; *m.* Galician (language)
galleta cookie; cracker
gallo rooster
galón *m.* gallon
galope *m.* gallop
gana: darle (*irreg.*) la gana to feel like; me da(n) ganas I feel like; tener (*irreg.*) ganas de + *inf.* to feel like (*doing something*)
ganador(a) winner
ganar to earn; to win; ganarse la vida to earn one's living
garganta throat
garífuna *member of a people of Afro-Caribbean descent*
gas *m.* gas
gastar to spend
gasto expenditure; *pl.* expenses
gato cat
gemelo/a twin (2); alma (*f. but* el alma) gemela kindred spirit (3)
gemido *n.* wail
gemir (i, i) to wail
gene *m.* gene
generación *f.* generation
generacional: brecha generacional generation gap (2)
general *n.m.* general; *adj.* general; overall; archivo general national historical records; en general / por lo general in general, usually
generar to generate
genéricamente generically
género genre; type
generosidad *f.* generosity
generoso/a generous
genético/a genetic
genial wonderful (3); agreeable
genio/a genius
gente *f.s.* people; ser (*irreg.*) buena/mala gente to be a good/bad person / good/bad people (1)
geografía geography
gesto gesture

gigante *m.,f.* giant
gigantesco/a gigantic
gimnasio gym
gitano/a *n.; adj.* gypsy
globo balloon
gloria glory
glorioso/a glorious
gobernador(a) governor
gobernar (ie) to govern
gobierno government
golfo gulf
golpe *m.* blow; **de golpe** suddenly; **golpe de estado** coup d'etat (5)
golpeado/a beaten down
golpear to hit
gordo/a fat
gordura obesity
gozar (c) de to enjoy (4)
grabación (*f.*): **estudio de grabación** recording studio
grabado engraving; woodcut
gracia charm; *pl.* thanks; **gracias por todo** thanks for everything
gracioso/a attractive; funny
grado degree; amount; level
graduarse (me gradúo) to graduate
gráfico/a: artes (*f.*) **gráficas** graphic arts
gramática grammar
gramatical grammatical, grammar
gramo gram
gran, grande great; big, large, huge
granito granite
grano grain
grasiento/a greasy
gratitud *f.* gratitude
grato/a pleasant
grave serious; important
grifo faucet
gritar to shout
grito shriek; shout; **el último grito** the latest craze
grosería crudeness
grosero/a rude (1); crude
grupo group; **grupo de presión** lobby, pressure group
gruta grotto, cave-like recess
guapo/a handsome, attractive
guaracha *dance of Caribbean origin*
guaraní *m.* Guarani (*indigenous language of Paraguay*); *monetary unit of Paraguay*
guardaespaldas *m.,f.; inv.* bodyguard
guardar to maintain; to store
guay: ¡qué guay! how awesome!
gubernamental governmental
guerra war; **guerra civil** civil war; **Primera Guerra Mundial** First World War
guerrillero/a guerrilla fighter
guía *m.,f.* guide
guitarra guitar

guitarrista *m.,f.* guitarist
gustar to please, be pleasing to; to like; **gustar** + *inf.* to like to (*do something*)
gusto pleasure; taste; **a gusto** comfortable, at home; **con (todo) gusto** with pleasure; **mal gusto** poor taste

H

habanera *dance of Afro-Cuban origin*
haber *irreg.* to have (*auxiliary verb*); **haber de** + *inf.* to be necessary, must; **no hubo modo** there was no way
haberes *m.* belongings
habilidad *f.* ability; skill
habitación *f.* bedroom; residence; **habitación de hotel** hotel room
habitado/a inhabited
habitante *m.,f.* inhabitant
habitar to dwell
hábitat *m.* habitat
hábito habit
habla *f.* (*but* **el habla**): **quedarse sin habla** to be speechless
hablador(a) talkative (1)
hablar to speak; to talk; **hablar por los codos** to talk a lot (1); **hablar por teléfono** to talk on the telephone; **¡ni hablar!** no way!
hacer *irreg.* (*p.p.* **hecho**) to do; to make; to cause; to practice; to give; **hace poco** a short time ago; **hacer** + *inf.* to make (*do something*); to have (*something done*); **hacer** + (*period of time*) (*period of time*) ago; **hacer** + (*period of time*) **que** to be (*period of time*) that; **hacer buen/mal tiempo** to be good/bad weather; **hacer calor/frío** to be hot/cold (weather); **hacer camping** to go camping; **hacer caso a** to pay attention to (2); **hacer confidencias a** to confide in; **hacer daño** to hurt; **hacer (de)** + (*character*) to play the part of (*character*); **hacer de voluntario/a** to volunteer (5); **hacer efectivo** to issue; **hacer ejercicio** to exercise; **hacerse el ridículo** to make a fool of oneself; **hacer falta** to need; **hacer pausas** to take breaks; **hacer publicidad** to advertise; **hacer saber** to inform; **hacer snorkeling** to snorkel; **hacer surf** to surf; **hacer turno** to take turns; **hacer un esfuerzo** to make a concerted effort; **hacer un papel** to play a role; **hacer una fiesta** to have a party; **hacer una pregunta** to ask a question; **hacerle (algo) a alguien** to give someone (something); **hacerse** to become; **hacerse a** to gather at; **hacerse comprender** to make oneself understood; **hacerse difícil** + *inf.* to be

hard to (*do something*); **haga lo que haga** no matter what he/she does; **no hacer sino...** to do nothing but . . .
hacha *f.* (*but* **el hacha**) axe
hacia toward
haitiano/a *n.; adj.* Haitian
halagado/a flattered (3)
halagar (ue) to compliment, show appreciation
hallar to find
hambre *f.* (*but* **el hambre**) hunger; **tener** (*irreg.*) **hambre** to be hungry
hambriento/a hungry; starving (5)
harina flour; **tortilla de harina** flour tortilla
harto/a fed up, sick of (3); **ya estoy harto/a (de que** + *subj.*) at this point I'm fed up (that . . .)
hasta *prep.* until; up to; as far as; *adv.* even; **hasta el momento** until that moment; **hasta el tuétano** to the bone; **hasta entonces** until then; **hasta que** *conj.* until; **llegar (ue) hasta** to reach, get to
hawaiano/a *n.; adj. Hawaiian*
hay there is; there are
he aquí here is/are
hecho fact, event; **de hecho** in fact; **el hecho de que** + *subj.* the fact that . . .
hecho/a (*p.p. of* **hacer**) done; made
helado/a *n.m.* ice cream; *adj.* icy cold, chilled; **barquillo de helado** ice-cream cone; **me quedé helado/a** I was shocked
helecho fern
helicóptero helicopter
heredar to inherit (2)
herencia inheritance; heritage
herir (ie, i) to wound; to (make) hurt
hermanastro/a stepbrother, stepsister (2)
hermano/a brother, sister; *pl.* siblings; **hermano/a menor** younger/youngest brother, younger/youngest sister; **medio hermano, media hermana** half brother, half sister (2)
hermoso/a beautiful
heroico/a heroic
híbrido/a hybrid
hierba herb; grass
hierro forjado wrought iron
hijo/a son, daughter; **hijo adoptivo, hija adoptiva** adopted son, daughter (2); **hijo único, hija única** only child (2)
hilo thread
himno nacional national anthem
hincar (qu) to jab, poke
hipertensión *f.* hypertension
hipocresía hypocricy
hipócrita *m.,f.* hypocrite
hipótesis *f. inv.* hypothesis
hipotético/a hypothetical

hispánico/a *adj.* Hispanic

hispanidad (*f.*): Día (*m.*) de la Hispanidad Columbus Day

hispano/a *n.; adj.* Hispanic

hispanohablante *n.m.,f.* Spanish speaker; *adj.* Spanish-speaking

historia history; story

historiador(a) historian

histórico/a historical

hogar *m.* home

hoja leaf; page; hoja de papel sheet of paper; trébol (*m.*) de cuatro hojas four-leaf clover

hola hello

holandés, holandesa Dutch

holograma *m.* hologram

hombre *m.* man; hombre de negocios businessman

hombro shoulder; hombro con hombro shoulder to shoulder

homenaje *m.* tribute

homogéneo/a homogenous, uniform throughout

homosexual *m.,f.* homosexual

honestidad *f.* honesty

honor *m.* honor

honrar to honor, do honor to

hora time; hour; a última hora at the last minute; hora por hora hour by hour

horario schedule; timetable

hornear to bake

horripilante horrifying (6)

horror: ¡qué horror! how horrible!; how terrible!

horroroso/a hideous; terrifying

hospital *m.* hospital

hospitalario/a hospitable

hospitalidad *f.* hospitality

hostilidad *f.* hostility

hotel *m.* hotel; habitación *m.* de hotel hotel room

hoy today; hoy (en) día nowadays; hoy mismo this very day

huelga strike (5)

huella mark

huerta large vegetable garden

hueso bone; de carne y hueso (*fig.*) of flesh and blood

huida escape

huir (y) to escape; to run away, flee

humanidad *f.* humanity

humanitario/a humanitarian

humano human; derechos humanos human rights (5) ser (*m.*) humano human being (6)

humano/a *adj.* human, of or pertaining to humanity

humedecerse (zc) to become moist

humildemente humbly

humillación *f.* humiliation

humor *m.* mood; humor; estar (*irreg.*) de buen/mal humor to be in a good/bad mood; sentido del humor sense of humor

huracán *m.* hurricane

hurtadillas: a hurtadillas secretly

I

ibérico/a Iberian

idea: lluvia de ideas brainstorm

identico/a identical

identidad *f.* identity; documento de identidad proof of identity

identificable identifiable

identificado/a: Objeto Volante/Volador No Identificado (OVNI) Unidentified Flying Object (UFO)

identificar (qu) to identify

idioma *m.* language

iglesia church

ignorar to be unaware of

igual *adj.* equal; the same; similar; igual de equally; igual que the same as; me da(n) igual it's all the same to me

igualdad *f.* equality

ilegal illegal

iluminar(se) to light up

ilusión *f.* illusion

ilustración *f.* illustration

ilustrador(a) illustrator

ilustrar to illustrate

imágen *f.* image

imaginación *f.* imagination

imaginario/a imaginary

imaginar(se) to imagine; como es de imaginar as you can imagine; ¡imagínate! imagine that!

imitación *f.* imitation

imitar to imitate

impaciencia impatience

impaciente impatient

impecable impeccable

impetuosidad *f.* vehemence

implicar (qu) to imply

imponente imposing

imponer (*like* poner) (*p.p.* impuesto) to impose; to instill; to establish

importancia importance

importar to matter, be important; to import; me importa tres narices / un pepino I couldn't care less; me importa(n) I care about

imposibilitar to make impossible

imposible impossible

imposición *f.* imposing

impredecible unpredictable

impresión *f.* impression

impresionado/a impressed

impresionante impressive; es impresionante que + *subj.* it's impressive that . . .

impresionar to impress

impropio/a inappropriate

improvisar to improvise

impuestos taxes (5)

impulso de compadre feeling of kinship

impune unpunished

inaugurar to open

inca *n.m.,f.; adj.* Inca

incapacidad *f.* inability

incendiar to ignite

incendio fire (5)

incertidumbre *f.* uncertainty

inclinación *f.* inclination

inclinarse to bow; to be disposed (*in favor of*)

incluir (y) to include

incluso even

incógnito concealed identity

incompleto/a incomplete

inconcebible inconceivable

incontable innumerable

inconveniente *m.* obstacle; drawback

increíble incredible; ¡qué increíble! that's incredible!

incrementarse to grow

indebido/a improper

indeciso/a undecided (5)

indefinido/a indefinite

indemostrable unprovable

independencia independence

independiente independent

indicar (qu) to indicate; to show

indicio indication

indiferencia indifference

indígena *n.m.,f.* native, indigenous person; *adj.m.,f.* indigenous, native

indignación *f.* indignation

indio/a *n.; adj.* Indian

indirecta *n.* hint

individuo *n.* individual

indomable indomitable

indudable certain

industrializado/a industrialized

inesperado/a unexpected (6)

infancia infancy; early childhood

infección *f.* infection

infierno inferno; hell

influencia influence

influir (y) (en) to influence, have an influence (on)

información *f.* information; autopista de la información information highway (6); información de fondo background information

informador(a) informer

informar to inform; to report; informarse to find out

informática computer science (6)

informativo news report

informe *m.* report
ingeniería engineering
ingeniero/a programador(a) de computadoras computer programmer
ingenioso/a ingenious (6)
ingenuo/a naive (2)
inglés *m.* English (language); inglés criollo Creole English (language)
inglés, inglesa *n.* Englishman, Englishwoman; *adj.* English
ingratitud *f.* ingratitude
ingresar to join
ingreso a entry (*of people*) into
inicial *f.* initial
iniciar (se) to begin, start
inicio *n.* start
injusticia injustice
injusto/a unjust, unfair
inmediato immediate; de inmediato immediately
inmenso/a immense
inmigración *f.* immigration
inmigrado/a immigrated
inmigrante *m.,f.* immigrant
inminente imminent
inmoral immoral
inmunodeficiencia: Síndrome (*m.*) de Inmunodeficiencia Adquirida (SIDA) Acquired Immunodeficiency Syndrome (AIDS)
innovador(a) innovative (6)
inocente innocent
inofensivo/a inoffensive
inolvidable unforgettable (3)
inquietar to disturb; inquietarse to worry
inquietud *f.* uneasiness
insalubre unhealthy (6)
insecto insect
insinuarse (me insinúo) to creep in
insistir (en) to insist, insist (upon)
insomnio insomnia
insoportable unbearable (2)
inspiración *f.* inspiration
inspirador(a) inciter
inspirarse to be inspired
instalar to install; instalarse to settle
instante *m.* moment, instant
instintivamente instinctively
institución *f.* institution
instituto institute
instrucciones *f.* instructions
instruir (y) to instruct
instrumento instrument; tool
insubordinación *f.* insubordination
insultar to insult
integrar to incorporate; integrarse to become integrated
integridad *f.* integrity
íntegro/a integral

intelectual *n.m.,f.,adj.* intellectual
inteligencia intelligence
inteligente intelligent
intensidad *f.* intensity
intenso/a intense
intentar to try; to plan
interceptar to block
interés *m.* interest; tener (*irreg.*) interés to be interested
interesante interesting
interesar to interest; (no) me interesa(n) I'm (not) interested in; interesarse por to be interested in
interior *m.* interior
internacional international
interplanetario/a interplanetary
interpretar to interpret; to decipher
intérprete *m.,f.* interpreter
interrogativamente questioningly
interrumpir to interrupt
intervención *f.* intervention
intimidad *f.* circle of friends; private life
íntimo/a intimate; close-knit (2)
intolerancia intolerance
intricado/a intricate
intrigado/a intrigued
intrigante intriguing (6)
intrincado/a complicated
introducción *f.* introduction
introvertido/a introverted
inútilmente in vain
invasión *f.* invasion
invención *f.* invention
inventar to invent, make up
invento invention
inventor(a) inventor
inversión *f.* investment (6)
invertir (ie, i) to invest
investigación *f.* research; study; investigation
investigador(a) researcher
investigar (gu) to investigate; to (do) research
invierno winter
invitación *f.* invitation
invitado/a guest; profesor(a) invitado/a guest professor
invitar to invite
invocar (qu) to invoke
involucrado/a involved (2); implicated
ira *n.* anger, fury
ir *irreg.* to go; ir a + *inf.* to be going to (*do something*); ir + *ger.* to proceed, continue to (*do something*); ir a la moda to follow (current) style (1); ir de compras to go shopping; ir de vacaciones to go on vacation; irse to leave; to go away
iris: arco iris rainbow

ironía irony
irracional irrational
irreconocible unrecognizable
irrespetuoso/a disrespectful
isla island
italiano/a *n.; adj.* Italian
izquierda: a la izquierda to the left; de la izquierda leftist
izquierdoso/a leftist

J

jacarandá jacaranda tree
jactancioso/a arrogant, boastful
jaguar *m.* jaguar
jamás never, (not) ever
japonés, japonesa *n.; adj.* Japanese
jaqueca migraine headache
jardín *m.* garden; jardín botánico botanical garden
jardinero/a gardener
jauría (*fig.*) pack (of *animals*)
jefe/a boss; jefe/a de estudios principal
jeroglífico/a hieroglyphic
Jesucristo: lagarto de Jesucristo *tropical lizard capable of running on the surface of water*
jirafa bonsai *dwarf potted plant, trained to grow in the shape of a giraffe*
jondo: cante (*m.*) jondo *Flamenco song of Andalusian gypsy origin*
jornada journey; episode; workday; de jornada completa full-time; jornada radial radio broadcast
joven *n.m.,f.* young man, young woman; *pl.* the young; young people; *adj.* young
joya jewel
joyería jewelry
judío/a Jew
juego game; gambling; juego de luz play of light; juego de mesa board game
juerguista *n.m.,f.* partyer; *adj.* partying
juez(a) (*m.pl.* jueces) judge
jugador(a) de fútbol soccer player
jugar (ue) (gu) to play
juguete *m.* toy
juicio trial; sanity; llevar a juicio to take to trial; perder (ie) el juicio to lose one's mind
jungla jungle
juntarse to gather; to get together
junto a next to, near; junto con along with; juntos/as *pl.* together
jurídico/a juridical, of justice
justamente coincidentally
justicia justice
justificar (qu) to defend
justo *adv.* precisely; justo a tiempo just in time
justo/a *adj.* just, fair

juventud *f.* youth (2), early life
juzgar (gu) to consider

K

kilómetro kilometer

L

labio lip
labor *f.* labor; effort
laboral *adj.* work
laborar to work
laboratorio laboratory
ladear to tilt
lado side; **al lado de** at the side of; next to; **de al lado** next-door; **de un lado para otro** back and forth; **dejar a un lado** to leave aside; **por otro lado** on the other hand; **por un lado** on one hand
ladrar to bark
lagarto lizard; **lagarto de Jesucristo** *tropical lizard capable of running on the surface of water*
lago lake
lágrima tear, teardrop
laguna lake
lamentar to regret (2); **lamentarse** to whine, complain
lámpara lamp
lanzarse (c) to hurl oneself; to launch oneself; to embark energetically (*on a project*)
lápiz *m.* (*pl.* **lápices**) pencil
largo: de largo in length
largo/a long; lengthy; **a larga distancia** long-distance; **a lo largo de** throughout
lástima pity, shame
lastimoso/a deplorable
lata can
latino/a Latin; Hispanic
latinoamericano/a *n.; adj.* Latin American
lavar(se) to wash
lazo bond, tie
lealtad *f.* loyalty
lector(a) reader
lectura *n.* reading
leer (y) to read
lejano/a remote, distant; (from) far away
lejos far
lema *m.* slogan
lempira *m.* monetary unit of Honduras
lengua language; tongue; **no tener** (*irreg.*) **pelos en la lengua** to speak one's mind (1)
lentamente slowly
lentes *m.pl.* (eye)glasses
lentitud *f.* slowness
leña firewood
levantar to raise; to pick up; to lift; to hold upright; **levantar la mirada/vista** to look up; **levantar pesas** to lift weights; **levantarse** to get up; to stand up
leve *adj.* light; slight
léxico/a lexical, of vocabulary
ley *f.* law (5)
leyenda legend
liberación *f.* liberation
liberado/a liberated
libertad *f.* freedom
libra pound (*weight*)
librarse to escape, get out of
libre free; **al aire** (*m.*) **libre** in the open aire; **estado libre asociado** free associated state; **ratos** (*pl.*) **libres** free time (4)
librería bookstore; **librería de ocasión** second-hand bookstore
libreta notebook
libro book; **tenedor(a) de libros** bookkeeper
licencia de conducir driver's license
licenciatura bachelor's degree
líder *m.,f.* leader (5)
lidiar to fight
ligar (gu) to flirt, try to "pick up" (3)
ligero/a slight
limeño/a of or from Lima, Peru
límite *m.* limit, boundary
limón *m.* lemon
limonada lemonade
limpiar to clean
limpio/a clean
lindo/a pretty
línea line; **tirar línea** to throw a life line
lío complicated situation; mess; **meterse en líos** to get into trouble (3); **¡qué lío!** what a mess!
liso/a straight (1); smooth (*hair*)
lista list
listo/a bright, clever; ready
literario/a literary
literatura literature
llamado/a so-called
llamar to call; to attract; **llame quien llame** no matter who calls; **llamarse** to be called, named
llamativo/a showy, flashy (1); fascinating
llave *f.* key
llavero despertador keyring with an alarm
llegada arrival
llegar (gu) to arrive; to come; **llegar a** + *inf.* to come to (*do something*); to reach the point of (*doing something*); **llegar al poder** to come to power; **llegar hasta** to reach, get to
llenar to fill
lleno/a full; filled; **de lleno** directly
llevar to take; to carry; to wear; to have; to lead; to induce; **llevar** + *time* to have spent (*time*); to take (*time*); **llevar a cabo** to carry out; **llevar a juicio** to take to trial; **llevarse** to take, steal; to experience, get; **llevarse bien/mal (con)** to get along well/poorly (with) (1)
llorar to cry
llover (ue) to rain
lluvia rain; **lluvia de ideas** brainstorm
lluvioso/a rainy; **bosque** (*m.*) **lluvioso** rainforest (6)
lo you, him, it; **¿cómo lo pasó?** how was it? did you have a good time? (4); **lo** + *adj.* the (*adj.*) thing; the (*adj.*) part; **lo pasé de maravilla / fatal / (muy) bien** I had a wonderful/terrible/(very) good time (4); **lo que** what, the thing that; whatever; **¡que lo pase bien!** have a good time!
lobo wolf; **lobo marino** sea lion
localidad *f.* seat; ticket
localizar (c) to locate, find; to place
locamente madly
loco/a crazy; **volverse (ue) loco/a** to go crazy
locura foolish notion; insanity
lógico/a logical
logotipo identifying symbol, logotype
lograr to succeed (in)
logro accomplishment (2)
loro parrot
lotería lottery
lucha struggle
luchar to fight; to struggle
luego then; later; **luego de** + *inf.* after (*doing something*)
lugar *n.m.* place; **tener** (*irreg.*) **lugar** to take place
lujo luxury; lavish number
lujoso/a luxurious
luna moon; **luna de miel** honeymoon
lunar *m.* beauty mark, mole (1)
luz *f.* (*pl.* **luces**) light; **juego de luz** play of light; **luz solar** sunlight

M

machismo machismo, exaggerated masculinity
machista *adj.m.,f.* (male) chauvinistic
madera wood; **de madera** wooden; **madera del piso** floorboards
madrastra stepmother (2)
madre *f.* mother
madrugada (early) morning, dawn (4)
madrugar (gu) to get up early (4)
madurez *f.* maturity (2)
maduro/a mature
maestría Master's degree
maestro/a *n.* teacher; **Día del Maestro** Teacher's Day
magia magic

mágico/a magic, magical; **realismo mágico** magic realism

magnético/a magnetic

magnificado/a magnified

magnífico/a magnificent

magno/a grand

maíz *m.* (*pl.* **maíces**) corn

mal *n.* problem, misfortune; *adv.* badly, poorly; **caerle** (*irreg.*) **mal a alguien** to be disliked by someone (1); **llevarse mal con** to get along poorly with (1); **me cae(n) mal** I don't like (a person/people); **pasarlo mal** to have a bad time (4); **quedarle mal a** to look bad on (*someone*)

mal, malo/a *adj.* bad; ill; **de mala educación** bad manners; **estar** (*irreg.*) **de mal humor** to be in a bad mood (4); **hacer** (*irreg.*) **mal tiempo** to be bad weather; **mal de la cabeza** weak in the head; **mal gusto** poor taste; **¡qué mala onda!** what a bummer! **¡qué mala pata!** what bad luck! **¿qué tiene de malo?** what's wrong with (*something*)?; **ser** (*irreg.*) **mala gente** to be a bad person / bad people (1); **tener** (*irreg.*) **mala pinta** to have a bad appearance (1)

maldición *f.* imprecation, curse

maleta suitcase; carrying case

maltrecho/a butchered

mamá mama, mommy

mami *f.* mommy (*coll.*)

mamífero mammal

mandar to send; to command

mandato command

mandón, mandona bossy (2); domineering

manejar to drive (*a car*)

manera way; manner; **de manera consistente/directa/educada** consistently/directly/politely; **¡de ninguna manera!** no way!; **¿de qué manera?** how?, in what way?; **de todas maneras** anyway, at any rate

manifestación *f.* demonstration (5); display

manifestar (ie) to express

maniobrar to maneuver

manipulador(a) manipulative

manipular to manipulate

manjar *m.* dish, entree

mano *f.* hand; **a mano** by hand; **dar** (*irreg.*) **la mano** to shake hands; **echar una mano** to lend a hand; **estrechar la mano** to extend one's hand (for shaking)

mano *m.* pal, bro (*coll.*)

mansión *f.* mansion

mantener (*like* **tener**) to maintain, keep; **mantenerse al día** to stay up-to-date

manual: trabajo manual manual labor

mañana morning; tomorrow; **de la noche a la mañana** overnight; **pasado mañana** the day after tomorrow; **por la mañana** (in the) morning

mapa *m.* map

máquina machine; **máquina de escribir** typewriter; **pasar a máquina** to type (up)

maquinaria machinery

mar *m.* sea; **a la orilla del mar** by the seashore; **nivel** (*m.*) **del mar** sea level

maravilla marvel, wonder; **lo pasé de maravilla** I had a wonderful time (4); **pasarlo de maravilla** to have a wonderful time

maravilloso/a marvelous

marcar (qu) to mark

marcharse to leave

marco frame; framework

marginado/a excluded (5)

mariachi *m. type of vivacious Mexican music*

marido husband

marino/a marine, of or pertaining to the sea; **lobo marino** sea lion

mariposa butterfly; **mariposa monarca** monarch butterfly

marisco shellfish

marqués, marquesa marquis, marchioness

más more; **cuanto más** the more; **en lo más mínimo** in the least; **es más** moreover; beyond this; **más allá de** beyond; **más o menos** more or less; **más vale que...** it's better that . . . ; **nadie más** nobody else

máscara mask

mascarada masquerade

mascota pet; **mascota de diseño** designer pet

matar to kill

matemáticas mathematics

materia subject (*school*)

material *n.m.; adj.* material

maternidad *f.* maternity ward

materno/a maternal; native

matinal *f.* of the morning

matrícula registration; tuition

matrimonio marriage; **contraer** (*like* **traer**) **matrimonio** to get married

máximo/a greatest

maya *n.m.,f.; adj.* Maya

mayor older; oldest; greater; greatest; stronger; strongest; elderly; **un poco mayor** somewhat elderly; **el templo mayor** main temple

mayoría majority; **en su mayoría** for the most part

mayúsculo/a tremendous

mecanógrafo/a typist

mediados: a mediados de in the middle of

medialuna croissant

medianoche *f.* midnight

mediante by means of

medicamento medicine

medicina medicine

médico/a *n.* physician, doctor; *adj.* medical

medida measure; **a medida que** while

medio *n.* middle; means; medium; **en medio de** in the middle of; **medio ambiente** environment; **medios de comunicación** media (5); **por medio de** by means of

medio/a *adj.* middle; half; **clase** (*f.*) **media** middle class; **media naranja** better half (*coll.*) (3); **medio hermano, media hermana** half brother, half sister (2); **Medio Oeste** Midwest (*U.S.*); **Oriente** (*m.*) **Medio** Middle East; **y media** thirty, half-past (*with time*)

mediodía *m.* south, southern part of the country

meditación *f.* meditation

meditar to meditate; meditating

mejor better; best; **a lo mejor** perhaps

mejoramiento betterment

mejorar to make better (4), improve

memoria memory

mencionar to mention

menor *m.,f.* child; **menor de edad** minor, underage person; *adj.* younger; youngest; less, lesser; least; **arte** (*m.*) **menor** minor art; **hermano/a menor** younger/youngest brother, younger/youngest sister

menos less; least; **a menos que** unless; **al menos** at least; **echar de menos** to miss (*someone/something*); **más o menos** more or less; **menos de + *number*** less than (*number*); **menos que** less than; **mientras menos** the less; **por lo menos** at least

mensaje *m.* message

menta mint; crème de menthe

mente *f.* mind

mentiroso/a deceitful, lying

menú *m.* menu

menudo: (muy) a menudo (very) often, frequently

mercado market

merecer (zc) to deserve (3); to earn

merendar (ie) to snack on

merengue *m. popular dance of Dominican and Haitian origin*

merodear to maraud, search for plunder

mes *m.* month; **el mes que viene** next month

mesa table; **juego de mesa** board game

mesero/a server

mesilla de noche night table

mestizaje *m.* mixing of indigenous and European peoples

mestizo/a of mixed (indigenous and European) parentage

meta goal (4)

metabolismo metabolism

metal *m.* metal

meter la pata to put one's foot in one's mouth (1); **meterse** to get involved; **meterse en líos** to get into trouble (3)

metro meter

mexicano/a *n.; adj.* Mexican

mexicanoamericano/a Mexican-American

mexicoamericano/a Mexican-American

mezcla mixture

mezclar to mix

miamense *m.,f.* Miamian

microempresario small business

micrófono microphone

miedo fear; **dar** (*irreg.*) **miedo** to frighten; **tener** (*irreg.*) **miedo** to be afraid

miel *f.*: **luna de miel** honeymoon

miembro member

mientras (que) while; whereas; **mientras menos** the less; **mientras tanto** meanwhile

mil *m.* (one) thousand; **mil millones** one billion; **mil disculpas/perdones** a thousand pardons

milagroso/a miraculous

milenariamente for thousands of years

milenio millenium

militante: política (*s.*) **militante** activist politics

militar *n.m.* soldier; *adj.* military; **cerco militar** siege

milla mile

millón *m.* (one) million; **mil millones** (one) billion

mimado/a spoiled (child) (2)

mina mine

mineral *m.* mineral

minero/a miner

mínimo/a minimal, small; **en lo más mínimo** in the least

ministro/a cabinet member; secretary; **consejo de ministros** cabinet (meeting)

minusválido/a handicapped

minuto minute (*time*)

mirada look, expression; gaze; **levantar la mirada** to look up

mirador (*m.*): **torrecilla mirador** watchtower

mirar to look; to look at; to watch

misión *f.* mission

mismo/a same; very; himself, herself; **ahora mismo** right now; **hoy mismo** this very day; **me da(n) lo mismo** I don't care about

misquito Misquito, *indigenous language of Nicaragua*

misticismo mysticism

místico/a mystical

mitad *f.* half; **a mitad de** halfway through

mobiliario furnishings

mochilero/a backpacker

moda style; **a la moda** in style; **de moda** fashionable; **estar** (*irreg.*) **de moda** to be in style (1); **ir** (*irreg.*) **a la moda** to follow current style (1); **pasado/a de moda** out of style; **ponerse** (*irreg.*) **de moda** to become a fad

modales *m.pl.* behavior, mannerisms

modelo *m.* model; **último modelo** latest model; *m.,f.* (fashion) model

moderador(a) moderator

modernidad *f.* modernity

modernización *f.* modernization

moderno/a modern; **occidental moderno** modern Western

modesto/a modest

modificar (qu) to change, modify

modo form; way; **no hubo modo** there was no way

mojado/a wet

mola *type of material fashioned from fabrics of several colors*

molestar to bother, annoy; **molestarse** to get annoyed

molestia bother, annoyance

molesto/a bothersome, annoying (2)

momento moment; **de un momento a otro** at any moment; **hasta el momento** until that moment

momia mummy

momificar (qu) to mummify; **momificarse** to become mummified

monarca: mariposa monarca monarch butterfly

monarquía monarchy

monasterio monastery

moneda currency

monja nun

mono monkey

monogamia monogamy

montaña mountain; **escalar montañas** to climb mountains

montar a caballo to ride/go horseback; **montar broncas** to raise complaints

montón *m.s.* heaps, a bunch

monumento monument

moreno/a dark-skinned; brunet(te)

morir (ue, u) (*p.p.* **muerto/a**) to die

morosamente slowly

mortificado/a mortified

mostaza mustard

mostrar (ue) to show; **mostrarse** to prove to be

mote *m.* nickname

motivado/a motivated

motivo motive; cause

moto(cicleta) *f.* motorcycle; motorbike

movedizo/a shifting

mover(se) (ue) to move

movimiento movement

mozo (de servicio) waiter

muchacho/a girl, boy

muchedumbre *f.* crowd (5)

mucho/a much, a lot of; *pl.* many; a lot of; **lo siento mucho** I'm very sorry; **muchas veces** often; **tener** (*irreg.*) **mucha cara** to have a lot of nerve (1)

mudanza move, (act of) moving

mudarse to move (*change residence*) (2); **mudarse de** to move away from

mudejar *relating to the Muslim Arab peoples living in Christian Spain in the late Middle Ages*

mudo/a mute, silent

muebles *m.pl.* furniture

muerte *f.* death (2); **pena de muerte** death penalty

muerto/a (*p.p. of* **morir**) *n.* dead, deceased person; *pl.* the dead; *adj.* dead

mujer *f.* woman; wife; **mujer de negocios** businesswoman; **mujer político** female politician

multa fine; ticket (*traffic*)

multigeneracional multigenerational

mundial *adj.* world, of the world; **a nivel mundial** globally; **Primera Guerra Mundial** First World War

mundo *n.* world; planet; **todo el mundo** everybody

muñeco/a doll; dummy

mural *m.* mural

muralla wall

murmurar to murmur

muro wall

museo museum

música music; **sala de música** music room, parlor

músico *m.,f.* musician

mutilar to butcher

muy very

N

nacer (zc) to be born; to begin to grow; to originate

nacido/a born

nacimiento birth (2)

nación *f.* nation; **Naciones Unidas** United Nations

nacional national; **himno nacional** national anthem; **Universidad** (*f.*) **Nacional Autónoma de México (UNAM)** National Autonomous University of Mexico

nada *n.f.* nothingness, oblivion; *pron.* nothing, (not) anything; *adv.* not at all; **en/para nada** (not) at all; **ni nada** or

anything (*coll.*); **para nada** (not) at all; **no valer** (*irreg.*) **nada** to be worthless
nadar to swim
nadie nobody, (not) anybody; **nadie más** nobody else
naranja: media naranja better half (*coll.*) (3)
narcotraficante *m., f.* drug dealer (5)
narcotráfico drug trafficking (5)
nariz *f.* nose; **me importa tres narices** I couldn't care less
narración *f.* narration
narrador(a) narrator
narrar to narrate, tell
natal native; of birth; **casa natal** birthplace
nativo/a native
natural natural; **recursos naturales** natural resources (6)
naturaleza nature
nave *f.* (space)ship
Navidad *f.* Christmas; **Navidades** Christmas season; **árbol** (*m.*) **de Navidad** Christmas tree
necesario/a necessary
necesidad necessity; **primeras necesidades** basic necessities
necesitar to need
negar (**ie**) (**gu**) to deny; to refuse acceptance; **negarse** to refuse
negativo/a negative
negocio *n.* business; *pl.* business (*in general*); **de negocios** *adj.* business; **hombre** (*m.*) **de negocios** businessman; **mujer** (*f.*) **de negocios** businesswoman
negro/a: estudios negros Black studies; **negro caribe** *m.* Black Carib (language)
neón: color neón Day-Glo
neoyorquino/a New Yorker
nervio nerve; **ataque** (*m.*) **de nervios** nervous breakdown
nervioso/a nervous; **colapso nervioso** nervous breakdown
neurotransmisor *m.* neurotransmitter
neutro/a neutral
ni neither, (not) either; nor; (not) even; **¡ni hablar!** no way!; **ni nada** or anything (*coll.*); **ni... ni** neither . . . nor; **ni por eso** not even for that; **ni se te ocurra / ni lo pienses** don't even think about it; **ni siquiera** not even; **ni soñarlo** in your dreams
nicaragüense *n.m.,f.; adj.* Nicaraguan
nieto/a grandson, granddaughter
nieve *f.* snow
ningún, ninguno/a *adj.* no, (not) any; *pron.* none, not one; **¡de ninguna manera!** no way!; **ninguno de los dos** neither one
niñez *f.* (*pl.* **niñeces**) childhood (2)

niño/a baby; little boy; little girl; **de niño/a** as a child
nivel *m.* level; **a nivel mundial** globally; **nivel del mar** sea level
noche *f.* night; **de la noche** P.M.; **de la noche a la mañana** overnight; **mesilla de noche** night table; **por la noche** at night
nocturno/a *adj.* night, nighttime
nombramiento appointment
nombrar to (identify by) name
nombre *n.m.* name; **a nombre de** named after; **poner** (*irreg.*) **nombre a** to name
norma norm, standard
normalmente normally
noroeste *m.* northwest
norte *n.m.; adj.* north
norteamericano/a *n.; adj.* North American
nostálgico/a nostalgic; homesick (3)
nota note; grade, mark; **sacar** (**qu**) **buenas notas** to get good grades
notar to notice, note
noticia item of news; *pl.* news
noticiero news report
novedad *f.* new development (6)
novela novel
novelista *m.,f.* novelist
noveno curso ninth grade
noviazgo courtship (3)
novio/a boyfriend, girlfriend; bride, bridegroom
nube *f.* cloud
nuevamente once again
nuevo/a new; **de nuevo** again
número number
numeroso/a numerous
nunca never, (not) ever; **nunca antes** never before

O

o or; **o... o** either . . . or
obedecer (**zc**) to obey (2)
obeso/a obese, fat
objetivo/a *n.m; adj.* objective
objeto object, thing; **Objeto Volante/Volador No Identificado (OVNI)** Unidentified Flying Object (UFO)
obligación *f.* obligation
obligar (**gu**) to obligate
obra work; **obra de teatro** play; **obra en cartel** show currently playing
obrero/a laborer, worker
obsceno/a obscene
observación *f.* observation
observar(se) to observe, look at; notice
obsesión *f.* obsession
obsoleto/a obsolete
obstante: no obstante nevertheless, however

obtener (*like* **tener**) to obtain, get
obtusamente *in a manner not easily understood*
obvio/a obvious
ocasión *f.* opportunity; **librería de ocasión** second-hand bookstore
ocasional: trabajo ocasional odd job
ocasionar to cause
occidental moderno modern Western
océano ocean
ocho días one week
ocio leisure time; idleness
ocioso/a idle
oculto/a hidden
ocupado/a occupied; busy
ocupar to occupy
ocurrir to happen, occur, take place; **ni se te ocurra** don't even think about it; **ocurrirse** to occur to
odiar to hate (3)
odio hatred
odioso/a hateful
oeste *m.* west; **Medio Oeste** Midwest (*U.S.*)
ofendido/a offended
ofensivo/a offensive
oferta *n.* offer
oficial *n.m.,f.; adj.* official; **oficial de la policía de carretera** highway patrol officer
oficiar de to act as
oficina office
oficinista *m.,f.* office worker
oficio function, role
ofrecer (**zc**) offer
oído ear
oír *irreg.* (*p.p.* **oído**) to hear
¡ojalá! if only!; let's hope!; **¡ojalá que... !** let's hope that . . .
ojo eye; **poner** (*irreg.*) **los ojos** to look
ola wave
olímpico/a Olympian
olvidar to forget; **olvidarse de** to forget about; **se me olvidó por completo** I totally forgot
omitir to omit, leave out
onda topic; **ponerse** (*irreg.*) **de onda** to get with it; **¡qué mala onda!** what a bummer!
ondulante wavy
operador(a) de cine projectionist
opinar to think, have an opinion; **opino que** I think, I am of the opinion that
opinión *f.* opinion
oportunidad *f.* opportunity
optar por to opt for
optimismo optimism
opuesto/a (*p.p. of* **oponer**) contrary, opposite; **polos opuestos** (polar) opposites

oración *f.* sentence; prayer
órbito orbit; world
orden *m.* order (*alphabetical, chronological, etc.*); **en orden** in order
ordenador *m.* computer (*Sp.*)
ordenar to order; to give an order
oreja ear (1)
organismo organization
organización *f.* organization
organizar (c) to organize
orgullo pride
orgulloso/a proud (2); **estoy orgulloso/a de que** + *subj.* I'm proud that . . .
Oriente (*m.*) **Medio** Middle East
origen *m.* origin
originar to originate; to give rise to
originario/a original
orilla: a la orilla del mar by the seashore
ornamentación *f.* ornamentation
oro gold; **edad** (*f.*) **de oro** golden age
orquesta orchestra
orquídea orchid
ortográfico/a written, related to spelling
oscuro/a dark
ostentar to display
otear to observe, look around
otoño autumn
otorgado/a awarded
otro/a *pron.; adj.* other; another; **de un lado para otro** back and forth; **de un momento a otro** at any moment; **el uno al otro** to one another; **el uno en el otro** in one another; **por otro lado** on the other hand; **una y otra vez** repeatedly
OVNI (*m.*)**: Objeto Volante/Volador No Identificado** UFO: Unidentified Flying Object

P

paciencia patience
paciente *n.m.,f.* patient
pacífico/a peaceful
padecer (zc) (de) to suffer (from)
padrastro stepfather (2)
padre *m.* father; priest; senior; *pl.* parents; **día** (*m.*) **del Padre** Father's Day; **¡qué padre!** how awesome!; **suena padre** it sounds great
paella paella, *typical dish of Valencia, Spain, consisting of rice cooked with chicken, shellfish, and vegetables*
¡paf! bang!
pagar (gu) to pay, pay for
página page
país *m.* country, nation
paisaje *m.* landscape
pájaro bird
palabra word; promise; **dirigir (j) la palabra a** to communicate with
palacio palace

palanca lever; **tener** (*irreg.*) **palanca** to have pull (4)
pálido/a pale
palma palm tree
palmada slap on the back
palmearse to pat
pan *m.* bread
pandilla gang (5)
panegírico panegyric, eulogistic speech
pánico panic
panorama *m.* panorama
pantalones *m.* pants; **pantalones** (*m.*) **cortos** shorts; **pantalones elásticos** stretch pants
papá *m.* papa, daddy
papel *m.* paper; role; document; **desempeñar/hacer** (*irreg.*)**/representar un papel** to play a role; **taco de papel** pad of paper
papi *m.* daddy (*coll.*)
par *m.* pair; couple
para for; to; in order to; by (*time, date*); **de un lado para otro** back and forth; **para colmo** to top it all off; **para entonces** by then; **para nada** (not) at all; **para que** so that; **para siempre** forever; **para todo** throughout
parada parade (*P.R.*)
paradoja paradox
paramilitar *m.,f.* auxiliary soldier
parar to stop, stop over
parco/a succinct, not wordy
parecer (zc) *v.* to seem, appear (1); to seem like; **al parecer** apparently; **parecerse a** to look like (1); to resemble (each other); **¿qué le parece?** what do you think (of)?; **si te parece** if you like (the idea); *n.m.* opinion; **cambiar de parecer** to change one's mind
parecido/a similar
pared *f.* wall
pareja pair; couple; partner
parentela *s.* relatives
parentesco relationship
paréntesis *inv.* parenthesis; parentheses
pariente/a relative
parir to give birth
parlamentario/a congressman, congresswoman
parpadear to blink
parque *m.* park
párrafo paragraph
parte *f.* part; portion; **(de)/en/por todas partes** (from) everywhere; **en alguna parte** somewhere; **en gran parte** for the most part; **por otra parte** on the other hand; **por parte de** on the part of; **tercera parte** (one) third
participación *f.* participation

participar to participate
particular special; particular
partida: punto de partida point of departure
partido party, faction; game, match
partir: a partir de starting from; on the basis of
pasado/a *n.m.* past; past tense; *adj.* past; last; **pasado mañana** the day after tomorrow; **pasado/a de moda** out of style; **semana pasada** last week
pasaje *m.* passage; **pasaje de regreso** return ticket
pasajero/a fleeting (3)
pasar to pass, go by; to happen; to spend (*time*); **¿cómo lo pasó?** how was it? did you have a good time? (4); **lo pasé muy bien/de maravilla/fatal** I had a very good/wonderful/terrible time (4); **pasar a** to proceed to, shift to; **pasar a** + *inf.* to go on to, proceed to (*do something*); **pasar a máquina** to type (up); **pasar a ser** to become; **pasar por** to go/flow through; to pass over; to stop by; **pasar por encima** to go over one's head; **pasarlo bien/mal** to have a good/bad time (4); **pasarlo de maravilla / fatal** to have a wonderful/terrible time; **pase lo que pase** no matter what happens; **¡que lo pase bien!** have a good time! (4); **¿qué pasa?** what's happening?; what's wrong?; **pasarse la vida** to spend one's life
paseo stroll
pasillo hallway
pasión *f.* passion; strong emotion
pasivo/a passive
paso *n.* step; **aflojar el paso** to slow down
pastel *m.* pastry; cake
pastilla pill
pata foot (*of an animal or bird*); **meter la pata** to put one's foot in one's mouth (1); **¡qué mala pata!** what bad luck!
patente obvious
patilla sideburn (1)
patria homeland
Patricio: Día (*m.*) **de San Patricio** St. Patrick's Day
patrón, patrona: santo patrón, santa patrona patron saint
pausa: hacer (*irreg.*) **pausas** to take breaks
pauta example
paz *f.* (*pl.* **paces**) peace (6); **acuerdo de paz** peace accord; **Cuerpo de Paz** Peace Corps; **dejar en paz** to leave alone; **sentirse (ie, i) en paz** to feel at peace
pecado: siete pecados capitales seven deadly sins
pecho chest; **tomárselo a pecho** to take it to heart (1)

pedazo piece

pedir (i, i) to ask (for), request; **pedir perdón** to beg pardon

pegar (gu) to hit, strike

pelea quarrel

pelear(se) to fight (2); to quarrel

película movie

peligro danger

peligroso/a dangerous

pelirrojo/a *n.* redhead; *adj.* redheaded (1)

pelo hair (1); **no tener** (*irreg.*) **pelos en la lengua** to speak one's mind (1)

peluca wig (1)

pena sadness; difficulty; punishment; **pena de muerte** death penalty; **valer** (*irreg.*) **la pena** to be worth it (5)

pendiente *m.* earring (1)

penetrar to enter

penoso/a distressing

pensamiento thought; thinking

pensar (ie) to think; to consider; **ni lo pienses** don't even think about it; **(no) pensar** + *inf.* (not) to intend to (*do something*); **pensar de** to think of (*opinion*); **pensar en** to think about; **sin pensarlo dos veces** without thinking twice

pensión *f.* pension

peor worse; worst; **ahora viene lo peor** now comes the worst part

pepino: **me importa un pepino** I couldn't care less

pequeño/a little, small; young; brief; **de pequeño/a** as a child; **desde pequeño/a** from the time he (she, they, etc.) was/were small

percepción *f.* perception

percibir to perceive; to sense

perder (ie) to lose; **perder el juicio** to lose one's mind

pérdida loss

perdido/a lost

perdón *m.*: **mil perdones** a thousand pardons; **pedir** (i, i) **perdón** to beg pardon; **perdón, me equivoqué** sorry, I made a mistake

perdonar to forgive; to excuse, pardon

peregrino/a pilgrim

pereza laziness (4)

perezoso sloth (*animal*)

perfeccionismo perfectionism

perfeccionista *m.,f.* perfectionist

perfecto/a perfect

perfil *m.* profile

periódico newspaper

periodismo journalism

periodista *m.,f.* journalist, reporter

período period (*time*)

perjudicial harmful, detrimental

perla pearl

permanecer (zc) to remain

permiso permission

permitir to allow, permit

pero but

perro dog; **perrito caliente** hotdog

perseguir (i, i) (ga) to persecute

persona person

personaje *m.* character; celebrity

personalidad *f.* personality

personificación *f.* personification

perspectiva perspective

pertenecer (zc) to belong

perteneciente a pertaining to, of

peruano/a *n.; adj.* Peruvian

pesado/a heavy; tedious, annoying (1)

pesar *v.* to weigh; **a pesar de** in spite of

pesas: **levantar pesas** to lift weights

pescado fish; fishing

pescador(a) fisherman, fisherwoman

peseta *monetary unit of Spain*

pésimo/a awful, terrible (2)

peso weight; *monetary unit of several Latin American countries*

pesquero/a *adj.* fishing

petroleo petroleum

pez *m.* (*pl.* peces) fish

picante (spicy) hot

picapedrero/a stonecutter

picnic *m.* picnic

pie *m.* foot; base; **a pie** on foot; **de/en pie** standing; **ponerse** (*irreg.*) **en pie** to stand up

pierna leg

pieza piece

pila: **cargar** (gu) **las pilas** to recharge one's batteries (4)

pillar to catch

pingüino penguin

pinta: **tener** (*irreg.*) **buena/mala pinta** to have a good/bad appearance (1)

pintar to paint

pintor(a) painter, artist

pintura *n.* painting

piquero booby (*tropical seabird*)

pirámide *f.* pyramid

piraña piranha

pirata *m.,f.* pirate

piropear to compliment (romantically) (3)

piropo romantic compliment (3); **decir** (*irreg.*)**/echar un piropo** to make a flirtatious remark

pisar to step, tread on

piso floor; story; **madera del piso** floorboards

pista court, course (*sport*)

pizarra chalkboard, blackboard

pizca tiny bit

placentero/a pleasant

placer *m.* pleasure

plagiar to take from (*someone else's work*)

plan *m.* plan; program

plancton *m.* plankton

planear to plan

planeta *m.* planet

plano plan, design

planta plant

plantado/a: **dejar plantado/a** to stand someone up (3)

plástico plastic

plata silver

plato plate; dish, entree

playa beach, seashore

plaza plaza, (town) square; position; **plaza de toros** bullring

pleno/a full, complete

plomero/a plumber

población *f.* population

pobre *n.* poor person; *pl.* the poor; **¡pobrecito/a!** poor thing!; *adj.* poor

pobreza poverty (5)

poco *n.* little bit; small amount; *adv.* little; not very; **hace poco** a short time ago; **poco a poco** little by little; **poco conocido/a** little-known; **poco después** a little later; **un poco mayor** somewhat elderly; **unos pocos** a few (individuals)

poco/a *adj.* little; scant; *pl.* few

poder *n.m.* power; authority; **llegar al poder** to come to power

poder *v. irreg.* to be able, can; might; **poder** + *inf.* to be able to (*do something*); might (*do something*); **ya no puedo soportarlo/la más** I can't stand him/her anymore

poderoso/a powerful

poema *m.* poem

poesía poetry

poeta *m.,f.* poet

polémico/a *n.f.* controversy (5); *adj.* controversial (5)

policía *f.* the police; **oficial** (*m.,f.*) **de la policía de carretera** highway patrol officer

política *s.* politics; policy; **política militante** activist politics

político/a *n.m.* politician; **mujer** (*f.*) **político** female politician; *adj.* political; **ciencias políticas** *pl.* political science

pollera *skirt edged with intricate lace*

polo: **polos opuestos** (polar) opposites

polvo dust

poner *irreg.* (*p.p.* puesto) to put, place; to put on; to give (a name, title, etc.); to turn on; **poner los ojos** to look; **poner fin a** to put an end to; **poner nombre a** to name; **ponerse** to put on (*clothing*) (3); to wear; to get, become; **ponerse a**

+ *inf.* to begin to (*do something*); **ponerse al día** to catch up (4); **ponerse de acuerdo** to agree, come to an agreement; **ponerse de moda** to become a fad; **ponerse de onda** to get with it; **ponerse en pie** to stand up

pontificio/a pontifical, papal

popular: clases (*f.pl.*) **populares** the masses

popularidad *f.* popularity

popularizarse (c) to become popular

por for; through; by; because of; around; about; out of; in order to; **hablar por los codos** to talk a lot (1); **hablar por teléfono** to talk on the telephone; **ni por eso** not even for that; **por arte de** by means of; **por casualidad** by chance; **por ciento** percent; **por cierto** indeed; for certain; **por completo** completely; **por culpa de** on account of; **por desgracia** unfortunately; **por donde** through which; **por ejemplo** for example; **por ello** on that account; **por encima de** above; **por escrito** in writing; **por eso** therefore, that's why; **por esto** for this reason; **por favor** please; **por fin** finally; **por la mañana** (in the) morning; **por la noche** at night; **por lo general** in general; **por lo menos** at least; **por lo pronto** right now; **por lo tanto** therefore; **por medio de** by means of; **por otra parte / otro lado** on the other hand; **por parte de** on the part of; **por qué** why; **¿por qué?** why?; **por si acaso** just in case; **por supuesto** of course; **por todas partes / todo sitio** everywhere; **por todo/a** + *place/period* throughout; **por tren** by train; **por último** finally; **por un lado** on one hand

porcentaje *m.* percentage

porche *m.* porch

pormenor *m.* detail

porque because

portarse to behave

porteño/a *n.; adj.* of or pertaining to Buenos Aires, Argentina

portero/a doorman, doorwoman

porvenir *m.* future (6)

posarse to land, set down

poseer (y) to have, possess

posesión *f.* possession

posgraduado/a postgraduate

posibilidad *f.* possibility

posible possible

positivo/a positive

posponer (*like* **poner**) (*p.p.* **pospuesto**) to postpone (4)

postal *m.* postcard

poster *m.* poster

postre *m.* dessert

postularse to become a candidate

póstumo/a posthumous, occurring after death

practicar (**qu**) to practice

práctico/a *n.f.* practice, custom; *adj.* practical

precedente *adj.* preceding

preceder to precede

precio price, cost

precioso/a precious, excellent; lovely

precipitadamente hastily

precisamente precisely, exactly

precursor(a) forerunner

predecible predictable

predecir (*like* **decir**) (*p.p.* **predicho**) to predict (6)

predeterminado/a predetermined

predicción *f.* prediction

preestablecido/a preestablished

preferencia preference

preferir (**ie, i**) to prefer

prefijo prefix

pregunta *n.* question; **hacer** (*irreg.*) **una pregunta** to ask a question

preguntar to ask

prejuicio prejudice (5)

preliminar preliminary

premiado/a awarded the prize

premio prize, award

prenda article of clothing

prensa *n.* press (5); **rueda de prensa** press conference

preocupación *f.* worry; concern

preocupado/a worried; concerned

preocupante worrisome (1)

preocupar to worry; **me preocupa(n)** I'm worried about; **preocuparse (por)** to worry (about)

preparación *f.* preparation

preparar to prepare; **preparar terreno** to lay the groundwork

preparativo preparation

presentador(a) host, master of ceremonies

presentar to present; to introduce; **presentarse** to appear; to introduce oneself

presente *m.* present (*time*)

preservar to preserve

presidencia presidency

presidencial presidential; fit for a president

presidente/a president

presión *f.* pressure; **grupo de presión** lobby, pressure group

presionar to pressure

presa dam

preso/a prisoner

prestar to lend; **prestar atención a** to pay attention to

presumido/a conceited (1)

presunto/a supposed

presupuesto budget (4)

pretender to strive for; to try

pretendiente *m.* suitor (3)

prevenir (*like* **venir**) to prevent

previsión *f.* forecast

previsto/a (*p.p. of* **prever**) anticipated

primario/a: escuela primaria elementary school

primavera spring (*season*)

primer, primero/a first; **a primera vista** at first sight (1); **en primer término** to begin with; **primera dama** first lady, president's wife; **primera fila** front row; **Primera Guerra Mundial** First World War; **primeras necesidades** basic necessities

primitivo/a primitive

primo/a cousin

princesa princess

principal main, principal; notable

principio beginning; **al principio** at/in the beginning; at first; **a principios de** at the beginning of

prioridad *f.* priority

prisa speed

prisión *f.* prison

privado/a private

privilegiado/a privileged

pro for, in favor of

probabilidad *f.* probability

probablemente probably

probar (**ue**) to test, try out

problema *m.* problem

problemático/a problematical

procedente (coming) from

procesión *f.* (religious) procession

proceso process

proclamar to proclaim, announce

procurar to manage to

producción *f.* production; output

producir *irreg.* to produce

productivo/a productive

producto product; **producto nacional** (*fig.*) homegrown product

productor(a) producer

proferir (**ie, i**) to utter

profesión *f.* profession

profesional *n.m.,f.; adj.* professional

profesor(a) professor; **profesor invitado** guest professor

profundo/a profound, deep

profusamente profusely

programa *m.* program

programador(a): ingeniero/a programador(a) de computadoras computer programmer

prohibir (**prohíbo**) to prohibit, forbid

prolongado/a lengthy

prolongarse (gu) to continue
promedio average
promesa promise
prometer to promise (5)
promiscuidad f. promiscuity
promotor(a) promoter
promover (ue) to promote; to put forward
pronto soon; **de pronto** suddenly; **por lo pronto** right now; **tan pronto (como)** as soon as
pronunciar to deliver (speech); to utter
propicio/a favorable
propiedades (f.) **sensibles** faculties of perception
propina tip
propio/a own, one's own; -self, -selves
proponer (like **poner**) (p.p. **propuesto**) to propose, make a proposal
proporción f. size, proportion; amount
proporcionar to provide, furnish
propósito objective; **a propósito** by the way
propuesta proposal
prostituta prostitute
protagonista m.,f. protagonist, main character
protagonizado/a por starring
protagonizar (c) to play a leading role in; to star in
protección f. protection (2)
protector(a) protective (2)
proteger (j) to protect
protesta n. protest
protestar to protest, complain (5)
protocolo protocol
proveniente de coming from
provenir (like **venir**) **de** to come from
provincia province
provincial provincial, rural
provocador(a) adj. provoking
provocar (qu) to incite; to cause
próximo/a next; impending
proyección f. projection; transmission
proyectarse to project, extend
proyecto n. project
pseudónimo pseudonym
psicológico/a psychological
psicólogo/a psychologist
psicosis f. inv. psychosis
psiquiátrico/a psychiatric
publicidad (f.): **hacer** (irreg.) **publicidad** to advertise
público/a n.m. public, people; adj. public; **asistencia pública** welfare (5)
pudrir to rot away
pueblo town, village; people, public
puente m. bridge
puerta door
puerto port, harbor

puertorriqueño/a n.; adj. Puerto Rican; **estudios puertorriqueños** Puerto Rican studies
pues well, all right; since; **así pués** and so
puesto n. position, job
puesto/a (p.p. of **poner**) put, put on; **puesto que** since
pulga flea
pulmón m.: **a todo pulmón** at the top of one's lungs
punta point; **de punta** on edge
puntilla: de puntillas on tiptoe
punto point; **a punto de** on the verge of; **en punto** on the dot; **hasta este punto** up to this point; **punto clave** key point; **punto de partida** point of departure; **punto de vista** point of view; **punto y aparte** new paragraph
puñado handful
puro cigar
puro/a clear

Q

que that; which; what; who
qué which; what; who; **¿qué?** which?; what?; who?
así que therefore; **¿de qué manera?** how?, in what way?; **¡qué alivio!** what a relief!; **¡qué bueno que + subj.!** how great that . . . !; **¡qué chévere/guay/padre!** how awesome!; **¡qué desgracia!** what a disgrace!; **¡qué fascinante!** that's fascinating!; **¡qué increíble!** that's incredible!; **¿qué le parece?** what do you think (of)?; **¡qué lío!** what a mess!
¡que lo pase bien! have a good time! (4); **¿qué pasa?** what's happening?; what's wrong?
¡que se divierta! have a good time! (4); **¡qué suerte!** what (good) luck!; **¿qué tal... ?** how is/was . . . ?; **¿qué tiene de malo?** what's wrong with (something)?; **¡qué tío!** what a guy!; **¡qué vergüenza!** how embarrassing!
quechua m. Quechua, language spoken by certain indigenous peoples of Bolivia, Ecuador, and Peru
quedar to be left; to remain; to be; **me quedé helado/a** I was shocked; **quedarle mal a** to look bad on (someone); **quedarse** to stay; to be left; **quedarse sin habla** to be speechless
quehacer m. chore, task; **quehacer doméstico** household chore
queja complaint
quejarse (de) to complain (about) (2)
quejón, quejona adj. complaining
quemado/a burned out (4)
quemar to burn

querer irreg. to love (3); to want
querido/a dear
quetzal m. monetary unit of Guatemala
quiché of or pertaining to the Quiché group of the indigenous Maya of Mexico and Central America
quien who; whom; **llame quien llame** no matter who calls; **sea quien sea** no matter who it is; **venga quien venga** no matter who comes
quién who; whom; **¿quién?** who?; whom?
quimera illusion
químico/a n.f. chemistry; adj. chemical
quince días two weeks
quinto/a fifth
quizá(s) perhaps

R

rabioso/a furious (3); angry
racionalizar (c) to explain rationally
radial: jornada radial radio broadcast
radiante adj. radiant, glowing
radio m. radio (apparatus); f. radio (programming)
radiografía x-ray
raíz f. (pl. **raíces**) root (2); **echar raíces** to start putting down roots
rama branch
ramalazo twinge
rancho farm, ranch
rápido/a rapid, quick
raro/a strange (1); odd; unusual
rasgo trait, characteristic (1)
rato (short) time, period; **ratos** (pl.) **libres** free time (4)
ratón m. mouse
raza race (ethnic); **Día** (m.) **de la Raza** Columbus Day
razón reason; **con razón** with good reason; **tener** (irreg.) **razón** to be right
reacción f. reaction; response
reaccionar to react
real: cara real true face
realidad f. reality; **en realidad** in fact, actually; **realidad virtual** virtual reality (6)
realismo realism; **realismo mágico** magic realism
realista n.m.,f.; adj. realistic
realización f. production
realizar (c) to accomplish, achieve (4); to attain; to carry out; to produce; **realizarse** to take place; to come true; to be fulfilled
realmente really, actually
realzar (c) to enhance
reanimar to revive
reanudar to resume (a relationship) (3)
rebaja sale
rebelar to rebel

rebelde rebellious (2)
rebeldía rebellion
recaudación (*f.*) **de fondos** fund-raising
recaudar fondos to raise funds (6)
recepción *f.* reception
receta recipe
rechazar (**c**) to reject (1)
rechazo rejection
recibir to receive; to welcome; to take;
  bien recibido/a well-received
reciclaje *n.m.* recycling (6)
reciclar to recycle
recién recently, newly
reciente recent
recitar to read aloud
recoger (**j**) to pick up; to collect, gather
recomendación *f.* recommendation
recomendar (**ie**) to recommend (2)
reconciliar to reconcile; **reconciliarse** to
  make up (*a disagreement*)
reconocerse (**zc**) to be apparent
reconocido/a recognized
reconstruir (**y**) to re-create
recopilar to compile
record *m.* (*pl.* **records**) record
recordar (**ue**) to remember; to remind
recorrer to travel; to roam
recorte *m.* clipping (*newspaper, magazine,
  etc.*)
recreación *f.* recreation
recreo recreation (4); **de recreo**
  recreational
recuerdo recollection, memory
recuperar to regain
recurso resource; **recursos naturales**
  natural resources (6)
red *f.* network; **redes de comunicación**
  communication networks (6)
redescubrir (*p.p.* **redescubierto**) to
  rediscover
redondo/a round
reducir *irreg.* to reduce, decrease
reemplazar (**c**) to replace (6)
referencia reference
referirse (**ie, i**) **a** to refer to
reflejar to reflect
reflejo reflection
reflexionar to reflect, ponder
reflexivo/a reflective, thoughtful
reforma alteration; **reforma
  complementaria** finishing touch
refrescarse (**qu**) to refresh oneself
refugiado/a *n.* refugee; *adj.* in the state of
  being a refugee
refugiarse to take refuge
regalar to give (*as a gift*)
regalo gift
regañar to scold (2)
régimen *m.* regime
región *f.* region

registrar to write down
regla rule
regresar to return
rehabilitación *f.* rehabilitation
rehacer (*like* **hacer**) (*p.p.* **rehecho**) to
  recover
rehén *m.,f.* hostage (5)
reina queen
reír(se) (**i, i**) (**me río**) (*p.p.* **reído**) to
  laugh; **reírse a carcajadas** to laugh
  loudly (4)
reiterar to reiterate, repeat
relación *f.* relationship; connection
relacionado/a (**con**) related (to)
relajación *f.* relaxation
relajante *adj.* relaxing (4)
relajar(se) to relax (4)
relatar to recount, tell
relato story, narrative
releer (**y**) to reread
relieve: poner (*irreg.*) **de relieve** to make
  stand out
religioso/a religious
rellenar to fill out
reloj *m.* watch; clock
remedio solution; relief; **no tener** (*irreg.*)
  más remedio to have no alternative
remordimiento remorse
remoto/a remote
rencor *m.* resentment
rendir (**i, i**) **culto a:** to worship
renombrado/a renowned
renovar (**ue**) to renovate, remodel
renunciar a to resign, quit
reñir (**i, i**) to argue
reparación *f.* repair
repartido/a distributed
repasar to review
repente: de repente suddenly
repetir (**i, i**) to repeat
replicar (**qu**) to reply; to protest
reportaje *m.* news report (5)
reportero/a reporter
reposar to relax
reposo *n.* rest
repostería pantry
representación *f.* representation;
  performance
representante *n.m.,f.* representative
representar to represent; to perform;
  representar un papel to play a role
representativo/a *adj.* representative
reprimir to repress; **reprimirse** to refrain
reproducción *f.* reproduction
reproducido/a reproduced
república republic
republicano/a republican
repugnante disgusting (1)
repujado/a: cubiertas repujadas (*book*)
  covers patterned with designs in relief

requerir (**ie, i**) to require
requisito requisite
resaca hangover
rescatar to liberate
resentimiento resentment (3)
reserva *n.* reserve
reservación *f.* reservation
residencia residence; dormitory
resistir to resist; **resistirse** to refuse
resolver (**ue**) (*p.p.* **resuelto**) to solve
respectivo/a respective
respecto: (con) respecto a with respect to,
  with regard to
respetar to respect
respeto *n.* respect
respirar to breathe a sigh of relief
responder to respond; to answer, reply
responsabilidad *f.* responsibility
responsable responsible; **responsable de**
  responsible for
respuesta answer, reply; response
restaurado/a restored
restaurante *m.* restaurant
resto rest, remainder
resuelto/a (*p.p. of* **resolver**) solved
resultado result
resultar (**ue**) to prove, turn out (to be);
  resultar de to stem from; **resultar en** to
  produce
resumen *m.* summary
resumir to summarize
resurgir (**j**) to revive
resurrección (*f.*)**: domingo de
  Resurrección** Easter Sunday
retener (*like* **tener**) to hold (back)
retirada departure
retirarse to leave; to withdraw
retrato portrait
retrocohete retrorocket
reunión *f.* meeting; gathering
reunir (**reúno**) to bring together; to fulfill;
  reunirse (**con**) to get together (with)
  (4); to gather
revelar to disclose
reventarse (**ie**) to burst
revisar to check, look over
revista magazine
revitalizar (**c**) to revitalize
revolución *f.* revolution
revolucionario/a revolutionary
rey *m.* king
rico/a rich; delicious; sensuous; *n.m.pl.*
  the rich
ridiculizar (**c**) to ridicule
ridículo/a ridiculous; **hacerse** (*irreg.*) **el
  ridículo** to make a fool of oneself
riesgo risk (3)
rimar to rhyme
rincón *m.* corner
río river

riqueza wealth (6); richness; *pl.* riches

ritmo rhythm

rival *m.,f.* rival

rizado/a curly (1)

robar to steal; to rob

rococó rococo, *elaborate decorative style of the eighteenth century*

rodaje *n.m.* filming

rodar to shoot, film

rodear to surround

rodilla: de rodillas kneeling, on one's knees

rogar (ue) (gu) to beg (2)

rojo/a Communist *(fig.)* **Cruz** *(f.)* **Roja** Red Cross

rol *m.* role

romance *m.* romance

romántico/a romantic

romper *(p.p.* **roto/a)** to break; to rip; to break through; **romper con** to break up with (3)

ronda *n.* round *(sports)*

ropa clothing

roque *m.* tower

rosa rose

rostro face (1)

rueda wheel; **rueda de prensa** press conference

ruido noise

ruidoso/a noisy, loud

ruina ruin

rumor *m.* rumor

ruso/a *n.; adj.* Russian

rústico/a rustic

ruta route, road

S

sábana sheet

saber *irreg.* to know; to learn, find out; **hacer** *(irreg.)* **saber** to inform; **saber + inf.** to know how to *(do something)*

sabor *n.m.* taste, flavor

sabroso/a tasty, flavorful

sacar (qu) to obtain, get; **sacar buenas notas** to get good grades; **sacar fotos** to take pictures; **sacarse el aire** to work hard (4)

sacrificar (qu) to sacrifice

saeta *short religious song*

sagacidad *f.* sagacity, shrewdness

sagrado/a sacred (6); **tierra sagrada** sacred ground

sala living room; room; **sala de música** music room, parlor

salida emergence; outlet

salir *(irreg.)* to leave; to go out; to come out, emerge; to get out; **salir a la calle** to leave the house; **salir bien** to succeed, do well; **salir con** to date (3); to go out with; to come out with

salón *m.* drawing room; living room; large room

salsa *musical genre that combines various Caribbean rhythms with African roots*

salsero/a *adj.* of or pertaining to salsa music

saltar to leap

salto *n.* leap

saltón, saltona *adj.* protruding

salud *f.* health

saludable healthy (4)

saludar to greet

salvador(a) savior

salvadoreño/a *n.; adj.* Salvadoran

salvaje wild, untamed; uncivilized

salvar to save (5)

san, santo/a *n.* saint; *adj.* holy; **Día de San José** St. Joseph's Day (March 19); Father's Day *(in many Spanish-speaking countries)*; **Día de San Patricio** St. Patrick's Day; **santa defensora** protecting saint; **santo patrón, santa patrona** patron saint; **semana santa** Holy Week

sandalia sandal

sanguinario/a bloody

sanitario/a *adj.* sanitation

sano/a healthy (2)

santuario sanctuary

satírico/a satyrical

satisfacción *f.* satisfaction

satisfacer *(like* **hacer***)* *(p.p.* **satisfecho/a)** to satisfy

satisfactorio/a satisfactory

satisfecho/a *(p.p. of* **satisfacer***)* satisfied (3)

sección *f.* section

seco/a dry, reserved

secretario/a secretary

secreto *n.* secret

secreto/a *adj.* secret; **agente** *(m.,f.)* **secreto/a** secret agent; **secreto de estado** state secret

secuestrar to hijack *(vehicle)*

secuestro kidnapping (5)

secundario/a: efecto secundario side effect; **(escuela) secundaria** high school

sed *f.* thirst

sede *f.s.* headquarters (5)

seductor(a) *adj. (fig.)* intriguing

seguido/a in a row; **en seguida** right away

seguir (i, i) (ga) to follow; to continue (to be); **seguir + ger.** to continue *(doing / to do something)*; **seguir siendo** to continue to be

según according to

segundo/a *adj.* second

seguridad *f.* certainty; security

seguro/a certain, sure

selección *f.* selection, choice

selva jungle

selvático/a *adj.* forest; jungle

semana week; **a la semana** per week; **fin** *(m.)* **de semana** weekend; **semana pasada** last week; **semana santa** Holy Week

semanal weekly

semejante similar; such a

semejanza similarity

semestre *m.* semester

semibendición *f.* partial blessing

semilla humana human stock

seminario seminar

sencillo/a simple, unaffected (1); plain

senda walkway, path

sensacionalista *adj.m.,f.* sensationalist

sensato/a sensible (1)

sensibilidad *f.* sensitivity

sensible sensitive (1); **propiedades** *(f.)* **sensibles** faculties of perception

sensualidad *f.* sensuality

sentado/a seated, sitting

sentarse (ie) to sit, sit down

sentido meaning; sense; **sentido del humor** sense of humor

sentido/a felt

sentimental sentimental, emotional

sentimiento feeling; perception

sentir (ie, i) to feel; to be sorry; **lo siento mucho** I'm very sorry; **siento que + subj.** I'm sorry that . . . ; **sentirse** to feel; **sentirse en paz** to feel at peace

señalar to indicate

señor (Sr.) *m.* Mister (Mr.); man

señora (Sra.) Mrs.; woman

señorita (Srta.) Miss; young woman

separar to separate; **separarse** to separate; to divorce

ser *n.m.* being; **ser humano** human being (6)

ser *v. irreg.* to be; to take place; **ahora sea de verdad** this time it may be true; **¿cómo somos?** what are we like?; **es decir** that is to say; **es más** moreover, what's more; **pasar a ser** to become; **sea quien sea** no matter who it is; **ser adicto/a a** to be addicted to; **ser buena/mala gente** to be a good/bad person / good/bad people (1); **ser un(a) caradura** to have a lot of nerve (1); **verdad** *(f.)* **sea dicha** truth be told

serenidad *f.* serenity

serio/a serious; **en serio** seriously; **¿en serio?** really?

serpiente *f.* serpent

serrano/a *adj.* mountain, of the mountains

servicio service; **estación** *(f.)* **de servicio** service station; **mozo/a de servicio** waiter, server; **servicio de computadoras** computer service

servir (i, i) to serve; to be useful
seso: sorber el seso to brainwash
sexista adj.m.,f. sexist
sexo sex
si if; por si acaso just in case
sí pron. oneself
sí adv. yes
síbila sibyl, prophetess
SIDA (m.): Síndrome (m.) de Inmunodeficiencia Adquirida AIDS: Acquired Immunodeficiency Syndrome (5)
siembra n. planting
siempre always; siempre y cuando as long as
sierra mountain
siesta nap; dormir (ue, u)/echar una siesta to take a nap
siete pecados capitales seven deadly sins
siglo century
significado meaning, significance
significar (qu) to mean
significativo/a significant
signo sign
siguiente following; next
silencio silence
silencioso/a silent
sillón m. armchair
silvestre rustic
simbólico/a symbolic
simbolismo symbolism
simbolizar (c) to symbolize
símbolo symbol
simpatía affection
simpático/a likeable, friendly
simplemente simply, just; plainly
sin without; sin cesar unceasingly; sin embargo nevertheless; sin pensarlo dos veces without thinking twice; sin que without; quedarse sin habla to be speechless
sincero/a sincere
Síndrome (m.) de Inmunodeficiencia Adquirida (SIDA) Acquired Immunodeficiency Syndrome (AIDS)
sinfonía symphony
sinfónico/a symphonic
sino but, but rather; no hacer (irreg.) sino... to do nothing but . . . ; no sólo... sino (que) not only . . . but also
síntoma m. symptom
siquiera: ni siquiera (not) even; nor even
sirviente/a servant, maid
sistema m. system
sitio place; site; por todo sitio everywhere
situación f. situation
situarse (me sitúo) to be located; to situate oneself
snorkeling: hacer (irreg.) snorkeling to snorkel

soberbio/a n.f. arrogance; adj. arrogant (5)
sobre above; over; on, upon; about; against; sobre todo above all
sobrepoblación f. overpopulation (6)
sobresaliente outstanding
sobrevivir to survive (6)
socialista n.m.,f.; adj.m.,f. socialist
socialmente socially
sociedad f. society; alta sociedad high society
socio/a partner
sociología sociology
sociólogo/a sociologist
sofá m. sofa
sofisticado/a sophisticated
sol m. sun; monetary unit of Peru
solamente only
solar: luz (f.) solar sunlight
solas: a solas alone
soldado, mujer (f.) soldado soldier
soler (ue) + inf. to tend to (do something)
solicitud f. application (form)
solitario/a solitary
solo/a alone; single
sólo only; no sólo... sino (que) not only . . . but also; tan sólo merely
soltar (ue) to let go of, drop
soltero/a n. bachelor, single woman; adj. single
solución f. solution
solucionar to solve; to resolve
sombrero hat
sonar (ue) to sound; to ring (telephone); suena padre it sounds great
sonido sound
sonreír(se) (i, i) (me sonrío) (p.p. sonreído) to smile
sonriente smiling
sonrisa n. smile (4)
sonsacar (qu) to pry, wheedle
soñador(a) daydreamer
soñar (ue) to sleep; to dream; ni soñarlo in your dreams; soñar con to dream about (3)
sopa soup
soplones pl. secret police
soportar to put up with, tolerate; ya no puedo soportarlo/la más I can't stand it/him/her anymore
sorber el seso to brainwash
sorbo sip
sorprendente surprising
sorprender to surprise; sorprenderse to be surprised
soprendido/a surprised; taken aback
sorpresa surprise
sospechar to suspect
sospechoso/a n. suspect (5)
sostener (like tener) to sustain (4); to hold up; to maintain

soviético/a Soviet
suave gentle
suavidad f. gentleness
suavizante m. aid
suavizar (c) to soften (1)
subcomandante m. subcommander (military rank above captain and below major)
subconsciente m. subconscious
subdesarrollado/a underdeveloped
sube (m.) y baja rise and fall
subida increase
subir to climb, go up
subversivo/a subversive
subjetivo/a subjective
sublimar to sublimate
subrayar to underline
suceder to happen; take place
sucesivamente: y así sucesivamente and so forth
suceso event
sucio/a dirty
sucre m. monetary unit of Ecuador
sudamérica South America
sudar to sweat
sudeste m. southeast
suegro/a father-in-law, mother-in-law
sueldo salary (4)
suelo ground; floor
suelto/a (p.p. of soltar): trabajo suelto odd job
sueño n. sleep; dream; sueño dorado life's dream
suerte f. luck, fortune; ¡qué suerte! what (good) luck!
suéter m. sweater
suficiente enough, sufficient
sufijo suffix
sufrir to suffer; to undergo
sugerencia suggestion
sugerir (ie, i) to suggest (2)
sumido/a immersed
sumisión f. submission
sumiso/a submissive (2)
superar to surpass; to improve; to overcome; superarse to improve oneself (6)
superficie f. surface
superior upper; higher; escuela superior high school
superpoblación f. overpopulation
supersticioso/a supersticious
supervivencia survival
suplicar (qu) to beg
suponer (like poner) (p.p. supuesto) to assume
supremo/a supreme
supuestamente supposedly
supuesto: por supuesto of course
sur n.m. south; adj. southern

sureño/a *n.* southerner; *adj.* southern
surf: hacer (*irreg.*) **surf** to surf
surgir (j) to arise, come up
surrealismo surrealism, *artistic/literary movement in which fantastic effects are produced by means of unnatural juxtapositions and combinations*
surrealista *n.m.,f.* artist associated with surrealism; *adj.* surrealistic
sustancia substance
sustituir (y) **por** to replace by
susto fright, scare
susurro hiss

T

tabla table
tabulador tab control (*on typewriter*)
tacaño/a stingy (1)
taco de papel pad of paper
tacon *m.* **alto** high-heeled shoe
tacto tact
tahitiano/a *n.; adj.* Tahitian
tal such, such a; **con tal (de) que** provided that; **¿qué tal... ?** how is/was . . . ?; **tal como** such as; just as; **tal vez** perhaps; **tal y como** such as
talento talent
talla size
tallado/a sculpted
taller *m.* workshop
tamaño *n.* size
también also, too
tambor *m.* drum
tampoco neither, (not) either; nor
tan *adv.* so; as; such; so much; **tan pronto (como)** as soon as; **tan... como** as . . . as; **tan sólo** merely
tango *ballroom dance of Argentine origin*
tanguista *m.,f.* tango dancer
tanto/a *n.m.* certain amount; *pron.; adj.; adv.* so much; as much; *pl.* so many; as many; **mientras tanto** meanwhile; **por lo tanto** therefore; **un tanto** a bit; **tanto/a... como** as much . . . as; **tantos/as... como** as many . . . as
tapa cover
tapiz *m.* (*pl.* **tapices**) tapestry
tardanza delay
tardarse to take (*time*)
tarde *n.f.* afternoon; *adj.* late; **de la tarde** in the afternoon; *adj.* afternoon; **tarde o temprano** sooner or later
tarea task, chore; homework
tarjeta card
tarro top hat
tasa index; rate (5)
tatuaje *m.* tattoo (1)
taurino/a *adj.* of or pertaining to bulls or bullfighting
taza cup

teatral *adj.* theatrical; theater; **cartelera** (*s.*) **teatral** theater listings
teatro theater; **obra de teatro** play
técnica technique
técnico/a technician
tecnología technology
tecnológico/a technological, of technology
tejano/a Texan, of Texas
tejido fabric
tela fabric, cloth; canvas (*for painting*)
telefónico/a *adj.* telephone, phone
teléfono telephone; **hablar por teléfono** to talk on the telephone; **teléfono celular** cellular telephone
teletrabajo telecommuting (6)
tele(visión) *f.* television (*programming*)
televisor *m.* television set
telón *m.* curtain
tema *m.* theme; topic
temblar to shake
temer to be afraid; to fear; **(no) temer que...** (not) to fear that . . .
temor *n.m.* fear
tempestuoso/a stormy (3)
templo temple; shrine; **el templo mayor** main temple
temporada *n.* season
temprano/a early; **tarde o temprano** sooner or later
tender (ie) **a** + *inf.* to tend to (*do something*)
tenedor *m.* fork
tenedor(a) de libros bookkeeper
tener (*irreg.*) to have; to receive; **no tener más que...** to only have to . . . ; **no tener más remedio** to have no alternative; **no tener pelos en la lengua** to speak one's mind (1); **¿qué tiene de malo?** what's wrong with (*something*)?; **tener... años** to be . . . years old; **tener buena/mala pinta** to have a good/bad appearance (1); **tener cuidado** to be careful; **tener en cuenta** to take into account; **tener enchufe** to have pull, influence (*lit.* to be plugged in); **tener éxito** to be successful (4); **tener fama** to be famous; **tener ganas de** + *inf.* to feel like (*doing something*); **tener hambre** to be hungry; **tener interés** to be interested; **tener la culpa** to be to blame (5); **tener lugar** to take place; **tener miedo** to be afraid; **tener (mucha) cara** to have a lot of nerve (1); **tener palanca** to have pull, influence (4); **tener que** + *inf.* to have to (*do something*); **tener que ver con** to have to do with; **tener (toda la) razón** to be (completely) right; **tener (voz y) voto** to have a say
tenis *m.* tennis

tensión *f.* tension
tensor(a) cause of tension
tentación *f.* temptation
teñido/a dyed (1)
teoría theory
terapia therapy
terco/a stubborn
tercer, tercero/a third; **tercera parte** (one) third
tergiversar to distort
terminación *f.* ending
terminado/a finished
terminar to finish; to end; to end up; **terminar** + *ger.* to end up (*doing something*)
término term; **en primer término** to begin with
termómetro thermometer
terno three-piece suit
ternura tenderness
terraza terrace
terremoto earthquake
terreno: preparar terreno to lay the groundwork
territorio territory
terror *m.* terror, horror
terrorismo terrorism
tesis *f. inv.* thesis
tesoro treasure
testarudo/a stubborn (1)
testigo *m.,f.* witness (5)
testimonio testimony, account
texto text
tiburón *m.* shark
tiempo time; weather; (*verb*) tense; **a tiempo completo** full time; **de todos los tiempos** of all time; **hacer** (*irreg.*) **buen/mal tiempo** to be good/bad weather; **hacer** (*irreg.*) **(mucho) tiempo que** + *present* to have (*done something*) for (a long) time; **justo a tiempo** just in time
tienda store, shop
tierno/a gentle; tender
tierra ground; land; earth; **Tierra** Earth; **tierra sagrada** sacred ground
timidez *f.* bashfulness
tímido/a shy
tinto red wine
tío/a uncle, aunt; *m.pl.* aunt and uncle; **¡qué tío!** what a guy!
típico/a typical
tipo type, (of the) kind
tira (comic) strip
tirador *m.* doorknob
tirantes *m.* suspenders
tirar to throw; **tirar la casa por la ventana** to go all out, spend lavishly; **tirar línea** to throw a life line

titubear to hesitate
titular *m.* headline (5)
título title
tocar (qu) to touch; to play (*musical instrument*); a ti te toca it's your turn; tocarle + *inf.* to be (someone's) turn to (*do something*)
todavía still; yet
todo/a all (of); (the) entire; completely; *pl.* every; a todo pulmón at the top of one's lungs; con todo gusto with pleasure; (de)/en/por todas partes (from) everywhere; de todas maneras anyway, at any rate; de todos los tiempos of all time; fue todo that was all; gracias por todo thanks for everything; por todas partes / todo sitio everywhere; por todo/a throughout; sobre todo above all; tener (*irreg.*) toda la razón to be completely right; todo el día all day; todo el mundo everybody; todos/as everyone; todos los días every day
tolerar to tolerate
toma (*n.f.*) de conciencia awareness (6)
tomar(se) to take; to drink; to have; tomar en cuenta to take into account; tomar la decisión to make the decision; tomárselo a pecho to take it to heart (1)
tomate *m.* tomato
tonelada ton
tono tone
toque *m.* touch
torcer (ue) (z) to distort
torear to fight (bulls)
torero/a bullfighter
tornar to turn
torno: en torno a ti around you
toro bull; plaza de toros bullring
torre *f.* tower
torrecilla mirador watchtower
torrente *m.* torrent (*water*)
tortilla tortilla; tortilla de harina flour tortilla
tortuga turtle
tortuguero/a of or pertaining to turtles
tortura torture
torturado/a tortured
tostadora toaster
total total; en total in all
totalidad *f.* sum total
trabajador(a) worker, laborer
trabajar to work
trabajo *n.* work; job; compañero/a de trabajo colleague; trabajo a tiempo completo full-time work; trabajo manual manual labor; trabajo suelto odd job
tradición *f.* tradition
tradicional traditional

traducir *irreg.* to translate
traductor(a) translator
traer *irreg.* (*p.p.* traído) to bring
tráfico traffic; controlador(a) de tráfico aéreo air traffic controller
traicionar to betray; to give away (*a secret*)
traje *m.* suit; outfit
trance *m.* moment
tranquilidad *f.* tranquility
tranquilizar (c) to calm; tranquilizarse to calm down
tranquilo/a tranquil; quiet
transformación *f.* transformation
transformar to transform
tránsito traffic
transmitir to broadcast
transportar to carry
tras *adv.* behind; after
traspasar to overstep; to hand over
trastornar to turn upside down; to drive (*people*) crazy
tratar to treat; to deal with; tratar de to be about; tratar de + *inf.* to try to (*do something*); tratarse de to be a question of; to be about
traumático/a traumatic
través: a través de through; vía
travesura mischief (2), naughty act
travieso/a mischievous (2), naughty
trayectoria trajectory, development
trazar (c) to lay out
trébol (*m.*) de cuatro hojas four-leaf clover
tremendo/a tremendous
tren *m.* train; por tren by train
tribu *f.* tribe
tribulación *f.* tribulation, trying situation
tridimensional three-dimensional
triste sad
triunfar to succeed
tronco (tree) trunk
tropas troops
trozo scrap; trocito shred
tuétano: hasta el tuétano to the bone
tumba tomb
tunel *m.* tunnel
túnica tunic
turista *m.,f.* tourist
turístico/a *adj.* tourist
turnarse to take turns
turno: hacer (*irreg.*) turnos to take turns
tutor(a) tutor

U

ufano/a proud
ujier *m.* usher
ultimado/a finished
último/a final, last; latest; a última hora at the last minute; el último grito the

latest craze; último modelo latest model; por último finally
ultraje *m.* insult
un, uno/a one; a, an; *pl.* some, a few; a unos pasos de distancia a few yards away; el uno al otro to one another; el uno en el otro in one another; una vez once; una y otra vez repeatedly; unos pocos a few (individuals)
UNAM: Universidad (*f.*) Nacional Autónoma de México National Autonomous University of Mexico
únicamente only
único/a only; unique; hijo único, hija única only child (2)
unidad *f.* unity (2)
unidireccional unidirectional
unido/a close-knit (2); Estados Unidos United States; Naciones (*f.*) Unidas United Nations
unión *f.* union
unir to unite, hold together; to join, bring together
unitario/a centralist
universalmente universally
universidad *f.* university; Universidad Nacional Autónoma de México (UNAM) National Autonomous University of Mexico
universitario/a *adj.* university, of the university
urbano/a urban, of the city
urgencia urgency
urgente urgent
usar to use
uso *n.* use
usuario/a user
útil useful
utilizar (c) to use, make use of

V

vaca cow
vacaciones *f.pl.* vacation; ir (*irreg.*) de vacaciones to go on vacation
vacuna vaccine
vago/a lazy (4)
vagón *m.* railroad car
valer *irreg.* to be worth; to earn; más vale que... it's better that . . . ; no valer nada to be worthless; valer la pena to be worth it (5); ¡válgame Dios! God help me!
valet *m.* servant
validez *f.* validity
válido/a valid
valiente brave
valioso/a valuable
valor *m.* value, worth
vanidoso/a vain

vano *n.* opening; *adj.* useless; **en vano** in vain

vapor *m.* steam

vaquero/a cowboy, cowgirl

variación *f.* variation

variante *f.* variant, version

variar (varío) to vary

variedad *f.* variety

varios/as several; various

vasco Basque (language)

vaso (drinking) glass

vaya: ¡**vaya máquina!** (*fig.*) what a machine!; ¡**vaya monumento!** (*fig.*) what a structure!

vecindario neighborhood

vecino/a neighbor

vegetal *m.* vegetable

vejez *f.* old age (2)

vela candle

velarse to stay up all night (4)

vena vein

vendado/a bandaged

vender to sell

venezolano/a *n.; adj.* Venezuelan

vengativo/a vengeful

venir *irreg.* to come; **ahora viene lo peor** now comes the worst part; **el mes (la semana, ...) que viene** next month (week, etc.); **venga quien venga** no matter who comes; **venir a** to come to

venta: a la venta for sale

ventaja advantage

ventana window; **tirar la casa por la ventana** to go all out, spend lavishly

ver *irreg.* (*p.p.* **visto**) to see; to look at, watch; to observe; to imagine; **tener** (*irreg.*) **que ver con** to have to do with; **véase** see; **verse** to find oneself; to picture oneself; (**no**) **verse bien** (not) to look good; **ya verás/veremos** you'll/we'll see

veranear to spend the summer

verano summer

veras: de veras really; ¿**de veras?** really?

verbena open-air dance

verdad *f.* truth; *adj.* true; **ahora sea de verdad** this time it may be true; **de verdad** really, truly; ¿**de verdad?** really?; **verdad sea dicha** truth be told; ¿**verdad?** right?; isn't that so?

verdadero/a real; true; genuine

vergonzoso/a embarrassing

vergüenza shame; ¡**qué vergüenza!** how embarrassing!

verificar (qu) to check

verja wrought-iron gate

versión *f.* version

versos *pl.* poetry

vertiente *f.* spring (*water*)

vestíbulo vestibule

vestido dress

vestidor *m.* dresser (*furniture*)

vestir (i, i) to dress; **vestirse** to get dressed; to dress (oneself)

vestuario costuming

vez *f.* (*pl.* **veces**) time; **a la vez** at the same time; **a veces** sometimes; **alguna vez** sometime, ever; **cada vez más** more and more; **de vez en cuando** now and then; **en vez de** instead of; **muchas veces** often; **otra vez** again; **sin pensarlo dos veces** without thinking twice; **tal vez** perhaps; **una vez** once; **una y otra vez** repeatedly

vía: en vías de desarrollo *adj.* developing

viajar to travel

viaje *m.* trip, journey

víctima *m.,f.* victim

vida life; **estilo de vida** lifestyle; **ganarse la vida** to earn one's living; **pasarse la vida** to spend one's life

vidente *m.,f.* clairvoyant (6)

vídeo video; **juego de vídeo** video game

viejo/a *n.* old person; *adj.* old; elderly

vienés, vienesa Viennese

viento wind

vientre *m.* belly

villa villa, luxurious residence

vino wine

viña vineyard

violación *f.* violation

violar to rape

violencia violence

violento/a violent

Virgen *f.* Virgin Mary; **Virgen de Guadalupe** *patron saint of Mexico*

virtual: realidad (*f.*) **virtual** virtual reality (6)

virtud *f.* virtue

visión *f.* vision; view

visita visit

visitante *m.,f.* visitor

visitar to visit

vista view; **a primera vista** at first sight (1); **levantar la vista** to look up; **punto de vista** point of view

vistazo: echar un vistazo to take a look

visto/a (*p.p. of* **ver**) seen

visualización *f.* visualization

vizualizar (c) to visualize

visualmente visually

víveres *m.pl.* food, provisions

vivienda house; home

vivir to live

vivo/a alive; living; **color** (*m.*) **vivo** brilliant color; **en vivo** live

vocabulario vocabulary

volador(a): Objeto Volante/Volador No Identificado (OVNI) Unidentified Flying Object (UFO)

volante: Objeto Volante/Volador No Identificado (OVNI) Unidentified Flying Object (UFO)

volar (ue) to fly

volatilidad *f.* shortness of temper

volcán *m.* volcano

volcar (ue) (qu) to pour

voltear to turn (*eyes*)

volumen *m.* volume, book

voluntario/a *n.; adj.* volunteer; **hacer** (*irreg.*) **de voluntario/a** to volunteer (5)

voluntarioso/a eager, motivated

voluntarismo voluntarism

volver (ue) (*p.p.* **vuelto**) to return, go back; **volver a** + *inf.* to (*do something*) again; **volverse** to turn; **volverse (ue) loco/a** to go crazy

votación *f.* voting

votar to vote

voto vote; vow; **tener** (*irreg.*) **voto** to have a say

voz *f.* voice; **en voz alta** aloud; **en voz baja** in a low voice; **tener** (*irreg.*) **voz y voto** to have a say

Y

ya now; already; right now; at that point; **ya estoy harto/a (de que** + *subj.*) at this point I'm fed up (that . . .); **ya no** no longer; **ya no puedo soportarlo/la más** I can't stand it/him/her anymore; **ya que** since; **ya verás/veremos** you'll/we'll see

yacer (zc) to lie (down), rest

yanqui *m.,f.* Yankee, someone from the United States

yoga *m.* yoga

Z

zanahoria carrot

zapatería shoe store

zapato shoe

zarpar to set sail

zona zone; region

zoo(lógico) zoo

INDEX

ABOUT THE AUTHORS

Sharon Wilson Foerster is Coordinator of Lower Division courses at the University of Texas at Austin, where she directs the first-and second-year Spanish language program and trains graduate assistant instructors. She received her Ph.D. in Intercultural Communications from the University of Texas in 1981. Before joining the faculty at the University of Texas, she was the director of the Center for Cross-Cultural Study in Seville, Spain, for four years. She has continued her involvement in the Study Abroad program through her work as director of the Spanish Teching Institute and academic advisor for Academic Programs International. She is the co-author of *Supplementary Materials to Accompany Puntos de partida* (McGraw-Hill), *Metas comunicativas para maestros* and *Metas comunicativas para negocios*.

Anne Lambright is Assistant Professor of Spanish at Bucknell University, where she teaches classes in Spanish language and Latin American civilization and literature. A former Fulbright Scholar in Ecuador, she received her Ph.D. from the University of Texas at Austin in 1997 and has published several articles on colonial and twenti-

eth-century Andean narrative. Other interests and ongoing projects include translating literary works as well as developing special pedagogy and oral proficiency courses for elementary and high school teachers of Spanish and Bilingual Education.

Fátima Alfonso-Pinto teaches Spanish and Portuguese courses at the University of Texas at Austin. A former ERASMUS scholar in France, she received her Licenciatura en Filología Hispánica and her Curso de Aptitud Pedagógica diploma (1991) from the University of Salamanca and her M.A. from the University of Texas at Austin in 1995. She was a Spanish instructor for the international courses at the University of Salamanca and a D.E.L.E. tester for four years. In 1996 she received the Excellence Teaching Award for the Spanish department at Austin. She has presented several papers on Luso-Hispanic literature and has prepared a transcription and commentary of a Medieval manuscript, published in London (1998). She is currently supervising Spanish courses and writing her dissertation on literature of the Middle Ages.

Grateful acknowledgment is made for use of the following:

Realia: *Page 16 Más;* 20 Tin-Glao/Cartoonists & Writers Syndicate; 42 Cartoon by Cosper; 46 *Vanidades,* Editorial Televisa; 68 Tin-Glao/Cartoonists & Writers Syndicate; 85 *Vanidades,* Editorial Televisa; 92 Sergio Langer/Cartoonists & Writers Syndicate; 97, 105, 106 *Gente;* 107 Reprinted with permission of *Noticias,* Editorial Perfil; 113 *Vanidades,* Editorial Televisa; 121 Cartoon by Aguaslimpias (Leonardo Feldrich); 124 EFE Agencia; 133 Reprinted with permission of *Caretas,* Lima; 146 Tin-Glao/Cartoonists & Writers Syndicate; 159 Copyright *El País,* 1997; 162 Reprinted with permission of *Cambio 16.*

Readings: *Page 34* From *Los siete pecados capitales en USA* by Fernando Díaz-Plaja (Barcelona: Plaza & Janés, 1967). Reprinted with permission; 59–61 From *Soñar en cubano* by Cristina García, translated by Marisol Páles Castro (Madrid: Espasa Calpe). Reprinted with permission of Espasa Calpe; 83 From *Querido Diego, te abraza Quiela.* Reprinted with permission of Elena Poniatowska; 109–111 *Vanidades,* Editorial Televisa; 135–138 "El banquete" from *Silvio en el Rosedal* by Julio Ramón Ribeyro. © Herederos de Julio Ramón Ribeyro; 141 From *Yo, Marcos* by Marta Durán de Huerta (México, D.F.: Ediciones de Milenio). Reprinted with permission; 151 "Las nuevas Smart Drugs" by Nancy Castillo, *¿Qué pasa?;* 163 "Primer encuentro" from *La ilustre familia androide* by Álvaro Menén Deseal. Reprinted with permission of Editorial Universitario Centroamericana, San José, Costa Rica.

Photographs: All photographs of video characters provided by Sharon Foerster, Anne Lambright, and Fátima Alfonso-Pinto. *Page 27 (top, left)* © Robert Frerck/Odyssey/Chicago; 27 *(top, right)* REUTERS/Desmond Boylan/Archive Photos; 27 *(bottom)* Salvador Dalí, Spanish, 1904–1989, Mae West, gouache photographic print, © 1934, 28.3 x 17.8 cm, Gift of Mrs. Gilbert W. Chapman in memory of Charles B. Goodspeed, 1949.517, photograph © 1997, The Art Institute of Chicago. All Rights Reserved; 28 AP/WIDE WORLD PHOTOS; 30 © Daniel Aubry/Odyssey/Chicago; 31 © National Gallery of Art, Washington, D.C./A. K. G. Berlin/SuperStock/© 1999 Estate of Pablo Picasso/Artists Rights Society (ARS), New York; 40 © Richard Rowan/Photo Researchers; 51 *(left)* © Jeff Isaac Greenberg/Photo Researchers; 51 *(right)* SUPERSTOCK; 52 © Nick Quijano; 53 © Beryl Goldberg; 73 *(top)* CORBIS-BETTMAN; 73 *(bottom)* AP/WIDE WORLD PHOTOS; 76 *(left)* SUPERSTOCK; 76 *(right)* © George Holton/Photo Researchers, Inc.; 77 Giraudon/Art Resource, NY; 84 AP/WIDE WORLD PHOTOS; 100 *(top)* Russell Thompson/Archive Photos; 100 *(bottom)* SIPA PRESS; 101 Ted Soqui/Sygma; 119 Archive Photos; 128 *(left)* SUPERSTOCK; 128 *(right)* Imapress/Archive Photos; 129 © Gonzalo Endara Crow; 155 *(left)* SUPERSTOCK; 155 *(right)* Reuters/Juan Carlos Ulate/Archive Photos; 156 *(top)* Courtesy of Foerster, Lambright, and Alfonso-Pinto; 156 *(bottom)* Kolvoord/The Image Works; 160 Crandall/The Image Works; 161 REUTERS/CORBIS-BETTMAN.